La dama duende

Letras Hispánicas

Pedro Calderón de la Barca

La dama duende

Edición de Jesús Pérez Magallón

TERCERA EDICIÓN

CÁTEDRA

LETRAS HISPÁNICAS

1.ª edición, 2011
3.ª edición, 2015

Ilustración de cubierta: Boceto de Ignaty Nivinskiy
para una representación rusa de *La dama duende,* en 1923.

© Ediciones Cátedra (Grupo Anaya, S. A.), 2011, 2015
Juan Ignacio Luca de Tena, 15. 28027 Madrid
Depósito legal: M. 47.913-2011
I.S.B.N.: 978-84-376-2855-4
Printed in Spain

Índice

Introducción

A Anny, carne de la realidad y la memoria.
A José Ruano de la Haza,
generoso y apurado calderonista.

VIDA DE CALDERÓN: APRETADO RESUMEN

Con el siglo XVII, el 17 de enero de 1600 más exactamente, nace Pedro Calderón de la Barca[1], llamado por las estrellas (o por su libre albedrío) a ocupar, gracias a su obra, un lugar excepcional en la dramaturgia barroca así como en el teatro universal y, gracias a las interpretaciones de su figura, en un icono asociado durante varios siglos al conservadurismo hispano. Hijo de Diego Calderón, secretario del Consejo y Contaduría Mayor de Hacienda, y de Ana María de Henao, tuvo varios hermanos: el mayor, Diego, nacido en 1596 y fallecido en 1647; Dorotea, nacida en 1598, que profesaría en el convento de Santa Clara la Real de Toledo; José, nacido en 1602, militar que murió en 1645 en la guerra de Cataluña; y Antonia, nacida en 1607 y fallecida tempranamente. El dramaturgo perdió a su madre en 1610, en

---

[1] Su biografía fue rastreada por Cristóbal Pérez Pastor, *Documentos para la biografía de D. Pedro Calderón de la Barca*, Madrid, Establecimiento tipográfico de Fortanet, 1905. Ahí recopiló el autor decenas de documentos públicos que se relacionan con la vida del dramaturgo. Algunos papeles más dieron a la luz Narciso Alonso Cortés, «Algunos datos relativos a. D. Pedro Calderon», *Revista de Filología Española*, II (1915), págs. 41-61, y Constancio Eguía Ruiz, «Don Pedro Calderón de la Barca. Nuevas minucias biográficas», *Razón y Fe*, 57 (1920), págs. 466-478. Trazó con todos esos materiales la vida del dramaturgo Emilio Cotarelo y Mori, *Ensayo sobre la vida y obras de D. Pedro Calderón de la Barca. Primera parte*, Madrid, Tip. de la *Revista de Archivos, Bibliotecas y Museos*, 1924. Pueden verse Felipe B. Pedraza Jiménez, *Calderón. Vida y teatro*, Madrid, Alianza, 2000, págs. 9-77; Ignacio Arellano, *Calderón y su escuela dramática*, Madrid, Ediciones del Laberinto, 2001; Evangelina Rodríguez Cuadros, *Calderón*, Madrid, Síntesis, 2002. Asimismo, puede visitarse el sitio que la Biblioteca Virtual Miguel de Cervantes le dedica a cargo de Evangelina Rodríguez Cuadros, <http://www.cervantesvirtual.com/bib_autor/Calderon/>.

el parto que se la llevó junto a la niña que acababa de nacer, y a su padre, que había contraído segundas nupcias en 1614 con Juana Freyle, en 1615. Un tío materno, Andrés Jerónimo González de Henao, se encargaría desde 1616 «de la tutela, educación y manutención de los sobrinos»[2].

La educación de Calderón empezó en Valladolid pero de hecho se inició en el Colegio Imperial de los jesuitas de Madrid, donde cursó estudios entre 1608 y 1613; se trasladó entonces a la Universidad de Alcalá de Henares para estudiar lógica y retórica, estudios que interrumpiría a la muerte del padre. Pasó después a la Universidad de Salamanca, en cuyas aulas cursaría cánones de 1615 a 1619, pero continuó vinculado a la universidad hasta 1623-1624, graduándose como bachiller *in utroque*, o sea en derecho canónico y civil. En 1621 se ve envuelto junto a sus hermanos en el homicidio de Nicolás Velasco, hijo de Diego de Velasco, criado del condestable de Castilla. Obtuvieron el perdón judicial gracias a un acuerdo e indemnización a los querellantes. Al parecer, en 1629 los hermanos Calderón irrumpieron en el convento de las Trinitarias Descalzas, donde profesaba Marcela, la hija de Lope de Vega, persiguiendo al actor Pedro Villegas. El incidente provocaría el enfado de Lope (a pesar de que este elogiaría a Calderón en su *Laurel de Apolo*, publicado en 1630) y del fraile trinitario Hortensio Félix Paravicino. Aunque su carrera poética y dramática arrancaría a comienzos de los años veinte, y gracias a ella obtendría de Felipe IV la orden de Santiago en 1636, todavía serviría como soldado en el sitio de Fuenterrabía contra los franceses, en 1638, y como coracero en la guerra de Cataluña hasta 1642. Entre 1637 y 1640 está al servicio del duque del Infantado. Este último año participa en la campaña de Cataluña para sofocar la rebelión y dos años después pone fin a una carrera militar que se ignora exactamente cuándo comenzó. Hacia 1646 nace su hijo natural Pedro José, y sus hermanos José y Diego fallecen en 1645 y 1647 respectivamente. Todo ello coincide con el cierre de los teatros durante cinco años (1644-1649), lo que obliga a Calderón a replantearse su vida y su futuro. Está al servicio del duque de

---

[2] Ángel Valbuena Briones, «Introducción», en P. Calderón de la Barca, *La dama duende*, Madrid, Cátedra, 1990, pág. 12.

Alba entre 1646 y 1648, y en 1651 se ordena sacerdote, instalándose en la calle Platerías de Madrid; va a ocupar en 1653 la capellanía de la catedral de los Reyes Nuevos de Toledo y se aposenta en esa ciudad. En 1663 sería nombrado capellán de honor de los reyes, trasladando definitivamente su residencia a Madrid; en 1666 se le hace capellán mayor de la Congregación de Presbíteros de Madrid.

Aunque su vida física empezó bajo Felipe III y la privanza del duque de Lerma, una gran parte de su existencia ya adulta y casi toda su madurez trascurrió bajo Felipe IV y el ascenso del conde-duque de Olivares[3] como valido del rey[4]. Las iniciativas reformistas de Olivares fueron numerosas y en variados frentes. En el interior, la propuesta de la Unión de Reinos, Estados y Señoríos; a nivel internacional, una política agresiva contra las potencias emergentes y, en particular, contra el creciente poderío de Inglaterra y Francia. En la vida cortesana, Olivares supo satisfacer e incluso fomentar el gusto del monarca por los espectáculos, llevando a cabo un consciente programa de teatralización de la vida palaciega y de la corte. Pero las intervenciones de Olivares —a pesar de su lógica y de su visión a largo plazo— no tuvieron éxito: hacia 1640 la rebelión de Cataluña es inevitable y el proceso de independización de Portugal, irrefrenable; la agitación ocupa también Aragón y Andalucía: la península está en ebullición[5]. A nivel exterior, 1643 contempla la derrota de Rocroi —el mismo año en que Olivares es cesado en su cargo— y 1648 la firma de la paz de Westfalia, con la independencia de Flandes y el anticipo de un cambio que consolidaría la paz de los Pirineos de 1659: la hegemonía de Francia en la Europa occidental, hecho que no puede interpretarse como el hundimiento del imperio español. Porque Calderón vivirá todavía más y mayores cambios: la muerte de Felipe IV, el ascenso de

---

[3] Debe verse el muy iluminador libro de J. H. Elliott, *Richelieu y Olivares,* Barcelona, Crítica, 1984.

[4] Véase José Alcalá-Zamora y Queipo de Llano, «La España del siglo XVII en Calderón», en *Estudios calderonianos,* Madrid, Real Academia de la Historia, 2000, págs. 13-35.

[5] Puede verse VV. AA., *1640: la monarquía hispánica en crisis,* pról. A. Domínguez Ortiz, Barcelona, Crítica, 1992; *La revolució catalana de 1640,* introd. de Eva Serra, Barcelona, Crítica, 1991.

Carlos II[6], la regencia de Mariana de Austria, los valimientos del jesuita Nithard y Fernando de Valenzuela; incluso lo que Tomás y Valiente llamó primer golpe de estado de la era moderna[7], el discreto levantamiento de Juan José de Austria desde su cargo de virrey de Aragón que le llevaría a ocupar el poder en 1679, año en que España debe ceder el Franco Condado por la paz de Nimega. Juan José —iniciador del segundo reformismo que entroncará directamente con algunas de las políticas borbónicas el siglo siguiente— organiza la boda de su hermanastro Carlos con María Luisa de Orleans y muere poco después en el mismo 1679. Le sucede como primer ministro el octavo duque de Medinaceli y bajo su gobierno fallece el dramaturgo, que ha contemplado el proceso militar, económico y político que va a conducir al imperio hispánico a unas dimensiones más reducidas —sobre todo en el continente europeo— y a una posición ya no dominante entre las potencias imperiales del momento[8].

La carrera literaria de Calderón daría los primeros pasos con su participación en los certámenes poéticos que organizó la villa de Madrid para festejar la beatificación (1619) de Isidro Labrador. Volvería a participar en las fiestas de su canonización (1622), donde logró el tercer premio. En 1623, con el ascenso del conde-duque de Olivares junto a Felipe IV, rey desde 1621, Calderón escribe *Amor, honor y poder,* que se estrenaría con motivo de la visita que realizaría ese año el príncipe de Gales. La década de 1620 es testigo de otras notables producciones calderonianas: *El purgatorio de san Patricio* (1624), *La devoción de la cruz* (1623-1624), *Nadie fíe su secreto* (1623-1624), *Lances de amor y fortuna* (1624-1625), *La gran Cenobia* y *El sitio de Breda* (1625), *La cisma de Ingalaterra* (1627), *El alcaide de sí mismo* (1627), *Hombre pobre todo es trazas* (1627), *Saber del bien y del mal* y *Luis Pérez el Gallego* (1628), *La vida es sueño* (primera

[6] Véase H. Kamen, *La España de Carlos II,* Barcelona, Crítica, 1981.

[7] F. Tomás y Valiente, *Los validos en la monarquía española del siglo XVII,* 2.ª ed., Madrid, Siglo XXI, 1990, pág. 28.

[8] Véase el clásico estudio de J. H. Elliott, *La España imperial 1496-1716,* trad. de J. Marfany, Barcelona, Vicens Vives, 1980, así como *La transición del siglo XVII al XVIII. Entre la decadencia y la reconstrucción,* tomo XXVIII de la *Historia de España Menéndez Pidal,* coord. de Pere Molas Ribalta, Madrid, Espasa-Calpe, 1993.

versión, 1627-1629), *El príncipe constante, Casa con dos puertas, mala es de guardar* y *La dama duende* (1629).

En la década siguiente Calderón va a producir obras de tanta significación como *El Tuzaní de la Alpujarra o Amor después de la muerte, Los cabellos de Absalón, El médico de su honra, El pintor de su deshonra, El alcalde de Zalamea, La vida es sueño* (segunda versión). Calderón inicia también en esta década la producción de autos sacramentales con *El gran teatro del mundo, La cena del rey Baltasar* o *El nuevo palacio del Retiro.* Asimismo, se estrena en las producciones cortesanas de gran presupuesto con *El mayor encanto Amor.* A partir de la crisis de 1648 y su ordenación en 1651, Calderón se va a concentrar en la producción de autos sacramentales y piezas cortesanas, donde había contado con el apoyo técnico de Cosme Lotti (hasta 1643) y contará con el de Baccio del Bianco (hasta 1657). Ahí se representarán zarzuelas y óperas —bajo Felipe IV lo mismo que bajo Carlos II— como *La púrpura de la rosa, La fiera, el rayo y la piedra* o *Las fortunas de Andrómeda y Perseo,* obras cuya puesta en escena vigiló y controló personalmente. Su dedicación al teatro ya sacerdote le ganó la censura del patriarca de las Indias, Alonso Pérez de Guzmán, a quien Calderón escribió en 1652 una carta en la que planteaba claramente el dilema en que vivía, refiriéndose a la escritura dramática: «O es bueno o es malo; si es bueno, no se me obste; y si es malo, no se me mande. Dios guarde a vueseñoría ilustrísima». Para el carnaval de 1680 compondría *Hado y divisa de Leónido y Marfisa;* el 25 de mayo de 1681, a punto casi de terminar los autos sacramentales para las fiestas del corpus de ese año, abandonaría la vida y sus halagos.

LA DAMA DUENDE

La dama duende es, con toda probabilidad, una de las obras en que mejor se encarnan todos los rasgos de la comedia de capa y espada, subgénero teatral iniciado por Torres Naharro *(Himenea)* y Gil Vicente *(Tragicomedia de don Duardos)* pero desarrollado por Lope de Vega *(La viuda valenciana)* y Tirso de Molina *(La celosa de sí misma, Por el sótano y el torno),* y culmi-

15

nado por Calderón, aunque la cultivaran también Moreto, Solís y Ruiz de Alarcón. Casi a finales de siglo, Francisco Bances Candamo definiría las comedias de capa y espada como «aquellas cuyos personajes son solo caballeros particulares, como don Juan, don Diego, etc., y los lances se reducen a duelos, a celos, a esconderse el galán, a taparse la dama, y, en fin, a aquellos sucesos más caseros de un galanteo»[9]. Bances Candamo clasifica las comedias en amatorias e historiales, y las primeras las divide en comedias «de fábrica» y comedias «de capa y espada». Siguiendo lo dicho por Bances, Menéndez Pelayo se refiere a las comedias de capa y espada como «comedias de costumbres, o sea, las que vulgarmente se llaman de capa y espada, las cuales, por la riqueza de la trama y por la variedad de incidentes, se han llamado también comedias de enredo o, dicho con voz menos castellana, de intriga»[10].

Karl C. Gregg incorporó en el análisis de tal tipo de comedias un aspecto en cierto modo descuidado antes: el esfuerzo del dramaturgo por mostrar su ingenio y sus recursos artísticos, definiendo la comedia de capa y espada como

> one of incident and intrigue in the life of the upper class, secular in tone, and characterized by no specific intent other than representing the concrete expression of the dramatist's ability: the depth and breadth of his imagination, ingenuity, and style —in short, his craftmanship[11].

Ignacio Arellano, por su parte, ha clasificado las comedias del teatro barroco en cuatro tipos: las de capa y espada, las de enredo, las de carácter y las de figurón[12]. María Cristina Quin-

---

[9] Francisco de Bances Candamo, *Theatro de los theatros de los passados y presentes siglos,* ed. de Duncan Moir, Londres, Tamesis Books, 1970, pág. 33.

[10] Citado en Karl C. Gregg, «Towards a Definition of the *comedia de capa y espada*», *Romance Notes,* 18 (1977-1978), pág. 103.

[11] K. C. Gregg, «Towards a Definition», pág. 105.

[12] Ignacio Arellano, «Convenciones y rasgos genéricos en la comedia de capa y espada», *Cuadernos de Teatro Clásico,* 1 (1988), págs. 27-49. Véase, además, Frédéric Serralta, *Antonio de Solís et la «comedia» d'intrigue,* Toulouse, France-Ibérie Recherche, 1987, esp. págs. 22-53. Puede verse Gregorio Torres Nebrera, «Introducción», en Tirso de Molina, *La celosa de sí misma,* Madrid, Cátedra, 2005, esp. págs. 17-32.

tero, al hablar de Góngora, prefiere el término *comedia de enredo* porque es la que alude mejor al carácter lúdico de la especie[13]. Hablar de subgéneros (o de géneros) implica hablar de obras que presentan un conjunto de rasgos que permiten unirlas y en las que, por tanto, hay elementos de repetición. Si no fuera así, sería imposible o absurdo hablar de géneros. En cierto sentido, es lo que Todorov viene a resumir cuando afirma: «Un género, literario o no, no es otra cosa que esa codificación de propiedades discursivas»[14], unas propiedades que, como desarrolla más adelante, remiten «ya al aspecto semántico del texto, ya a su aspecto sintáctico (relación de las partes entre sí), ya al pragmático (relación entre usuarios), ya, por último, al verbal»[15]. Repetición de propiedades discursivas (personajes, situaciones, incidentes, recursos materiales y dramáticos, juegos lingüísticos, etc.) que marcan a las obras que se incluyen bajo la etiqueta de un (sub)género. El de capa y espada parece caracterizado por el ambiente urbano, el protagonismo de hidalgos no demasiado altos ni bajos, los enredos amorosos, la función de los celos, desafíos, conflictos de rivalidad intervaronil, el papel de damas, más que discretas, empujadas por un deseo más poderoso que el que muestran en otro tipo de obras, la presencia del gracioso, aquí convertido en acompañante y reflejo de los rasgos de su amo. Acudiendo a las palabras de Antonucci,

> protagonizan la intriga dos parejas, cuyo amor se ve obstaculizado variamente por los celos y/o por la oposición de una figura que encarna la autoridad paternal (padre o hermano); suele haber a menudo un tercer galán, cuyas esperanzas amorosas quedan frustradas al final de la comedia. En el número de los personajes entran también criados y criadas: los que adquieren más relieve protagonista suelen ser solo dos, un criado gracioso y una criada, que forman a menudo pareja, cuyas actuaciones y comentarios funcionan esencialmente como

---

[13] M. C. Quintero, «Luis de Góngora and the *comedia de enredo*», *Symposium*, 39, núm. 4 (1985-1986), pág. 269.

[14] Tzvetan Todorov, «El origen de los géneros», en *Teoría de los géneros literarios*, ed. de M. A. Garrido Gallardo, Madrid, Arco/Libros, 1988, pág. 36.

[15] T. Todorov, «El origen de los géneros», pág. 37.

contrapunto a la manera de razonar y de actuar de sus amos. La intriga tiende a complicarse en la parte final de los actos primero y segundo, solucionándose al final del tercer acto [...] En este juego de equívocos desempeña un papel importante [...] el espacio doméstico con sus trampas, escondrijos, sótanos, salidas dobles, puertas ocultas...[16].

Coincido plenamente con Antonucci en cuanto a que hay que situar la obra en sus circunstancias socio-históricas y en el contexto del género del que forma parte. Pero negar la viabilidad de ciertas interpretaciones porque, supone la crítica, se le atribuyen al dramaturgo «preocupaciones probablemente ajenas al ideario y a la visión del mundo de un hombre de letras del siglo XVII, tan cercano como lo era él a la poderosa díada trono-altar»[17] plantea lo que me parece un claro anacronismo. Es cierto que tras su ordenación la posición de Calderón lo presenta más bien como un intelectual próximo al poder desde su papel como capellán real, pero no puede olvidarse que cuando escribe *La dama duende,* es decir, en la década de 1620, Calderón ni ocupa el mismo espacio institucionalmente hablando ni se le pueden negar los riesgos que asume en su reflexión dramática. Por otra parte, el año concreto en que se escribe la obra, 1629, en medio de la guerra de los Treinta Años, es un momento que no ostenta en lo inmediato particulares amenazas al poderío español y sí especiales alegrías por el nacimiento del heredero Baltasar Carlos[18]. De hecho, las comedias tempranas de Calderón recortan el perfil de un intelectual y creador que no parece estar tan cercano, como afirma Antonucci, del trono y el altar, sino tal vez al contrario[19]. Ello no significa que Calderón, como hombre de

---

[16] Fausta Antonucci, «Prólogo», en P. Calderón de la Barca, *La dama duende,* Barcelona, Crítica, 1999, págs. XXXV-XXXVI.

[17] F. Antonucci, «Prólogo», pág. XLIV.

[18] A pesar de no ser una historiadora, resumir las características de la época, como hace J. Iturralde, «*La dama duende,* libertad y amor», en *Calderón, apóstol y hereje,* México, Dirección de Difusión Cultural, 1982, pág. 52, diciendo que se trata de una «era de pillaje, burdeles, degeneración de las costumbres, etc.» no deja de resultar excesivo.

[19] Puede verse Antonio Regalado, *Calderón. Los orígenes de la modernidad en la España del siglo de oro,* Barcelona, Destino, 1995, especialmente t. I; Alcalá Zamora,

su tiempo, no hubiera asimilado lo que podríamos llamar escala de valores dominante en su época o el marco ideológico y constitucional de su tiempo. Pero asumir como «cosas naturales» la posición subalterna de la mujer o la función eficaz del código del honor no implica que no pudiera reflexionar sobre posibilidades alternativas, deslizamientos temibles, situaciones inusuales y tal vez extremas[20], por lo que afirmaciones como la de Kenneth Muir[21] que consideran poco probable que Calderón criticara las costumbres de su época no dejan de ser más que especulaciones sin mayor fundamento[22], y achacar su presencia en la comedia a la necesidad de recursos para aplazar el final feliz con que debe concluir la pieza es negarse a buscar una explicación algo más seria. Por otra parte, el género como marco no implica convertirlo en determinante absoluto de lo que una obra puede presentar o no. Ello no obsta para reconocer que *no es lo mismo* el tratamiento que se le puede otorgar a una problemática en el género cómico que en el género dramático (o abiertamente trágico). Pero tampoco se puede negar que preocupaciones similares

«La España del siglo XVII en Calderón», págs. 13-35. H. Sullivan, «La razón de los altibajos de la reputación póstuma de Calderón», en *Hacia Calderón. Séptimo Coloquio Anglogermano. Cambridge 1984*, ed. de Hans Flasche, Stuttgart, Franz Steiner, 1985, págs. 208-211; F. B. Pedraza Jiménez, *Calderón. Vida y teatro*, págs. 62-64.

[20] Barbara K. Mujica, «Tragic Elements», pág. 304, considera que *La dama duende*, como otros dramas calderonianos, muestran «that the values imposed by society are false», afirmación fácil de emitir pero más difícil de justificar. Aceptar que vivimos en un mundo de apariencias no respalda la negación del esquema de valores de la sociedad.

[21] Kenneth Muir, «The Comedies of Calderón», en *The Drama of the Renaissance: Essays for Leicester Bradner*, ed. de E. M. Blistein, Providence, Brown University Press, 1970, págs. 123-133.

[22] Generalizaciones como la de David Roman, «Spectacular Women: Sites of Gender Strife and Negotiation in Calderón's *No hay burlas con el amor* and on the Early Modern Spanish Stage», *Theatre Journal*, 43, núm. 4 (1991), pág. 445, cuando afirma que «Calderón's early *comedias de capa y espada* privilege and reinforce the social codes of honor and an ideology of male power that ultimately serve the patriarchal interests characteristic of early modern Spain», suenan como la simple asunción de imágenes fijas y estereotipos sin relación con los textos, aunque puestos al día con un lenguaje condicionado por el momento de la crítica.

pueden aparecer en la reflexión del dramaturgo articuladas en géneros diferentes y que tales preocupaciones, en un género u otro, manifiestan ciertas constantes[23]. Así, no es de extrañar que expresiones muy próximas aparezcan en obras tan dispares como *El purgatorio de san Patricio, La vida es sueño* y *La dama duende;* y tampoco resulta fuera de lugar que ciertos aspectos de la visión del mundo del dramaturgo aparezcan formulados en diferentes contextos dramáticos. Por ejemplo, Calderón (y sus personajes), en una actitud que cuadra perfectamente con las preocupaciones intelectuales europeas de su época, se interroga una y otra vez sobre la realidad, los criterios para determinarla, las dudas que surgen ante sus manifestaciones, la incertidumbre que se instala ante la falibilidad de los sentidos e incluso de la razón. Y si esa es una preocupación general, los personajes las encarnan de modos diferentes en función del (con)texto dramático en el que viven. Lo

---

[23] Ya B. W. Wardropper, «Calderón's Comedy and His Serious Sense of Life», en *Hispanic Studies in Honor of Nicholson B. Adams,* ed. de J. E. Keller y K. L. Selig, Chapel Hill, University of North Carolina, 1966, pág. 180, señalaba que en las comedias de capa y espada Calderón «expresses the same attitudes to the world as in his serious plays». Aunque para justificar su enfoque *tragedizante* de esta comedia, Barbara K. Mujica, «Tragic Elements in Calderón's *La dama duende*», *Kentucky Romance Quarterly*, 16 (1969), pág. 303, sostenía que «Careful study of *La dama duende* will reveal that even in a comedy we can distinguish a well-defined philosophical point of view and the same major themes which are so often discussed in reference to Calderón's more "serious" dramas». La idea forma parte de la interpretación de Rey Hazas y Sevilla Arroyo, «Introducción», en P. Calderón de la Barca, *La dama duende,* Barcelona, Planeta, 1989, págs. XV-XVI. Recientemente Evangelina Rodríguez Cuadros, *Calderón*, pág. 75, afirmaba que en la obra no hay «nada de confusión laberíntica para subrayar el mundo temporal de apariencias y desengaños [...]; nada de sesuda reflexión filosófica sobre la identidad y el autoconocimiento; nada de sutiles metáforas equiparadoras entre la fragilidad del honor y una alacena llena de vidrios». A ese rechazo a reconocer las preocupaciones que vertebran la obra calderoniana —aceptando la diferencia de tratamiento entre comedias y tragedias— le respondieron anticipadamente K. Reichenberger y J. Caminero, *Calderón dramaturgo,* Kassel, Universidad de Deusto, Edition Reichenberge, 1991, págs. 33-34: «así uno comprende cómo puede nacer el prejuicio absurdo de que las comedias de capa y espada, y en particular las de Calderón, son únicamente piezas de enredo y solo aportan una acción turbulenta, enredos complicados, pendencias y amoríos. ¡Grave error!».

mismo podría decirse de la vida (o la sociedad) como caos y laberinto, metáforas que, si aceptables en su relación con la visión del mundo propia del intelectual que fue Calderón, hay que concretizar en cada marco teatral específico. Con mucha razón, Cascardi sostiene que *La dama duende* y ciertos dramas calderonianos comparten la reflexión sobre temas como la identidad individual o el conflicto ilusión-realidad, a los que se podrían añadir otros asuntos de continuada preocupación para el dramaturgo[24].

La dama duende es una obra cómica que, por encima de todo, pretende entretener y divertir al público que asiste a su representación[25]. A partir de su publicación, también pretenderá entretener y divertir a quienes la lean. Entretener y divertir no tienen, en mi opinión, la connotación de superficialidad intrascendente que le confiere Charles Aubrun cuando describe la comedia de capa y espada como «una simplificación eficaz, una divertida y edificante ilustración»[26]. Como ha interpretado Iturralde: «Sería en este sentido el drama de capa y espada un agradable medio de evasión ante las tensiones y angustias»[27] de la época, es decir, estaríamos ante una forma de literatura *escapista*. Tampoco puede atribuírsele la significación que le otorga Maravall al reducir el teatro barroco a mero mecanismo utilizado por el poder monárquico-señorial para en cierto sentido obnubilar la capacidad crítica del público e, indirectamente, suscitar su adhesión a la ideología hegemónica[28]. La comedia en general y *La dama duende* en particular tienen como objetivo entretener y divertir, como muy

---

[24] A. J. Cascardi, *The limits of illusion: a critical study of Calderón,* Cambridge, Cambridge University Press, 1984, págs. 24-25.

[25] Rey Hazas y Sevilla Arroyo, «Introducción», pág. XVII, tratan de hacer compatible una lectura tragedizante con el hecho de que *La dama duende,* como las comedias de capa y espada en general, «pretenden —y consiguen—, antes que otra cosa, entretener, divertir al espectador, a pesar de su sentido grave de la vida».

[26] Charles Aubrun, *La comedia española (1600-1680),* Madrid, Taurus, 1968, pág. 84.

[27] J. Iturralde, «*La dama duende,* libertad y amor», pág. 52.

[28] J. A. Maravall, *La cultura del barroco,* Barcelona, Ariel, 1975; *Teatro y literatura en la sociedad barroca,* Barcelona, Crítica, 1990.

bien han reivindicado recientemente Antonucci y Arellano[29]. Más radical fue, al menos en su formulación, Neuschäfer al afirmar que «*La dama duende* fait l'effet d'une inversion parodique et comique du drame» y la comedia de capa y espada, «un jeu carnavalesque à rôles inversés»[30]. Pero cada comedia lo hace a su manera, y Calderón construye en *La dama duende* una trama, una intriga y unos personajes que, teniendo ese objetivo en mente, cobran vida, se encarnan, en torno a una problemática que también aborda en otras obras.

Y tal vez merezca una breve digresión la muy difundida opinión, expuesta y defendida por A. A. Parker, de que el teatro barroco o teatro clásico español se caracteriza, en primer lugar, por «the primacy of action over character drawing»[31] o, todavía más explícitamente: «The generic characteristic of Spanish drama is, of course, the fact that it is essentially a drama of action and not of characterization. It does not set out

[29] F. Antonucci, «Prólogo», págs. XLV-XLII; I. Arellano, «*La dama duende* y sus notables casos», *Cuadernos de Teatro Clásico*, 15 (2000-2001), págs. 128-132. En cierto sentido, un enfoque paralelo adopta D. Beecher, «Calderón's *La dama duende* and the Theater of Suspense», *Renaissance and Reformation*, 24, núm. 1 (2000), págs. 3-21, donde lee la comedia calderoniana como obra de suspense, es decir, prestando atención a los elementos de curiosidad e interés que guían al espectador/lector hacia el desenlace. Hace años Ángel del Río escribía sobre las comedias de capa y espada: «carecen de trascendencia dramática, pero debían de tener, dado el gusto de la época, gran valor de entretenimiento: ambiente de aventura amorosa, de galantería y honor o enredos cómicos, sutilezas y equívocos» *(Historia de la literatura española,* Nueva York, GHolt, Rinehart and Winston, 1963, t. I, pág. 438).

[30] H.-J. Neuschäfer, «Revendications des sens et limites de la morale. Le paradigme anthropologique de la doctrine des passions et sa crise dans le drame classique espagnol et français», en *Estudios de literatura española y francesa. Siglos XVI y XVII. Homenaje a Horst Baader,* ed. de F. Gewecke, Frankfurt, Vervuert, 1984, pág. 110.

[31] A. A. Parker, «The Approach to the Spanish Drama of the Golden Age», *Tulane Drama Review,* IV (1959), pág. 58. A esa prioridad le siguen 2) la primacía del tema sobre la acción; 3) la unidad dramática en el tema y no en la acción; 4) la subordinación del tema a un propósito moral mediante el principio de justicia poética, que no se ejemplifica siempre por medio de la muerte del malvado; y 5) la elucidación del propósito moral gracias a la causalidad dramática. R. Sloane, «In the Labyrinth of Self», pág. 186, recuerda la afirmación de Unamuno de que «solo existe lo que obra, es el que quiere ser o el que quiere no ser, el creador».

to portray rounded and complete characters»[32], porque semejante afirmación —que recicla algunas opiniones, por ejemplo, de Menéndez Pelayo[33] en *Calderón y su teatro*— ha sido
una de las fuentes del reduccionismo con que muchos críticos, por no hablar de directores y actores, se han acercado a
ese teatro[34]. Negar el carácter de personajes complejos y bien
trazados a figuras como la condesa de Belflor o Teodoro *(El
perro del hortelano)*, el duque de Viseo o el rey Don Juan *(El duque de Viseo)*, García *(La verdad sospechosa)*, Segismundo, Rosaura o Basilio *(La vida es sueño)*, Ludovico o Egerio *(El purgatorio de san Patricio)*, Don Gutierre *(El médico de su honra)*, a los
que, en fin, puede añadirse un larguísimo etcétera que incluye sin duda a Don Manuel y Doña Ángela, es simplemente
negarse a leer lo que se está leyendo[35]. Pero además refuerza o

---

[32] A. A. Parker, «The Approach», pág. 42.

[33] Para Menéndez Pelayo: «El análisis paciente de las fibras del corazón,
arte sin igual del creador de *Otelo* y de *Lady Macbeth*, no existe en Calderón.
Solo tiene una obra, *El alcalde de Zalamea*, en que este poder característico resalta, pero es una excepción [...] Ni el poder característico, ni la verdad y ener-
gía de la expression, principales dotes del ingenio dramático, son las notas fundamentales del ingenio de Calderón» (citado en Max Aub, *Manual de historia
de la literatura española*, Madrid, Akal, 1966, pág. 324).

[34] R. Sloane, «In the Labyrinth of Self», pág. 185, señala que «It is a critical
commonplace that Calderón was less interested in characterization than in other aspects of his art», lugar común que no por común es más cierto ni más
aceptable. El crítico remite a Carlos Ortigoza Vieyra, *Los móviles de la comedia:
El príncipe constante*, México, Antigua Librería Robredo, 1957.

[35] Sin embargo, eso mismo hace Matthew Stroud, «Social-Comic *Anagnorisis* in *La dama duende*», *Bulletin of the Comediantes*, 29 (1977), pág. 98: «The
characters in general are more caricature than personality», y todavía con mayor trascendencia Harold Bloom, *The Western Canon. The Books and School of
the Ages*, Nueva York, Riverhead Books, 1994, pág. 200, lugar común arraiga-
do en la crítica, el mundo del teatro y el público en general. Rescatar el valor
dramático de los personajes en el teatro clásico español es labor a la que se ha
dedicado notablemente J. Ruano de la Haza; véanse, por ejemplo, «Teoría y
praxis del personaje teatral áureo: Pedro Crespo, Peribáñez y Rosaura», en *El
escritor y la escena V*, ed. de Ysla Campbell, México, Universidad Autónoma de
Ciudad Juárez, 1997, págs. 19-35; «Trascendencia y proyección del teatro clásico español en el mundo anglosajón», en *Proyección y significados del Teatro Clásico Español*, ed. de José María Díez Borque y José Alcalá-Zamora, Madrid,
SEACEX, 2004, págs. 233-244; «Las dudas de Caupolicán: *El Arauco domado*, de
Lope de Vega», *Theatralia*, 6 (2005), págs. 7-21; «El condenado por desafortu-
nado: próspera y adversa fortuna de don Bernardo de Cabrera, de Mira de

mejor recicla uno de los mitos (una de las manipulaciones falsificadoras) que la construcción de la Europa moderna impuso al patrimonio cultural de la península ibérica, a saber, que frente a la grandeza irrepetible de Shakespeare (Inglaterra) o la modernidad incomparable de Molière[36] (Francia), todo lo que podía ofrecer el teatro español no eran sino acciones más o menos embrolladas (frente a los profundos personajes shakespeareanos o, más tarde, corneilleanos y racinianos) y bosquejos embrionarios (de las magistrales tramas y personajes cómicos molierescos) que esos otros autores «verdaderamente europeos» harían mejor, muchísimo mejor. Ese mito ha hecho que los propios directores y actores españoles consideren mejor hacer un Shakespeare que un Calderón o un Lope. El menosprecio y/o desinterés hacia nuestro teatro clásico es fruto directo de la asimilación acrítica de la lectura que la Europa del centro y norte hizo de nuestra cultura y en especial de dicho teatro. *La dama duende* se cuenta entre las piezas del joven Calderón, obras que se caracterizan por su precisa y mágica arquitectura dramática, por sus apasionantes personajes, por su experimentalismo intelectual, por su arriesgada reflexión sobre temas candentes, por su laicismo y su toma de posición crítica e incluso rebelde. Regalado atribuye algunos de estos rasgos al haber pasado él mismo una crisis de creencias, pero eso es tan difícil de demostrar como fácil y tentador de afirmar[37].

Amescua», en *Escenografía y escenificación en el teatro español del Siglo de Oro*, ed. de Roberto Castilla Pérez y Miguel González Dengra, Granada, Editorial Universidad de Granada, 2005, págs. 437-451; o «Un gracioso en busca de un actor: *La villana de Getafe*, de Lope de Vega», en *La construcción de un personaje: el Gracioso*, ed. de Luciano García Lorenzo, Editorial Fundamentos, 2005, págs. 111-122.

[36] Basta leer, por ejemplo, los pasajes que Elisabeth J. Hassell, *Calderón*, Edinburgh y Londres, Blackwood & Sons, 1879, págs. 38-41, dedica a las comedias de Calderón, comparándolas muy brevemente a Molière y sobre todo a Shakespeare, a quien califica de «the prince of humorists» (pág. 40). En su libro *Teoría de la comedia*, trad. de Salvador Oliva y Manuel Espín, Barcelona, Ariel, 1978, Elder Olson dedica un capítulo a «Aristófanes, Plauto, Terencio» y otro a «Shakespeare, Molière». Así se (re)escribe *ad libitum* la historia. La aposición de un texto de Bruce W. Wardropper va destinado al público hispanohablante.

[37] A. Regalado, *Calderón*, t. I, pág. 86.

UNA APROXIMACIÓN GENERAL
A *LA DAMA DUENDE*[38]

Aparentemente, la acción va a centrarse alrededor de Don Manuel (y su criado Cosme), pero muy pronto, exactamente desde el verso 100, en que aparece Doña Ángela, va a ser ella quien marque el curso de la acción, porque, a diferencia del galán, ella es la que vive realmente un conflicto que debe ser resuelto a lo largo de la acción dramática, es decir, la ruptura del orden que debe conducir a la restauración del orden. ¿Cuál es ese conflicto? La viudez de una dama joven y, al parecer, hermosa, que la condena a vivir encerrada[39] y casi con hábito de monja; su pobreza y endeudamiento, que la obligan a depender económica y socialmente de su hermano mayor; en otras palabras, el conflicto de Doña Ángela está perfectamente formulado en ese «vuelve a amortajarme viva»[40] (v. 371) que le dice a Isabel. Doña Ángela vive *muerta*, metafóricamente hablando, ya que carece de identidad[41]. La pri-

---

[38] Bartolomé de Castro, en su *Análisis y juicio crítico de la obra del insigne D. Pedro Calderón de la Barca titulada «La dama duende»*, Córdoba, «La Actividad», 1881, breve folleto de 26 páginas, ficcionaliza lo que hubiera sido la primera lectura del manuscrito completo de *La dama duende* que Calderón habría hecho en 1629 a poetas como Tirso de Molina, Lope de Vega y Quevedo. Trabajo interesante pero que nada tiene de «análisis y juicio crítico» de la obra.

[39] Varios críticos hablan del encierro de Doña Ángela: encerrada por sus hermanos (Honig), por la sociedad (Mujica) o por la sociedad mediante la *opinión* (De Armas). En realidad, es una determinada práctica social la que empuja a las viudas al encierro. El código del honor, vehiculizado por los hermanos, se encarga de proporcionar la base ideológica que justifica su función. En este caso, además, se suma la voluntad de la dama de tratar de arreglar su situación.

[40] A. de Kuehne, «Los planos de realidad aparente y la realidad auténtica en *La dama duende* de Calderón», *Pacific Coast Philology*, 2 (1967), pág. 42, no ve ese sentido metafórico tan relacionado con la problemática identitaria que Calderón elabora tras los pasos de Cervantes. Para Kuehne, «la hipérbole lograda por Calderón con los términos "sudario" y "amortajada", confirma su intención satírica al producir una absurda imagen de la viuda muerta en vida».

[41] Conviene recordar lo que escribía Barbara K. Mujica, «Tragic Elements», pág. 304: «Calderón's heroes are often men alienated from society in desperate

---

mera pregunta que se haría un espectador o lector contempo-
ráneo —lo mismo que se la haría sobre las relaciones entre
Calisto y Melibea en *La Celestina*— sería: ¿y por qué no se
casa de nuevo? La experiencia de Leonarda, en *La viuda valenciana*, puede ayudar a comprender el círculo vicioso en que
se encontraban las viudas, porque el punto central es que los
moralistas de la época, incluso cuando mostraban mayor simpatía hacia ellas, no recomendaban un nuevo matrimonio[42],
y quienes lo contraían eran objeto de burla y escarnio. Por lo
tanto, volver a casarse parece estarle vedado definitivamente[43]. Ello explica el comentario tajante y terminante de Don
Juan cuando la encuentra vestida de calle: «Quédate con Dios
y advierte / que ya no es tuyo ese traje» (vv. 2466-2467). Y si

search for their own identity [...] Angela is in a situation similar to that of those
[...] male protagonists». Y más adelante: «Angela is a [...] determined woman
who rebels against Fate in search of her own destiny» (pág. 313). Puede verse
J. L. Suárez, «¿Quién es Doña Ángela? Drama, identidad e intimidad en *La
dama duende* de Calderón», en *Sexo(s) e identidad(es) en la cultura hispánica*, ed.
de Ricardo de la Fuente y Jesús Pérez-Magallón, Valladolid, Universitas Castellae, 2002, págs. 156-172, que sostiene que «el descubrimiento de la identidad la conduce a rebelarse contra el encierro y la vida dentro de la casa» y pretende dar razón de su subjetividad «en términos de una intimidad que se hace
hacia el exterior, hacia el espacio de la calle» (pág. 164); el cierre, sin embargo, muestra que Calderón «no permite que doña Ángela dé el paso último
hacia la constitución de un yo que, además de privado, fuera eminentemente
autónomo» (pág. 167).

[42] La única excepción parece haber sido Erasmo, quien escribe: «Y así
como de nadie se exige la virginidad perpetua, porque es una dote rara, y no
sin grave peligro se intenta lo que es arduo, menos conviene aun empujar la
flor de los años a perpetua viudez, porque, por regla general, es más fácil la total abstinencia del placer desconocido que privarse en absoluto de él luego de
haberlo probado» (citado en Teresa Ferrer, «Introducción», en Lope de Vega,
La viuda valenciana, pág. 44).

[43] En ese sentido, la opinión de K. Reichenberger, «Reacciones adecuadas
a injusticias sufridas. Observaciones al tema de la *patria potestas* en las comedias de capa y espada de Calderón», en *Estudios sobre Calderón. Actas del Coloquio Calderoniano, Salamanca 1985*, ed. de Alberto Navarro González, Salamanca, Universidad de Salamanca, 1988, pág. 128, de que «en esta situación,
claro está, la misión de mayor prioridad para la *patria potestas* es la de procu-
rarle otro marido» no tiene en cuenta ni esas circunstancias ni otra todavía
más importante, que es el diseño de la trama que efectúa Calderón. Recuérdese la cantidad de tinta dedicada a explicar por qué Calisto no se propone
desde el principio casarse con Melibea.

tales razones no satisficiesen, siempre queda el recurso a decir que el autor no lo quiere precisamente para darle forma a la trama de su comedia. Los argumentos de Greer[44] sobre la presunta independencia legal de las viudas y el papel de la dote no tiene en consideración que en *La dama duende* no se habla en ningún momento de obligaciones contraídas por Don Juan y sí de las deudas que Doña Ángela quiere tratar de componer, por lo que está dependiendo económicamente de su hermano.

Así, la comedia no trata del conflicto entre una mente racionalista (Don Manuel) y una mente supersticiosa (Cosme) —ese no es el conflicto central sino que forma parte de la dinámica relación entre amo y criado, ayudando a la caracterización de ambos—, sino del conflicto de una joven y bella viuda que *no vive* pero quiere vivir[45], que no tiene identidad y quiere tenerla. Pero ese conflicto no está planteado en términos trágicos ni dramáticos, sino cómicos. Y aclaremos que *no vive* no por culpa de sus hermanos, sino por el código social en el que todos ellos habitan, y del que los hermanos no son más que los vehículos concretos por medio de los que se trasmite la fuerza de dicho código[46]. En ese sentido, no se puede considerar idéntico el modo en que Don Juan y Don Luis interpretan y actualizan las normas sociales. Porque Don Luis lo hace de modo desmesurado y, en consecuencia, cómico, mientras que Don Juan lo hace equilibradamente. Y añadamos que las normas sociales no se limitan al honor, sino que implican en este caso el papel que como encarnación de la pa-

---

[44] M. R. Greer, «The (Self)Representation of Control in *La dama duende*», en *The Golden Age Comedia: Text, Theory, and Performance*, ed. de Charles Ganelin and Howard Mancing, West Lafayette, Purdue UP, 1994, págs. 95-99.

[45] A. de Kuehne, «Los planos de la realidad aparente», pág. 41, explicaba el enredo de la comedia surgido «de la disconformidad de una mujer con su destino».

[46] M. Stroud, «Social-Comic *Anagnorisis*», pág. 98, aclara que Doña Ángela actúa «against social convention and custom»; B. Mujica, *Calderón's Characters,* pág. 96, sostiene que la dama «is forced into a role by unfortunate circumstances resulting from social conventions imposed by the law of honor». R. ter Horst, «The Ruling Temper», pág. 71, para hacer cuadrar su argumento, considera que «Angela suffers perhaps more from bad government than from chauvinist oppression».

tria potestad —a la que Doña Ángela se ha acogido voluntariamente dado el estado de sus finanzas— desempeña el hermano mayor. Rey Hazas y Sevilla Arroyo han descrito el ambiente en que trascurre la acción como «un mundo idealizado de galanura, caballerosidad, cortesía, nobleza y honor» y de que todo sucede «entre caballeros intachables y damas sin mácula»[47]. Sin embargo, el modo en que Calderón representa ese mundo presenta suficientes rasgos de ambigüedad como para no ver un mundo tan en blanco y negro. Ni los caballeros son tan intachables ni las damas tan sin mácula, excepto que se quiera considerar que todos los rasgos perturbadores de su personalidad son solo pecadillos intrascendentes. Don Manuel lleva el retrato de una dama a quien al final no tiene en ninguna consideración; Don Juan ronda en secreto a Doña Beatriz sin que lo sepa su padre; Don Luis rivaliza con su hermano a espaldas de este; Doña Ángela se escapa de casa encubierta e incluso trata de huir dirigiéndose sola hacia la casa de Doña Beatriz; esta flirtea con Don Juan y es enviada por su padre junto a Doña Ángela para que ella la controle. No parecen ésas conductas idealizadas.

La crítica que ha estudiado esta comedia calderoniana ha explorado y reflexionado sobre el papel del honor en la misma. Así, Edwin Honig sostenía hace años que en la obra se expone la rebelión de la mujer contra el código *varonil* del honor, al que se añadiría la clara manifestación «inconsciente» de tendencias incestuosas por parte de los dos hermanos hacia Doña Ángela[48]. En otras palabras, para Honig, como para

---

[47] A. Rey Hazas y F. Sevilla Arroyo, «Introducción», pág. XXIII.

[48] Edwin Honig, «Flicker of Incest on the Face of Honor: *The Phantom Lady*», *Tulane Drama Review*, 6 núm. 3 (1962), págs. 69; su crítica está relacionada con «the homicidal rigors of the honor code with its incestuous implications» (pág. 84). Insiste en esa idea en *Calderón and the Seizures of Honor*, Cambridge, Harvard University Press, 1972, donde afirma: «*The Phantom Lady* presents a woman's rebellion against the (honor) code's autocratic male principles as she seeks to achieve the liberty to love whom she chooses» (pág. 110). Esa opinión, muy atractiva desde ciertas posiciones críticas establecidas en el mundo académico norteamericano, es la que sostuvo Matthew D. Stroud, «Social-Comic *Anagnorisis* in *La dama duende*», *Bulletin of the Comediantes*, XXIX, núm. 1 (1977), pág. 100; la sostuvo también B. K. Mujica, «Tragic Ele-

Stroud o Mujica, la comedia articula una visión crítica del código del honor[49]. Es sin duda cierto que, como dice Arellano,
el honor se utiliza en las comedias de capa y espada[50] en función de sus utilidades cómicas; no obstante, en registro cómico o serio, las afirmaciones de los personajes son lo que son.
La idea de Mujica de que la obra defiende sobre todo el
ansia de libertad de Doña Ángela y su derecho a elegir su propia identidad parece atractiva[51], pero pasa por alto (o deja de

---

ments», pág. 305, aunque matizándola en pág. 321, donde afirma que Don Luis
no ama a su hermana de una manera romántica sino que la espía y controla *como
si fuera* su amante. Barbara Mujica, *Calderón's Characters: An Existential Point of
View,* Barcelona, Puvill, 1980, págs. 93-133, matiza que la actitud de Don Luis
apunta hacia una ambigüedad pasional que podría inclinarse del lado del incesto.
R. ter Horst, *Calderón: The Secular Plays,* pág. 141, comenta: «Some Freudian-min-
ded critics have seen incestuous longings in the pattern. Their interpretation is me-
chanical and partial [...] One reason for questioning the idea of incest in Calderón
is that, narratively speaking, the brother and the sister living together without pa-
rents are pre-sexual». También sostiene esa interpretación Juan Carlos de Miguel,
«*La dama duende:* un laberinto de pasiones», en *Comedia y comediantes. Estudios sobre el teatro clásico español,* ed. de M. V. Diago y T. Ferrer, Valencia, Universitat de
València, 1991, págs. 232 y 245. Con diferentes argumentos rebatieron esa interpretación Rey Hazas y Sevilla-Arroyo, «Introducción», págs. XXXI-XXXII.
[49] James E. Maraniss, *On Calderón,* Columbia, University of Missouri Press,
1978, pág. 61, cuestionaba esa interpretación afirmando que, en la medida en que
el código es una fuerza restrictiva, Calderón acaba dándole a esta «a higher authority». Arthur Holmberg, «Variaciones sobre el tema del honor en *La dama duende,*
de Calderón», en *Calderón. Actas del Congreso Internacional sobre Calderón y el teatro
español del siglo de oro. Madrid, 8-13 de junio de 1981,* ed. de Luciano García Lorenzo, Madrid, CSIC, 1983, págs. 913-923, señala la presencia de dos modos opuestos de entender el honor, el positivo de Don Manuel y el negativo de Don Luis.
Pero ambos no encarnan sino un solo y mismo código, lo que les diferencia es el
modo en que uno y otro permiten que ese código determine su conducta.
[50] I. Arellano, «Convenciones y rasgos genéricos», págs. 45-48.
[51] B. Mujica, *Calderón's Characters,* pág. 95, considera que «Her escapades
and flirtations —that is, her quest for erotic love— are primarily a manifesta-
tion of her quest for freedom». Sobre la idea de Mujica, A. Schizzano Mandel, «La *dama* juega al *duende*», pág. 47, desarrolla un juego muy kristeviano y
barthesiano para afirmar: «Toda la estrategia de doña Ángela en la comedia se
modula alrededor del imperativo *amad/la/duende* que, al leerse también
amad/la/dama, nos indica que [...] su objetivo no es otro que alcanzar una libertad que, rescatándola de su fantasmagórico estado de *duende,* la devuelva
unívocamente a una realidad en que pueda gozar cumplidamente como mujer y como dama». H.-J. Neuschäfer, «Revendications des senses», pág. 111,
matiza esa lectura literal y ve en su explícita reivindicación de la libertad «une
conséquence de la licence comique».

lado) elementos cruciales de la obra. Si antes señalábamos como central a la comedia la problemática de la identidad vivida por una mujer viuda y joven que, como consecuencia tanto del código del honor como del estado civil en que se encuentra, actúa movida por un impulso interior hacia la recuperación de esa identidad, lo cierto es que tal identidad no está concebida ni imaginada como algo situado en la pura individualidad, en la realidad aislada e independiente del sujeto[52]. En cierto sentido, se emparenta a la descripción que hace Pierre Bourdieu del *habitus*, del que dice: «to speak of habitus is to assert that the individual, and even the personal, the subjective, is social, collective. Habitus is socialized subjectivity»[53]. Así, la identidad se vincula a la posición social de la persona y, en esa medida, al lugar que ocupa en la jerarquía colectiva; en ese contexto, el papel del honor entre hidalgos urbanos conserva toda su significancia[54]. Desde luego, inter-

---

[52] A. Schizzano Mandel, «El fantasma de *La dama duende:* una estructuración dinámica de contenidos», en *Calderón: Actas del Congreso internacional sobre Calderón y el teatro español del Siglo de Oro*, ed. de Luciano García Lorenzo, Madrid, CSIC, 1983. pág. 641, ve una oposición radical entre el deseo de independencia y dignidad de Doña Ángela y los valores que dominan la sociedad de su tiempo, donde «la identidad individual, incluida la identidad sexual, no es personal y privada, sino más bien social y colectiva, lo que impide que el individuo pueda asumirse existencialmente». Para W. R. Blue, «Effects of the Baroque», pág. 17, la obra trata sobre «the construction or reconstruction of self, family, and by extension, of the society in which it is imbricated. Identity as a construct is that place where representation and repression, knowledge and ignorance, intersect». Pero es en ese marco en el que Doña Ángela va a recuperar su identidad, no en un espacio mentalmente ajeno al de la protagonista. J. C. de Miguel, *«La dama duende»*, pág. 232, cree que el conflicto central de la obra atañe «a la satisfacción de una serie de necesidades de relación y afectivas que como persona, y específicamente como mujer, tiene».

[53] Pierre Bourdieu y Loïc J. D. Wacquant, *An Invitation to Reflexive Sociology*, Chicago, University of Chicago Press, 1992, pág. 126. Melveena McKendrick, «Calderón and the Politics of Honour», *Bulletin of Hispanic Studies*, 80 (1993), págs. 135-146; rep. en *Identities in Crisis. Essays on Honour, Gener and Women in the Comedia*, Kassel, Edition Reichenberger, 2002, págs. 77-93, escribe: «in the seventeenth century man was still defined primarily in relation to family, state, and religion, his personal self but an aspect of his public identity; the individual served the society, not society the individual» (pág. 78).

[54] Calderón explorará las consecuencias desastrosas del deslizamiento más allá de los límites en el código del honor en *El médico de su honra*, pero también apuntará a opciones que se reforzarán en el siglo XVIII al sugerir el autocontrol

pretar el código del honor como fuente y explicación de una visión trágica del mundo es olvidar intencionadamente la proliferación de burlas y cuestionamientos a que ese código es sometido en todas las formas literarias. Es cierto que Doña Ángela toma varias iniciativas con el fin de relacionarse con Don Manuel, pero su objetivo no es en ningún momento una «libertad» todavía por inventar. Más ajustadamente podría decirse que Doña Ángela pone su ingenio y discreción para encontrar o construir limitados espacios de libertad donde comunicarse con otros y entretener su tiempo vacío u ociosidad. Si la dama puede hablar de que vive amortajada y, más adelante, afirmar que «lo que soy ignoro, / que solo sé que no soy / alba, aurora o sol» (vv. 2349-2351), es porque la vida convertida en prisión[55] no le permite precisamente mostrar y vivir uno de los aspectos centrales de la identidad: la relación con los demás y, en particular, con el otro masculino. Según Cascardi, lo que distingue *La dama duende* de otras obras calderonianas es «the fixing of identity through process and change, the definition of the "self" in terms of "other"»[56], sin embargo el proceso de (re)construcción de la identidad de Doña Ángela no es particularmente diferente del de personajes como Rosaura; lo radicalmente distinto es el marco genérico. Cascardi concluye de modo convincente que en *La dama duende* —pero, maticemos, no *a diferencia* de otras obras dramáticas de Calderón— «at the end of the play, the public and personal demands of honor are reconciled. The customary tension of personal concealment and public affirmation is resolved»[57].

Semejante conflicto, el que opone ese *conatus ad vitam* de Doña Ángela a un estado y condición de dependencia y aislamiento, sin embargo, no se plantea al margen de otras circunstancias que son las que van a permitir en último análisis

---

y la negociación como alternativas al duelo (ver *La fiera, el rayo y la piedra*, vv. 2484-2487, donde Anajarte ordena: «Ninguno saque la espada, / que acción es más varonil / tal vez, en quien reñir sabe, / reportarse que reñir»).

[55] Para F. de Armas, *The Invisible Mistress*, pág. 148, el encierro no tiene como objetivo aislarla del mundo exterior sino «to prevent the world and its tyranny to enter the home and her life». En realidad, la casa (el cuarto de Doña Ángela) sería la concreción del paraíso terrenal.

[56] A. J. Cascardi, *The limits of illusion*, pág. 25.

[57] A. J. Cascardi, *The limits of illusion*, pág. 35.

la resolución del conflicto y la restauración del orden. Me refiero concretamente al papel que va a desempeñar el amor en todo ese proceso, y para el cual es absolutamente esencial el paralelismo —llamémosle ideológico y afectivo— entre Don Manuel-Doña Ángela y Don Juan-Doña Beatriz. En efecto, estos últimos desarrollan con más detalle el «mismo» tipo de relación y casuística amorosa que se formula limitadamente pero que se intuye claramente entre Don Manuel y Doña Ángela. El cierre de la comedia con el matrimonio de Doña Ángela y Don Manuel ha sido hábil y cuidadosamente preparado a lo largo de toda la obra. Stroud supone que ese matrimonio no es sino una solución convencional que no se basa en el amor de ambos personajes, y que Don Manuel no hace más que lo correcto, lo que debe hacer[58]. Sin embargo hay suficientes indicios de que el amor va creciendo tanto en el galán como en la dama —desarrollándose en esta por medio de los celos[59], uno de los caminos analizados en los numerosos textos de casuística amorosa de la época—, aunque su articulación abstracta, lírica y verbal va a quedar en manos de Don Juan y Doña Beatriz, pero estableciendo claros elementos metafóricos que los ponen en relación por contraposición. El hilo que con más nitidez vincula a ambas parejas son sus respectivas alusiones a la fuerza de las estrellas y el papel del libre albedrío, temas muy frecuentes en la dramaturgia calderoniana. En efecto, los dos sonetos que se dedican Don Juan y Doña Beatriz recortan la imagen que van a representar Doña Ángela y Don Manuel. Estos, frente al amor por la fuerza de las estrellas que encarnarán Don Juan y Doña Beatriz, darán forma al que resulta del libre albedrío[60],

---

[58] M. Stroud, «Social-Comic *Anagnorisis*», pág. 101.

[59] F. de Armas, *The Invisible Mistress*, pág. 152, llamó la atención sobre este proceso, porque «It is only when she realizes that another woman may have possession of don Manuel's heart that she becomes interested in him». Entre los casos de amor por celos puede pensarse en *El perro del hortelano* y las oscilaciones de la condesa de Belflor que ama por ver amar.

[60] Suponer que Doña Ángela *elige* a Don Manuel, como hace, entre otros, A. E. Wiltrout, «Murder Victim», pág. 103, es olvidar precisamente las condiciones a que su viudez y su ruina la han empujado. Si ama a Don Manuel es por algo que está más allá de su elección y de su libre albedrío, aunque luego este se ponga en marcha para seducir al galán. J. Varey, *«La dama duende»*, pág. 178, no veía la oposición de posturas que en ambos sonetos se articula,

pero, en el caso de Doña Ángela, limitado por las condiciones sociales de su existencia. Los comentarios de los criados trazan el curso de ese amor: Isabel ha captado el interés de su ama y le da forma; Cosme llega a decir que es la dama «por quien se pierde»[61] su amo. La declaración de amor de Doña Ángela es de una claridad abrumadora.

Y si sus afectos se verbalizan en las palabras de la otra pareja de amantes, en ellos se manifiestan mediante detalles aislados y sutiles, pero significativos: la primera visión física que Doña Ángela tiene de Don Manuel al comienzo de la obra; la reacción de Doña Ángela ante el retrato que se encuentra en el equipaje de Don Manuel; los comentarios insinuantes de Isabel; el intercambio de billetes de cuyo contenido nada se nos dice; la confesión que le hace a Doña Beatriz: «Si cuidado con su huésped / me dio, y cuidado tan grande / que apenas sé de mi vida» (vv. 1207-1209); o la exclamación de Don Manuel mientras espera al comienzo de la jornada tercera: «Tu deseo / lograste, amor, pues ya ves / la dama; aventuras leo» (vv. 2275-2277), por no mencionar las declaraciones mutuas hacia el cierre de la comedia. Para Fischer, las relaciones entre Doña Ángela y Don Manuel dramatizan «the androgynous nature of the sexes»[62], y siguiendo a Jung ve en la pareja a los «invisible partners» junguianos, o sea, en el inconsciente de la dama el elemento masculino —*animus*— y en el del galán la presencia del elemento femenino —*anima*. Neuschäfer interpreta el matrimonio del cierre como un intento de legalizar el *fait accompli* del que ella es la autora[63], pero una legalización que concluye un proceso obvio para el público de enamoramiento de los protagonistas y que en esta

<hr />

pues en ellos Don Juan y Doña Beatriz «se descubren su amor recíproco basado en el libre albedrío». Según M. R. Greer, «The (Self)Representation», pág. 90, el papel que le atribuye Doña Beatriz a las estrellas representa metafóricamente la falta de poder que la mujer tiene en la elección de marido.

[61] No me parece, por tanto, aceptable concluir que «don Manuel no llega a estar verdaderamente enamorado de la dama duende» (J. C. de Miguel, *«La dama duende»*, pág. 242).

[62] S. Fischer, «The Invisible Partner: A Jungian Approach to Calderón's *La dama duende*», *Revista Canadiense de Estudios Hispánicos*, 7, núm. 2 (1983), pág. 232.

[63] H.-J. Neuschäfer, «Revendications des senses», pág. 115.

comedia es llevada a cabo por los varones, no por la dama, aunque ese cierre no anula el carácter rebelde de los actos de aquella[64]. Es cierto, como afirma Maraniss, que «This is not a sly celebration of the victory of Eros over social compulsion; it is rather a demonstration of the inadequacy and insufficiency of each and of their fundamental irreconciliability on any terms other than those imposed by a sacrament»[65]. El problema es que el sacramento no funciona aquí como un elemento más de coacción social, sino como el mecanismo «natural» que permite la victoria de Eros, y está solo en la medida en que hace posible la solución del conflicto y la restauración del orden dramático.

Aquí no hay *justicia poética*, por retomar las muy célebres palabras de A. A. Parker[66], sino algo mucho más elemental: hay resolución del conflicto, pero no porque ninguno de los personajes lo merezca o deje de merecerlo, sino porque, en el contexto de una comedia, es forzoso que haya una voluntad pragmática que esté dispuesta, más allá de las determinaciones que impone el código social (en este caso el del honor), e incluso más allá de todos los elementos de casualidad que han funcionado en la comedia para desencadenar y complicar el enredo[67] —identidades

---

[64] A. Schizzano Mandel, «El fantasma de *La dama duende*», pág. 640, alude al espacio lúdico como «el "locus" del ser donde se plasma el yo rebelde que intenta sobreponerse al sistema agobiante que le rodea. El espacio lúdico nos ofrece, por otra parte, el "locus" donde se manifiesta la pulsión y donde se realiza la liberación del deseo».

[65] J. E. Maraniss, *On Calderón*, pág. 58.

[66] En *The mind and art of Calderón. Essays on the «comedias»*, ed. de Deborah Kong, Cambridge, Cambridge University Press, 1988, pág. 146, aplica esa idea a esta comedia, señalando que Don Luis se queda solo precisamente como aplicación de la justicia poética, pero para ello tiene que embellecer la conducta de los demás personajes y, sobre todo, olvidar las convenciones del género y la función del galán suelto entre ellas.

[67] Muy sugerente parece el comentario de C. Bobes Naves, «Cómo está construida *La dama duende*», *Tropelías*, 1 (1990), pág. 72: «el enredo pretende, en último término, revisar la relación libertad-responsabilidad, a través de los casos concretos, en una especie de crítica de la moral casuística, que reduce ante los ojos del espectador las situaciones al absurdo». Se refiere específicamente a que el honor del varón dependa de la mujer. Si la situación de la mujer era injusta, dice la crítica, también lo era la de los hombres al tener que asumir —y reaccionar en consecuencia— las acciones de las mujeres como si fueran propias.

confusas, «casos fortuitos del azar»[68], cartas entre personajes que no se conocen, galanes celosos (de amor y honor)—, a imponer cierta racionalidad en el funcionamiento de los mecanismos sociales desde las convenciones del género dramático en que se enmarca la acción; o, como escribía Robert ter Horst, «this play demonstrates the need for firm rational control and that Don Manuel is the person who [...] achieves the power to guide events»[69]. En otras comedias —piénsese en las muchas de Lope— se recurrirá al *deus ex machina* que, en forma de rey o de cualquier otra encarnación del poder, resolverá el conflicto. Y ese papel le incumbe en *La dama duende*, desde dentro de la dinámica dramática, a Don Manuel. Discutir sobre la posible inestabilidad del cierre de la comedia, en especial si se da por supuesto que el final de toda pareja que contrae matrimonio no puede ser otro que el trazado por el mismo Calderón en *El médico de su honra*[70], o sea, que Don Manuel acabará cometiendo un socialmente inaceptable y masivamente reprobable uxoricidio, es enmarcar lo que se está viendo (o leyendo) en *La dama duende* con unos ojos contaminados por la lectura (deformada) de otras obras[71]. Y, sobre todo, es condicionar una interpretación, siempre discutible, por otra interpretación igualmente discutible. Porque el problema no es solo de responsabilidad, como supone Bruce

---

[68] I. Arellano, «*La dama duende*», pág. 131.

[69] Robert ter Horst, «The Ruling Temper of Calderón's *La dama duende*», *Bulletin of the Comediantes*, 27, núm. 2 (1975), pág. 68. No puedo coincidir con ese «great risk» que es subproducto de la lectura *tragedizante* del crítico.

[70] Esa es la posición de B. W. Wardropper, «Calderón's Comedy and His Serious Sense of Life», pág. 186.

[71] No es casual que B. W. Wardropper, «El problema de la responsabilidad en la comedia de capa y espada de Calderón», en *Actas del segundo Congreso Internacional de Hispanistas,* ed. de J. Sánchez Romeralo y N. Poulussen, Nimega, Instituto Español de la Universidad de Nimega, 1967, págs. 689-694, llegue a ciertas conclusiones tras analizar *El médico de su honra* como si fuera una comedia. Por ejemplo, B. K. Mujica, «Tragic Elements», pág. 309, aunque hablando de *La dama duende*, afirma que «transgressions of honor by women are punishable by death in seventeenth-century honor plays», dejando de lado que *La dama duende* no es una «honor play», sino una comedia, y que en las comedias se juega a veces con el honor de modo mucho más flexible de lo que parece darse a entender.

Wardropper, sino de las convenciones del género, que es algo muy diferente.

La dama duende, como otras comedias calderonianas, ha sufrido de la interpretación que en su momento, con el ánimo de completar o ampliar las sugerencias de Parker, elaboró y difundió Wardropper[72], para quien la comedia venía a constituirse como la fase previa a la tragedia en la medida en que ambos géneros trazaban la imagen de un mundo caótico en el que imponía su despiadada ley —siempre empujando hacia el desenlace trágico— el código del honor. La diferencia, lo que hacía posible en las comedias un desenlace «feliz», era la presencia de personajes no atados por el vínculo matrimonial y, por tanto, en condiciones todavía de evitar lo trágico mediante el recurso impuesto por las circunstancias que no era otro que el matrimonio, con lo cual toda comedia se convertía, por su propio final feliz con la boda de los protagonistas, en el comienzo de una tragedia. El enfoque *tragedizante* (por usar el término de Hildner)[73] ha estado presente en numerosos estudios sobre *La dama duende*[74], olvidando la inde-

---

[72] B. W. Wardropper, «Calderón and Its Serious Sense of Life», pág. 186. Esa idea informa también trabajos como el ya citado «El problema de la responsabilidad en la comedia de capa y espada de Calderón», págs. 689-694; o «El horror en los géneros dramáticos áureos», *Criticón*, 23 (1983), págs. 223-235.

[73] David J. Hildner, «Sobre la interpretación tragedizante de *La dama duende*», en *Perspectivas de la comedia, II: Ensayos sobre la comedia del Siglo de Oro español*, ed. de Alva V. Ebersole, Valencia, Albatros, 1979, págs. 121-125. Hildner pone el énfasis en dos elementos que marcan la obra como «cómica»: la disposición física de la escena y las casualidades que los personajes no pueden controlar. Habría que añadir, como ya hacía Valbuena Briones en su «Introducción», los numerosos juegos lingüísticos y la función del *gracioso*.

[74] La primera en desarrollar ese enfoque germinal fue Barbara K. Mujica, «Tragic Elements in Calderón's *La dama duende*», *Kentucky Romance Quarterly*, 16 (1969), págs. 303-328, quien afirma que «we may consider *La dama duende* in a sense as much a tragedy as a comedy [...] *La dama duende* is at every moment on the verge of becoming an authentic tragedy» (págs. 303-304); Robert ter Horst, «The Ruling Temper», pág. 68; «The Origin and Meaning of Comedy in Calderón», en *Studies in Honor of Everett W. Hesse*, ed. de William C. McCrary and José A. Madrigal, Lincoln, Society of Spanish & Spanish American Studies, 1981, págs. 143-154; en *Calderón: The Secular Plays*, Lexington, The University of Kentucky Press, 1982, pág. 50, escribe Ter Horst: «It is a part of the essential critical hypothesis of *La dama duende,* for example, to believe that the quarreling among its three male protagonists can lead at any time to

pendencia del género cómico respecto al trágico y, sobre todo, dejando de lado lo que la representación, o sea, la actuación de los personajes, podía actualizar de una manera tal vez menos ambigua y más inconfundible. No solo eso, sino que Ter Horst habla de las «sombre joys» de Don Manuel y de que el concepto de comedia de Calderón era serio y grave[75], lectura del dramaturgo que conduce a Sturgis E. Leavitt, quien titula un trabajo «Did Calderón have a sense of humour?»[76]. Pongamos un ejemplo: la obsesión por el honor que muestra Don Luis, ¿es de carácter trágico o, por el contrario, de carácter cómico? ¿Es la actitud que podría conducir a un desenlace trágico o, por el contrario, un modo de presentar la obsesión por el honor de modo risible por lo cómico, lo mismo que en *El médico de su honra* se la presentará «risible» o más bien execrable por su demencia extremada? El texto da indicaciones bastante claras de que el papel de Don Luis es un galán que adopta actitudes y dice cosas que no parecen cuadrar con una imagen seria. Pero más llamativa es su conducta durante el duelo en la tercera jornada, en la que cierta caracterización algo burlesca se impone para comprender las palabras que intercambian los personajes. Al mismo

---

death», pero en ningún momento hay conflictos entre Don Juan y los otros varones. También J. E. Maraniss, *On Calderón*, pág. 58, reitera la «moral seriousness» de la obra. Por el contrario, M. Stroud, «Social-Comic *Anagnorisis*», pág. 102, afirma que la obra «is indeed comic. It may from time to time border on the melodramatic, but it does not border on the tragic»; ese es el eje del enfoque de Antonucci en su «Prólogo».

[75] R. ter Horst, «The Ruling Temper», pág. 69. En eso prolonga la postura de B. W. Wardropper, quien en «Calderón's Comedy and His Serious Sense of Life», pág. 80, hablaba de la «intense seriousness» y de la «coherent, if pessimistic, view of his world».

[76] Sturgis R. Leavitt, *Golden Age Drama in Spain: General Considerations and Unusual Features*, Chapel Hill, North Carolina University Press, 1972. Puede verse Marc Vitse, *Segismundo et Serafina*, Toulouse, Presses Universitaires du Mirail, 2.ª ed., 1999; L. Iglesias Feijoo, «Calderón y el humor», en *Ayer y hoy de Calderón*, ed. de J. M. Ruano de la Haza y J. Pérez-Magallón, Madrid, Castalia, 2002, págs. 15-36; asimismo, I. Arellano, «Calderón cómico», en *El escenario cósmico. Estudios sobre la Comedia de Calderón*, Frankfurt, Universidad de Navarra, Iberoamericana, Vervuert, 2006, págs. 153-201. La opinión de que Calderón tenía un indiscutible sentido cómico parece dominar ahora en los estudios calderonianos.

tiempo, la actuación no puede ser exagerada, ya que si no se perdería la aparente seriedad final con que Don Manuel pide la mano de Doña Ángela.

La pregunta no es si Calderón aceptaba el código del honor (damos casi por supuesto que sí, ¿y quién no en su tiempo?), sino cómo actúan sus personajes en el desarrollo y tratamiento de dicho código, en qué situaciones lo asumen hasta las últimas consecuencias, lo cuestionan o lo aplican al margen de cualquier atisbo de sensatez. Es más, como bien señala Bobes Naves, «la simpatía del público se orientará hacia la dama, hacia el personaje mentiroso, burlador, que prepara con ingenio un engaño. Es propio del género cómico suscitar la simpatía por la víctima que se opone al opresor»[77]. La consideración del código del honor como un marco ideológico, moral y social que solo puede conducir a la tragedia presupone una lectura de los materiales literarios y no literarios que excluye los numerosísimos ejemplos y casos en que los personajes (ficticios o no) saben negociar las situaciones y resolverlas sin necesidad de llegar a las armas y correr peligro de muerte. Otra cosa es que se pueda utilizar el código del honor como una especie de hado en el caso de construcciones de carácter trágico.

Por otra parte, parece olvidarse que el *caos* en que se desenvuelven los personajes no es tal antes de que empiecen a actuar, o sea, que tal caos no puede caracterizar el mundo o la sociedad en que se mueven, porque el orden será perturbado por la actuación de Doña Ángela[78], que rompe con las normas que la sociedad les impone a personas como ella —es decir, a las viudas— y decide escaparse de casa oculta tras su velo; y serán las acciones de la dama las que irán caotizando el mundo en el que viven los demás personajes de la comedia. Considerar a Doña Ángela como quien «describes its [de la comedia] path to chaos»[79], como hace Ter Horst, puede ser

[77] C. Bobes Naves, «Cómo está construida *La dama duende*», pág. 73.

[78] A. Schizzano Mandel, «El fantasma en *La dama duende*», pág. 639, escribe: «Al comenzar la acción existe un equilibrio inicial, una situación estable. La aparición de la mujer tapada, doña Ángela, encubierta en su manto, introduce un desequilibrio que pone en marcha una dinámica actancial».

[79] R. ter Horst, «The Ruling Temper», pág. 68.

aceptable como figura retórica, pero suponer que ese caos es fruto del desorden de una pulsión pasional parece no tener en consideración el carácter planificado de sus actos, la calculada y controlada planificación de su tramoya, así como la colaboración, apoyo y «complicidades femeninas»[80] que hacen posible el éxito de su empresa. Como dice Wiltrout, se trata de un «artificially created chaos»[81]. Así, pues, no se trata de suponer que la obra constituye una representación simbólica del caótico mundo real en que vivía Calderón, sino que el mundo ordenado previo a la actuación se ve trastornado por las decisiones libres que toman los personajes, en este caso el personaje de Doña Ángela. Y es caos porque en su propia dinámica no parece haber ninguna expectativa de solución, a pesar de que las convenciones del género y la práctica como espectadores del público pueden hacer más que previsible la restauración del orden mediante el matrimonio.

El conjunto de los personajes diseñados por Calderón, con una base muy sólida en elementos cervantinos[82] —la pareja amo-criado, la desenvoltura de las damas y su capacidad como inventoras de ficción, el marco de aventuras caballerescas, el lenguaje que puntúa las relaciones epistolares entre galán y dama, y sobre todo la tensión entre realidad aparente y realidad fingida[83]—, entronca con las experiencias cómicas de

---

[80] J. C. de Miguel, «*La dama duende*», pág. 236, n. 13.

[81] A. E. Wiltrout, «Murder Victim», pág. 106.

[82] R. ter Horst, *Calderón: The Secular Plays*, pág. 74, ve *La dama duende* como la obra «most completely possessed by [Cervantes'] spirit». A. Rey Hazas y F. Sevilla Arroyo, «Introducción», pág. XXXV, señalan que «el quijotismo es aquí un elemento plenamente funcional y de considerable importancia estructural y semántica», en especial porque Don Manuel vendrá a socorrer y amparar a Doña Ángela. Probablemente también se pueda relacionar con Cervantes lo que señala W. R. Blue, *The Development of Imagery in Calderón's «Comedias»*, York, Spanish Literature Publications Company, 1983, pág. 39: «The three principal characters [Manuel, Ángela y Luis] have their own patterns of speech; patterns that, except for Manuel, are not particularly based on images, but rather on a standard diction».

[83] No utilizo la misma contraposición que Alyce de Kuehne, «Los planos de realidad aparente», pág. 40, donde distingue entre vida convencional (realidad aparente) y vida auténtica (la realidad subjetiva o interior del individuo). La tensión entre el doble plano de realidad y fantasía como influencia cervan-

Lope *(La viuda valenciana)* y Tirso *(La celosa de sí misma, Por el sótano y el torno).* Blanca de los Ríos, editora de Tirso de Molina, afirmó que *La celosa de sí misma* «inició un nuevo tipo dramático, pues de ella procedieron todas las farsas calderonianas de tapadas y escondites, "damas duendes" y "casas con dos puertas"»[84], estableciendo, aunque sin desarrollo, una genealogía muy precisa para las comedias de capa y espada de Calderón. Frederick de Armas[85] apuntó hacia *El soldado Píndaro,* libro II, capítulos 1-6, de Gonzalo de Céspedes y Meneses (1626), en donde Calderón habría encontrado: 1) una dama que desde un coche llama al galán; 2) la dama le hace llegar billetes hasta su habitación de un modo misterioso e indescifrable; 3) el encuentro entre galán y dama mediante un billete y el uso de una silla que debe trasladar al galán a la casa de la dama, donde es recibido por la dama vestida magníficamente y donde se le sirven dulces; 4) ante un imprevisto el galán tiene que desaparecer por un paso secreto que le conduce a su propio cuarto. En realidad, se trata de la reelaboración más próxima al momento en que Calderón escribe *La dama duende* de la inversión del mito de Psique y Cupido[86] (o Amor) —actuando Doña Án-

tina fue señalada por Ángel Valbuena Briones en su edición de la obra, *Obras completas,* Madrid, Aguilar, 1954, t. II, pág. 233, particularmente en relación a *Pedro de Urdemalas.* Puede verse Alberto Sánchez, «Reminiscencias cervantinas en el teatro de Calderón», *Anales Cervantinos,* 6 (1957), págs. 262-270, así como R. ter Horst, *Calderón: The Secular Plays,* págs. 71-170, capítulo II dedicado a «Cervantes, Honor and *No hay cosa como callar».* A. J. Cascardi, *The limits of illusion,* pág. 25, subraya que en Calderón «the interplay of illusion and reality is his constant theme». Ese es el punto de partida de María Soledad Fernández Utrera, «"Juegos de lenguaje" en *La dama duende», Bulletin of the Comediantes,* 45, núm. 1 (1993), págs. 13-28.

[84] Blanca de los Ríos, «Introducción», en Tirso de Molina, *Obras completas,* Madrid, Aguilar, 1952, t. II, pág. 14.

[85] Frederick de Armas, «Céspedes y Meneses and Calderón's *La dama duende», Romance Notes,* 11 (1970), págs. 599-603.

[86] En Apuleyo, *El asno de oro,* lib. IV-VI; pero especialmente en la reelaboración de la novela 26 de la parte IV de las *Novelle* de Mateo Bandello. Sobre el mito en la época y en la obra de Calderón puede verse Sebastian Neumeister, *Mito clásico y ostentación. Los dramas mitológicos de Calderón,* trad. de Eva Reichenberger y Juan Luis Milán, Kassel, Edition Reichenberger, 2000, págs. 135-161.

gela como Cupido invisible[87]—, aunque invirtiendo los términos en cuanto que la curiosidad (allí exclusivamente femenina) se desplazará aquí a los dos personajes; Calderón diversifica la curiosidad, que caracteriza tanto a la dama[88], poniendo el acento en un tipo de curiosidad diferente, como al galán, que querrá a toda costa averiguar la identidad de la dama. Joseph G. Fucilla[89] fue el primero en llamar la atención a ciertos paralelismos entre *La viuda valenciana* y *La dama duende*. Lo más importante en su apunte fue señalar, en primer lugar, la presencia de la *viuda* en el título de Lope —que proviene desde luego del personaje de Bandello— y, segundo, un par de referencias en *La viuda valenciana* que hubieron podido sugerir muy plausiblemente la conversión de la Leonarda lopesca en la Doña Ángela calderoniana, en especial la reflexión de Camilo: «¿Y qué sé yo si pensando / que abrazo algún ángel bello / a un demonio enlazo el cuello / que ascuras anda volando / porque es indigno de vello?» (vv. 1061-1065). Además, Fucilla señala el uso de una linterna que lleva luz (Camilo en *La viuda valenciana* y Doña Ángela en *La dama duende*), lo que permite a Camilo y a Don Manuel contemplar la belleza extrema de la dama; y, por último, la alusión de Leonarda a una prima suya que le sirve para desviar la atención de Camilo y engañarlo provisionalmente. Por supuesto, hay diferencias esenciales ya que Calderón «is always careful to stay outside the bound of the risqué»[90] o, como dice Arellano, la comedia de Lope «responde a un modelo de comedia urbana conectado

[87] Así la llama F. de Armas, «Mujer y mito en el teatro clásico español: *La viuda valenciana* y *La dama duende*», *Lenguaje y textos*, 3 (1993), pág. 65. Dada la relación entre ambas comedias, resultará útil consultar Joseph G. Fucilla, «Lope's *Viuda valenciana* and Its Bandellian Source», *Bulletin of the Comediantes*, 10 (1958), págs. 3-6; Enrique Rull, «Creación y fuentes de *La viuda valenciana*, de Lope de Vega», *Segismundo*, 7-8 (1968), págs. 25-40.
[88] F. de Armas, *The Invisible Mistress*, pág. 146. Fuera de la bibliografía existente, M. Gómez y Patiño, «La mujer en Calderón», págs. 202-204, insiste en el papel de la curiosidad femenina como rasgo positivo.
[89] Joseph G. Fucilla, «*La dama duende* and *La viuda valenciana*», *Bulletin of the Comediantes*, 22 (1970), págs. 29-32.
[90] J. G. Fucilla, «*La dama duende*», pág. 30.

todavía con las formas de la baja comicidad y el tono obsceno de la comedia antigua»[91].

Más recientemente, Antonucci sugirió que «acaso más pertinente y fructuosa resulte una comparación entre *La dama duende* y *Por el sótano y el torno,* comedia de Tirso de Molina compuesta solo pocos años antes»[92]. El problema es que en esta obra de Tirso los elementos comunes son todavía más escasos y probablemente menos específicos que en los casos anteriores. Sin embargo, dicha crítica acaba considerando que, a pesar de parecidos argumentales, «el resultado es una comedia que se desgaja por completo de su(s) posible(s) modelo(s) inspirador(es), adquiriendo vida propia»[93] gracias al acierto dramático de Calderón. Es una opinión parecida a la de Arellano, quien desplaza la indagación de las posibles relaciones textuales de *La dama duende* remitiendo a un archivo compartido en el que no se aspira a la originalidad, «pero no porque estén tomados de obras anteriores [...] sino porque responden a un acervo común de materiales que están a disposición de los dramaturgos que han de construir con ellos, mediante su dominio del arte combinatoria, máquinas ingeniosas y sorprendentes»[94]. Dentro de la producción calderoniana, *La dama duende* ha sido vinculada por la crítica con *Casa con dos puertas mala es de guardar,* considerándola como posterior a aquella. Valbuena Briones escribía: «Pudiera afirmarse que esa comedia se escribió muy deprisa, aprovechando algunos de los trucos de *La dama duende,* así como el éxito de la misma»[95]. No obstante, De Armas ha puesto en tela de juicio semejante opinión, asegurando que «there is no evidence [...] to prove that *Casa con dos puertas* was written after *La dama duende,* in spite of assertions to

---

[91] I. Arellano, *«La dama duende»,* pág. 129. Puede verse a ese respecto Jaime Fernández, «Honor y moralidad en *La viuda valenciana* de Lope de Vega: "Un tan indigno ejemplo"», *Hispania,* 69 (1986), págs. 821-829.

[92] F. Antonucci, «Prólogo», pág. XXXVIII.

[93] F. Antonucci, «Prólogo», pág. XXXIX.

[94] I. Arellano, *«La dama duende»,* pág. 128.

[95] A. Valbuena Briones, «Prólogo», *Comedias de capa y espada,* Madrid, Espasa-Calpe, 1962, t. II, pág. LXIX.

this effect»[96]. Lo cierto es que los parentescos en el diseño de la acción dramática son tales que parecen dos obras concebidas en el mismo impulso inventivo y creativo; si valiera la imagen, se diría que ambas estuvieron en el telar y fueron elaboradas al mismo tiempo. Otro aspecto, no del todo explorado por la crítica, es el modo en que Calderón dialoga con sus propias comedias y las reelabora —puntual, fragmentaria o más integralmente— en un proceso de sucesiva reflexión y reutilización de sus propios materiales[97].

Esos personajes, que se mueven en el espacio urbano[98] marcado así desde el comienzo coincidiendo con las celebraciones por el nacimiento del príncipe Baltasar Carlos, acaban actuando en el espacio hogareño —espacio permeable[99], como ha señalado Arellano— de la familia de Don Juan, donde se encuentra el cuarto de Doña Ángela y, muy separado de este, el de Don Manuel. Como ha señalado Aurelio González, «la doble espacialidad (las dos habitaciones) es el elemento estructurante fundamental de la comedia»[100]. Aunque hay breves episodios que suceden en el espacio público de la ciudad, en particular el primer cuadro de la jornada primera (vv. 1-368), cuya importancia fue puesta de relieve por Varey[101]

---

[96] F. de Armas, *The Invisible Mistress*, pág. 128. Puede verse, asimismo, Rey Hazas y Sevilla Arroyo, «Introducción», págs. XL-LIII, quienes califican *Casa con dos puertas* como «casi "gemela" de *La dama duende*» pero matizan: «aunque no se pueda precisar con rigor cuál de las dos se pergeñó en primer lugar» (pág. XL).

[97] En su estudio de varias obras de Calderón, y siguiendo un apunte de Schack, lo hizo Albert E. Sloman, *The Dramatic Craftmanship of Calderón*, Oxford, Dolphin, 1958.

[98] A. Schizzano Mandel, «El fantasma en *La dama duende*», pág. 640, señala que el espacio teatral «se materializa como la oposición entre el espacio ilimitado, no estructurado de la ciudad, donde el hombre se manifiesta libremente, y el espacio limitado y regulado de la habitación en que se mueve la mujer». Véase C. Bobes Naves, «Cómo está construida *La dama duende*», págs. 65-69, donde estudia los espacios en la obra distinguiendo entre espacio patente, espacio lúdico y espacio latente.

[99] I. Arellano, *«La dama duende»*, pág. 133.

[100] A. González, «Los espacios del barroco en Calderón», en *Calderón 1600-2000. Jornadas de investigación calderoniana*, ed. de A. González, México, El Colegio de México, 2004, pág. 69.

[101] J. Varey, *«La dama duende* de Calderón: símbolos y escenografía», en *Calderón*, ed. de L. García Lorenzo, Madrid, CSIC, 1983, págs. 167-174.

y luego el comienzo del cuadro cuarto de la segunda jornada (vv. 1917-1984), el grueso de la acción dramática trascurre en la casa de Don Juan. La distribución de ese espacio en la escena[102] —Honig, por ejemplo, hablaba de los «adjoining apartments of the two lovers»[103]— ha sido discutida por Varey, Vitse y Ruano de la Haza[104], llegando a la conclusión de que, al hablar de cuarto, no se trata de una sola habitación; Vitse dice que es «algo comparable a los *appartements* de las piezas de Corneille o Racine, o con lo que hoy, en los hoteles, se suele llamar una *suite*»[105]. Se trata, por tanto, de un conjunto de habitaciones, espacio que incluía una salita, un dormitorio y alguna otra alcoba más; que los cuartos de Don Manuel y Doña Ángela no están ni cerca ni juntos, sino alejados (aproximadamente la distancia de decir unos cuarenta versos según calcula Vitse); que el cuarto de Doña Ángela debe estar en el primer piso, pues Don Luis afirma en v. 2685 que su cuarto «pisa sobre el mío»; que el cuarto de Don Manuel no tiene aparentemente conexión con el resto de la casa (ahí está la alacena); que ese cuarto no sale a la calle donde debe estar la entrada principal de la casa, sino que constituye una salida lateral de la misma. En otras palabras, pese a la aparente simplicidad de ese espacio, hay mayor complejidad espacial de la que se ha dado por supuesta, complejidad que haría saltar en añicos algunas interpretaciones arriesgadas que se basan en una hipotética proximidad física y una fina separación membranosa entre ambos cuartos.

El marco temporal en que tiene lugar la acción dramática se ajusta aproximadamente a una coincidencia entre tiempo

---

[102] No creo acertado considerar que en esta comedia «the author clearly privileges the scenographic aspect over its linguistic and dramatic elements» (M. Martino Crocetti, «*La dama duende*», pág. 51).

[103] E. Honig, «Flickers of Incest», pág. 70.

[104] J. Varey, «*La dama duende*», págs. 170-181; M. Vitse, «Sobre los espacios en *La dama duende:* el cuarto de don Manuel», *Notas y Estudios Filológicos*, 2 (1985), págs. 7-32; rep. en *Cuadernos de Teatro Clásico*, 15 (2001), págs. 141-160; J. M. Ruano de la Haza, «The Staging of Calderón's *La vida es sueño* and *La dama duende*», *Bulletin of Hispanic Studies* (Glasgow), 64 núm. 1 (1987), págs. 51-63; pero ahora debe verse J. M. Ruano de la Haza y J. J. Allen, *Los teatros comerciales del siglo XVII y la escenificación de la comedia*, Madrid, Castalia, 1994, esp. págs. 401-403.

[105] M. Vitse, «Sobre los espacios», pág. 143.

de acción y tiempo de la representación, con entreactos en los que se concentra el paso de un tiempo a veces indeterminado. Así, en la segunda jornada se habla de que «al otro día [de dejarle la primera carta] hallaste / la respuesta» (vv. 1112-1113), y de que Doña Ángela volvió a responderle; y todavía más adelante que «papeles suyos y míos / fueron y vinieron» (vv. 1219-1220), o sea que han debido pasar algunos días. Y la acción de la jornada es continuada, con la excepción de la salida frustrada de Don Manuel hacia El Escorial y su regreso imprevisto. Y entre la segunda y la tercera jornada, Don Manuel y Cosme han ido a El Escorial y han regresado; de nuevo aquí la acción es continuada a lo largo de la jornada. Pero el tiempo de la acción dramática está marcado por la contraposición —que es a la vez física, semiótica y simbólica— entre oscuridad y claridad, noche y día, luna y sol[106]. En efecto, en la comedia la luz y voces asociadas se vinculan a la búsqueda de respuestas, al saber, al conocimiento, en tanto la oscuridad envuelve el misterio y oculta identidades y realidades. Por otra parte, frente a la luz de la razón y del saber aparece la oscuridad como ámbito metafórico del secreto[107] en que se alberga el honor; así dice Don Luis: «pues todo se halla con luz / y el honor con luz se pierde» (vv. 2709-2710). Sólo Cosme sabrá encontrar elementos que refuercen su visión del mundo tanto en la luz como en la oscuridad, pues en ambos se hallan vínculos con el duende o lo diabólico.

La comicidad de la obra, que tiene una base sólida en lo que Rey Hazas y Sevilla Arroyo llaman «incesante confusión de realidades aparentes o apariencias reales»[108] —y que Bradley Nelson ha relacionado con el efecto pictórico (o artístico) de la anamorfosis[109], o sea, la deformación reversible de una

---

[106] Puede verse W. R. Blue, *The Development of Imagery*, págs. 42-43.

[107] A. A. Parker, *The mind and art of Calderón*, pág. 147, escribe: «Secrecy, however, was not only necessary to safeguard honour and reputation; it was also necessary to safeguard life itself in a society governed by violence and oppression».

[108] A. Rey Hazas y F. Sevilla Arroyo, «Introducción», pág. XXVI.

[109] B. Nelson, «The Marriage of Art and Honor: Anamorphosis and Control in *La dama duende*», *Bulletin of the Comediantes*, 54, núm. 2 (2002), págs. 407-441.

imagen como efecto de la perspectiva—, se va construyendo a partir de un contacto aparentemente casual y fortuito entre Doña Ángela y Don Manuel, la proximidad de los varones que compartirán la casa, las diferentes actitudes de los dos hermanos, el afán de Doña Ángela, estimulada por Isabel, por invadir el espacio hogareño de Don Manuel, las reacciones miedosas y supersticiosas del gracioso, los juegos lingüísticos, las comunicaciones escritas directas entre galán y dama, las indagaciones sobre la identidad del *duende*[110], el intento de Doña Ángela de hablar en persona con el galán, las complicaciones del enredo que aporta la presencia de los hermanos, la acumulación de confusiones, incluidas las provocadas por el juego con los espacios, hasta el cierre en que la voluntad pragmática y racionalista de Don Manuel le permite tomar la decisión que permitirá restaurar el orden en el mundo ficticio de la obra. Menéndez Pelayo destacó en la obra la capacidad de Calderón de construir

una intriga complicada, sin ser difícil ni enmarañada, que nos deja seguir con facilidad los giros caprichosos del pensamiento del poeta, excitando la atención de la misma manera que si se tratase de un enigma cuya solución hubiera de hallarse al fin de la comedia[111].

Por su parte, J. Varey ha subrayado que

uno de los elementos más importantes que distingue la pieza cómica del drama es la constante afirmación de parte del dramaturgo que su obra es una ilusión, comentario que se estriba en las referencias a otras piezas teatrales y a otras obras literarias, y en las alusiones que hace el gracioso y otros personajes al arte teatral[112].

---

[110] B. K. Mujica, «Tragic Elements», pág. 306, afirma que Doña Ángela es ya *dama duende* antes de que aparezca Don Manuel, sin embargo sus salidas anteriores no la convierten en *duende,* sino solo en *tapada.*

[111] Citado en B. K. Mujica, «Tragic Elements», pág. 326; proviene de *Calderón y su teatro.*

[112] J. Varey, «*La dama duende*», pág. 175.

o sea, al metateatro. La información se va dando, o repitiendo, dosificadamente, como en casi todo el teatro áureo, que muestra una sensibilidad exquisita para fomentar el interés del espectador[113]. Porque un punto central en esta comedia de capa y espada es que, como afirma Blue, «since from the second *cuadro* on the audience knows who everyone is as well as how entrances and exits can happen, the play seems to reinforce the audience's sense of mastery and superiority»[114], permitiéndole además un goce en la risa y el entretenimiento magistralmente diseñado.

EL DUENDE, LOS DUENDES, LAS SUPERSTICIONES Y OTROS INCONFORMISMOS

Fausta Antonucci reconoce que el elemento novedoso de *La dama duende* radica en «la curiosidad del caballero por descubrir la verdad detrás del enredo en que se ve involucrado, curiosidad que lo lleva a aceptar todos los desafíos del pretendido duende, convencido de que no hay tal duende, sino solo una mujer»[115], aunque sin duda también por la ágil y endiablada manipulación de la alacena como elemento de equívoco, intriga y confusión cómica[116]. Sin embargo, afirma que «esta curiosidad tiene más de juego que de una voluntad de racionalización ilustrada de lo irracional»[117]. No creo que se pueda hablar de «racionalización ilustrada» en el caso de Don Manuel, y desde luego Valbuena Briones, aunque relaciona a Calderón con Feijoo, nunca va más allá de hablar de «tesis racionalista» en Calderón, pero tampoco reducir su actitud a

---

[113] E. J. Hassell, *Calderón*, pág. 39, señalaba que uno de los atractivos de las comedias calderonianas de capa y espada era «the hold they lay on the spectator's curiosity».

[114] W. R. Blue, «Effects of the Baroque», pág 16.

[115] F. Antonucci, «Prólogo», pág. XL.

[116] J. Varey, «*La dama duende*», pág. 170, escribe: «La alacena va a hacer un papel muy importante en la acción de la pieza. Hasta cierto punto es el *primum mobile* de la trama, simbolizando no solo [...] la fragilidad del honor, sino también la ligereza y curiosidad de la mujer».

[117] F. Antonucci, «Prólogo», pág. XL.

una curiosidad relacionada con los mecanismos previsibles del género. Porque no es tan solo esa curiosidad la que lo caracteriza, y el diálogo con Cosme al final de la jornada primera es esencial a ese respecto. Tampoco quiere eso decir que la actitud de Don Manuel sea propia del racionalismo ilustrado, que no lo es, pero hay un hecho que no debe infravalorarse. Calderón se encuentra en el mismo ambiente intelectual que Descartes, por poner solo un ejemplo. Por otra parte, existe una tradición hispana, a la que acude Valbuena Briones[118], de raíz humanista (y cuando digo humanista, quiero decir de un espíritu crítico y racionalista *avant la lettre*), que cuestiona creencias supersticiosas como las de Cosme y que «does not accept appearance as evidence of truth»[119] (y esa tradición continuará hasta el siglo XVIII, al menos con los escritos específicos de Feijoo contra esas supersticiones). Lo que tampoco se presta a duda es que el racionalismo (mezclado con un sensacionismo heredero de Bacon y pasado por el escepticismo de la época) de que hace muestra Don Manuel no basta para caracterizar al personaje, como tampoco llegaría a satisfacer a Descartes.

Escribe Antonucci:

> Si algo hay en *La dama duende* de crítica a la superstición, hay que interpretarla en este contexto: el de una postura radicalmente aristocrática y antipopular, acorde con el ideario

---

[118] A. Valbuena Briones, «Introducción», págs. 29-30. Recuerda el autor la publicación de la obra de fray Martín de Castañega, *Tratado muy sutil y bien fundado de las supersticiones y hechicerías y vanos conjuros y abusiones,* Logroño, Miguel de Eguía, 1529, así como del texto que lo rebatía escrito por el matemático Pedro Sánchez Ciruelo, *Reprobación de supersticiones y hechicerías,* Alcalá de Henares, 1530, obra que tuvo, según Valbuena Briones, varias impresiones a lo largo del siglo e incluso una en 1628. Debe recordarse, además, que como reacción ante la *Relación del auto de fe de Logroño de 1610,* Pedro de Valencia escribió un discurso *Acerca de los cuentos de las brujas y cosas tocantes a magia,* dirigido a Bernardo de Sandoval y Rojas, el inquisidor general, así como un *Segundo discurso acerca de las brujas y sus maleficios.* Valbuena Briones («Introducción», págs. 31-32) sugiere también la posibilidad de que Calderón tratara el tema de las supersticiones en relación a las acusaciones de hechicero lanzadas hacia 1627 contra el conde-duque de Olivares con el objetivo de congraciarse con el valido de Felipe IV.

[119] B. K. Mujica, «Tragic Elements», pág. 322.

del teatro en este segundo cuarto de siglo, para la cual la superstición es una de las formas de la ignorancia de las clases inferiores[120].

En semejante afirmación hay que matizar varias cosas: la primera es que, escrita tal y como está, parece deducirse que solo muy discutiblemente puede afirmarse que hay crítica a la superstición en *La dama duende*. Sin embargo, lo que, me parece, no se presta a duda es que en las relaciones entre Don Manuel y Cosme la actitud hacia las supersticiones es un elemento fundamental. No creo que pueda afirmarse sin riesgo de generalizar abusivamente que la crítica de las supersticiones no está ahí. *La dama duende* es un alegato de los más radicales contra las creencias supersticiosas[121], plasmada particularmente en los duendes (pero, por extensión, en cualquier otra superstición), lo que no quiere decir que el objetivo de la obra sea ese. Es más, en el diálogo que concluye la primera jornada, y en el que astutamente Cosme pretende llevar a Don Manuel al terreno de la ortodoxia mencionando los diablos y las almas del purgatorio, las respuestas elusivas del galán hacen creer —sin necesidad de gran imaginación— que el escepticismo racionalista se acerca y afecta varios aspectos de la creencia ortodoxa[122]. Lo segundo es suponer que esa época es la de exaltación de la ideología aristocrática —y que el tea-

---

[120] F. Antonucci, «Prólogo», pág. XLII.

[121] Ya a finales del siglo XIX Felipe Picatoste, *Memoria premiada por la Real Academia de Ciencias Exactas, Físicas y Naturales,* Madrid, Imprenta de E. Aguado, 1881, pág. 32, reconocía que tanto en *La dama duende* como en *El galán fantasma* Calderón «niega la existencia de apariciones, brujas, duendes, hechiceros y la influencia notoria del diablo». Kuehne, «Los planos de la realidad aparente», pág. 44, afirmaba que la obra «satiriza otra realidad aparente: la creencia en las seudociencias» y B. K. Mujica, «Tragic Elements», pág. 322, plantea esa oposición en términos de fe cristiana contra paganismo. Pero ella misma se da cuenta de que el diálogo final de la primera jornada va más allá de ese dilema y roza el cuestionamiento de la fe misma desde una óptica empirista y racionalista.

[122] Cuando B. W. Wardropper, «Calderón's Comedy and His Serious Sense of Life», pág. 80, afirma que en la comedia el personaje calderoniano es extranjero del mundo de la eternidad, «struggling to find his way in an alien world of time», no tiene en consideración la *ausencia* absoluta de la divinidad en obras como *La dama duende.*

tro no es sino un vehículo más en esa campaña ideológica y propagandística—, lo cual es, cuando menos, tema de discusión. Lo tercero es localizar sociológicamente la superstición en las clases inferiores. Ya Américo Castro le dedicó algunas páginas al tema del vulgo[123] y lo mismo hizo Bataillon[124]. Aunque Castro puso el acento en la actitud despectiva hacia el vulgo en Cervantes, muy consciente de la supremacía del docto y de la fe en la cultura, Otis H. Green[125], siguiendo una nota de William L. Fichter a *El sembrar en buena tierra* de Lope, matizó tales afirmaciones, subrayando cómo Cervantes siempre añade alguna expresión —tan suya, por otro lado— para evitar precavidamente una lectura literal y generalizadora que no deseaba. Bataillon, por su parte, insistió en la valoración que Erasmo y los erasmistas españoles hacían del vulgo como portador de valores intelectuales y expresivos de primera magnitud, aunque desde una percepción dual o bifronte del mismo. A. Porqueras Mayo[126] ha insistido en el carácter negativo del *vulgo* en Lope, además de añadir algunas nuevas referencias textuales. Más adelante, sin embargo, se distinguirá claramente que hay un vulgo en todas las clases de la sociedad (desde el conde de Fernán-Núñez hasta Ortega y Gasset pasando cuando menos por Feijoo). Con acierto, Kuehne indicaba que en la época «la superstición prevalecía en todos los estratos sociales»[127]. Asociar automáticamente *clases inferiores* con *superstición* es una lectura demasiado rápida y simplista. Por lo tanto, explicar la diferencia de actitudes entre amo y criado solo por su pertenencia a distintas clases sociales —el amo a la nobleza[128] y el criado al vulgo— es infravalorar las

---

[123] A. Castro, *El pensamiento de Cervantes*, Barcelona, Noguer, 1980, páginas 213-215.
[124] M. Bataillon, *Erasmo y España*, México, Fondo de Cultura Económica, 1950, t. I, págs. 235-248 y t. II, *passim*.
[125] O. H. Green, «On the Attitude toward the *Vulgo* in the Spanish *Siglo de Oro*», *Studies in the Renaissance*, IV (1957), págs. 197-198.
[126] A. Porqueras Mayo, «Sobre el concepto del *vulgo* en la edad de oro», en *Temas y formas de la literatura española*, Madrid, Gredos, 1972, págs. 114-127.
[127] A. de Kuehne, «Los planos de la realidad aparente», pág. 44.
[128] I. Arellano, «*La dama duende*», pág. 135, escribe que Don Manuel tiene una actitud diferente a la de Cosme «porque es noble, y su decoro le exige mantener una ortodoxia y una racionalidad superior».

claras afirmaciones que hace Don Manuel en un sentido puramente filosófico.

Y si la burla despiadada de las supersticiones forma parte de la configuración del mundo de *La dama duende* —en donde unos juegan a engañar a los otros y estos hacen frente a esos engaños con las armas de que disponen (o no)— otra cosa puede ser la lectura de actitudes críticas de Calderón respecto a la sociedad de su tiempo. En cualquier caso, la postura de la dama muestra claramente la insatisfacción ante la injusticia que sufren las viudas en su momento. Ese aspecto ha sido señalado por Rey Hazas y Sevilla Arroyo[129] o M. R. Greer, pero merece la pena insistir en ello. Y no porque *todas* las comedias de capa y espada, siguiendo un modelo que no es el suyo (ya Lope de Vega había roto explícitamente con Aristóteles y con la tradición clasicista del renacimiento) acarreen, como sugiere Valbuena Briones, un contenido crítico de costumbres contemporáneas[130], sino porque las quejas verbalizadas por Doña Ángela no se prestan a anfibología o confusión cuando ante Isabel exclama: «¡Válgame el cielo! Que yo / entre dos paredes muera, / donde apenas el sol sabe / quién soy, pues la pena mía / en el término del día / ni se contiene ni cabe; [...] donde en efeto encerrada / sin libertad he vivido / porque enviudé de un marido, / con dos hermanos casada [...] ¡Suerte injusta! ¡Dura estrella!» (vv. 379-401). La interpretación de la actriz podría poner el énfasis en lo «exagerado» de sus palabras, pero no debería llegar al extremo de convertirlas

---

[129] A. Rey Hazas y F. Sevilla Arroyo, «Introducción», págs. XXX-XXXII.

[130] Refiriéndose a *El astrólogo fingido, Hombre pobre todo es trazas* y *La dama duende,* escribe Valbuena Briones, «Introducción», pág. 22: «Son comedias de enredo, que junto a la red de equívocos, presentan una burla de un tipo o de ciertas costumbres o creencias». Por otra parte, no creo que resulte aceptable la versión que John Varey proporciona del subgénero, afirmando que «the *comedia de capa y espada,* the comedy of errors and disguises, is the equivalent of the court jester, in the sense that it comments satirically on the distance which separates the ideal harmony from the social reality: exaggerating and thus underlining the deficiencies of the present state of society» («*Casa con dos puertas:* Towards a Definition of Calderón's View of Comedy», *Modern Language Review,* 67 [1972], pág. 88), ya que ello presupone que las comedias de capa y espada en general constituyen una especie de crítica de las (malas) costumbres de la época.

en algo burlesco. Es más, la reacción arriesgada y trasgresora de la dama consiste en violar códigos establecidos como escaparse de su encierro oculta tras su velo —y la frecuencia con que lo hacen los personajes literarios o teatrales no quita un ápice de su significado social—, lo que le permite conversar y flirtear con caballeros desconocidos en plena calle, actitud que en cierto sentido confirma esa impresión que traslada Isabel de que las viudas son un peligro por su hipocresía, con imagen de recatadas y realidad de descocadas[131]. Por su parte, Kuehne convierte esa dicotomía en «la sutileza del conflicto *interior* manifiesto en la dualidad de la protagonista. De día es una viuda modelo [...] de noche es una hada de bondad»[132]. Pero ni de día es Doña Ángela una viuda modelo ni de noche es un hada tan bondadosa. Al revés de lo que opina Neuschäfer[133], que considera que Doña Ángela introduce las pasiones en el dominio de la norma, manifestación y concreción de la razón y la voluntad moral de la sociedad[134], lo que demuestra Doña Ángela es precisamente lo contrario: la irracionalidad e injusticia que sufren quienes están sometidas a esa misma norma. Es cierto, como afirma Hildner, que Doña Ángela no «llega a una conciencia seria de la injusticia del código del honor»[135], pero esa conclusión generalizadora y universalizadora no tiene por qué sacarla ella: su profunda queja lo dice por sí misma.

Por otra parte, la práctica del duelo no resulta muy bien parada ante un personaje como Don Luis, que de modo precipitado y desmesurado está dispuesto a desenvainar la espada ante el menor contratiempo que se le presente. No se trata tan

---

[131] El intento de Kurt Reichenberger, «Reacciones adecuadas a injusticias sufridas», págs. 127-131, de justificar la conducta de Doña Ángela en función de la negligencia del pater familias, en este caso Don Juan, trata, fallidamente en mi opinión, de quitar hierro a las acciones abiertamente rebeldes de la dama.

[132] A. de Kuehne, «Los planos de la realidad aparente», págs. 40-41.

[133] H.-J. Neuschäfer, «Revendications des senses», pág. 114.

[134] En ese sentido puede verse David J. Hildner, *Reason and the Passions in the «comedias» of Calderón,* Amsterdam/Philadelphia, John Benjamins Publishing Company, 1982.

[135] D. J. Hildner, «Sobre la interpretación tragedizante», pág. 125.

solo de que Cosme ridiculice el afán hidalgo de batirse ante cualquier aparente agravio u ofensa, cada una de ellas escrupulosamente consideradas desde la óptica obsesa del honor, como cuando, retomando la quijotesca situación en que Sancho arguye ante el escudero del caballero del Bosque contra la costumbre caballeresca que aquel recuerda de que los escuderos también deben pelear mientras sus dueños lo hacen *(Don Quijote 2*, cap. 14), Cosme rechaza con sutileza semejante apremio aludiendo a la doncellez de su espada (v. 177). La verdadera situación ridícula se da en el desafío y duelo con que prácticamente concluye la comedia. Y en esa situación es doblemente importante el modo en que el actor que haga de Don Luis interprete esos versos y los gestos que los acompañan[136]. Sirva solo un detalle: después del rato que llevan peleando, que Don Luis diga «y pues me dais nueva causa, / puedo ya reñir de nuevo» (vv. 3072-3073) no puede verse sino como una actitud grotesca en quien parece no tener otro deseo obsesivo que el de pelear y seguir peleando por cualquier motivo. Como escribe Ruano de la Haza, «El duelo, claro, nunca tiene lugar. Las excusas, los impedimentos, las demoras, las razones, los accidentes que ocurren a lo largo de él son cómicos. Su efecto en el espectador es ridiculizar, no solo el duelo, sino a los duelistas»[137]. Honig opinaba hace tiempo y con razón que Don Luis, «the potential honor-struck hero wracked by jealousy, is made to look absurd. And this is the most virulent way imaginable of criticizing his type»[138].

Es, por tanto, evidente que *La dama duende* articula, desde el género cómico, una visión desenfadada y crítica de ciertos aspectos de la vida social del momento. Honig apuntaba que entre las costumbres criticadas se encontraban «the insincerities of court life and courtly love; the credulity of superstitious attitudes toward the supernatural; the sequestration of women by male members of their family; and the rash beha-

---

[136] Valga el comentario de R. Sloane, «In the Labyrinth of Self», pág. 187: «The intimate reality of Calderón's characters, I suggest, is that of actors».

[137] J. Ruano de la Haza, *La puesta en escena en los teatros comerciales del Siglo de Oro*, Madrid, Castalia, 2000, pág. 297.

[138] E. Honig, «Flickers of Incest», pág. 70.

viour of the egotistic swain, the autocrat in love»[139]. Incluía dicho crítico aspectos que a nosotros no nos parecen cuestionados en la obra. Valbuena Briones señalaba que «la imprudencia de Doña Ángela sirve a Calderón para manifestar una graciosa sátira ante unas costumbres incómodas y ya arcaicas»[140], pero eso no puede referirse al encierro de las viudas, práctica que continuó como mínimo hasta finales del siglo, como bien atestigua Mme. D'Aulnoy.

PERSONAJES, PERSONAS, PERSONALIDADES

Lo que motiva a Doña Ángela en *La dama duende* es la necesidad (el deseo) y no el azar (el amor), aunque este acabará apareciendo como resultado de las estrellas, es decir, del destino, pero al que se le impondrá la libre elección del personaje. La necesidad de Doña Ángela proviene de su estado actual al iniciarse la acción: ella se describe a sí misma como *muerta* (de ahí que le pida a Isabel que la *amortaje*), y lo es —como ya hemos indicado— porque carece de identidad[141]. No hay que olvidar que al hablar de identidad en el teatro del siglo de oro no se trata de una concepción psicológica o psicoanalítica de la identidad; en el siglo de oro la identidad individual está vinculada inseparablemente a la identidad social. Solo se es en la medida en que se es parte de una clase social (la ritual frase *soy quien soy* abarca ambos niveles de esa identidad)[142]. La necesi-

---

[139] E. Honig, «Flickers of Incest», pág. 70.

[140] Valbuena Briones, «Introducción», pág. 27.

[141] En cierto sentido, Doña Ángela se parece a Rosaura, de *La vida es sueño*, pero no puede afirmarse, como hace A. E. Wiltrout, que «Ángela is Rosaura in a lighter plane» («Murder Victim», pág. 116), ya que la mayor diferencia —haber sido forzada y buscar a su violador para que restaure su honra— no la hace «lighter» sino muy distinta. Pueden verse los otros puntos que señala Wiltrout como parecidos para comprobar las grandes distancias que las separan.

[142] Puede contrastarse con A. J. Cascardi, *The limits of illusion*, pág. 26, para quien la archirrepetida frase es «the irreducible matrix of the hierarchical and static values of caste, and especially of the dominant social caste, which built the *comedia* as a form of national self-imagining», palabras que revelan una visión notablemente prefijada y anquilosada del complejo y vario fenómeno que es la *comedia*.

dad de la dama es, por una parte, material ya que depende económicamente de sus hermanos; por la otra, psicológica y afectiva, pues el aislamiento[143] no es el contexto que le permite construir y mostrar quién es. Y es esa situación la que determina su aparición como *torbellino*, en su precipitación temporal y de acción. Cascardi define al personaje de Doña Ángela como «supple and vivacious, potent with desire, ready to partake of illusion, yet mature enough to experience the wondrous process of personal growth through interaction with others»[144]. Y, a pesar de que son aceptables y convincentes los argumentos de algunos críticos a favor del protagonismo indiscutible de Don Manuel (Ter Horst[145] o Vitse[146]), sucede en esta obra lo mismo que en otras muchas de Lope y del mismo Calderón, por no hablar de las de Tirso. Y es que, siendo los hombres los protagonistas nominales —maticemos que no es ni siquiera así en *La dama duende*—, toda la acción es movida por las tretas (propias del creador de ficción) que desarrollan las mujeres a lo largo de la misma[147], aunque eso no invalida el papel de-

---

[143] H.-J. Neuschäfer, «Revendications des senses», pág. 110, sostiene —y con razón— que Doña Ángela «ne fait donc pas l'objet d'une surveillance extrêmement stricte». Ello nos llevaría a analizar la dicotomía que se presenta entre sus actos y sus sentimientos.

[144] A. J. Cascardi, *The limits of illusion,* pág. 25.

[145] R. ter Horst, «The Ruling Temper», pág. 68; más adelante reconoce que Doña Ángela «is the play's most alluring figure» (pág. 71). Sin embargo, aislar como tema central de la obra (pág. 69) la preparación para gobernar (o sea, para asumir ese gobierno que le han prometido) parece descuidar el verdadero interés de la comedia, que radica en la situación y los manejos de Doña Ángela. Frente a la lectura de Ter Horst, C. Larson, «*La dama duende*», pág. 34, comenta: «I see ter Horst's article as exemplary of the patriarchal critical tradition in which we all have been trained [...] one that focuses, as in this case, on androcentric issues of superiority and dominance and on the opposition of order to chaos».

[146] M. Vitse, «Estudio preliminar», en *La dama duende*, ed. de F. Antonucci, pág. XI.

[147] A este respecto, puede verse lo que escribe B. W. Wardropper, «La comedia española del siglo de oro», en Elder Olson, *Teoría de la comedia*, Barcelona, Ariel, 1978, pág. 221: «Normalmente la comedia urbana española nos muestra el triunfo de las mujeres sobre los hombres [...] En la vida real, la mujer está totalmente subordinada al hombre». A. Regalado, *Calderón*, t. I, pág. 956, escribe: «Lo que puede parecer un simulacro de independencia y desobediencia viene a ser un resorte esencial de la acción dramática, ya que sin el

cisivo que se les otorga a los varones en el cierre de la comedia. En efecto, Doña Ángela, ayudada por Isabel e incluso por Doña Beatriz, es la diseñadora de la traza que va a configurar la mayor parte de la obra; en ese sentido, siguiendo las opiniones de Schizzano Mandel, Iturralde, Rey Hazas y Sevilla Arroyo y Larson[148], la dama actúa como la escritora de la comedia que se está representando, «dirige su propia actuación y crea su propio texto»[149], en lo que demuestra un perspicaz uso de la imaginación. De Armas, no obstante, analizó la inversión que tiene lugar en *La dama duende* respecto al modelo de Psique y Amor, mostrando el lado oscuro de la curiosidad de la mujer, lo que la vinculaba a la curiosidad de Eva en el paraíso terrenal, en tanto que Ann E. Wiltrout ve en Doña Ángela el triunfo del instinto sobre el intelecto[150].

Doña Ángela controla en realidad lo que sucede en el ámbito privado de la casa, según apunta Schizzano Mandel y apoya Cascardi[151], frente al espacio público que es —*apriori* y en un mundo patriarcal— dominio del varón[152] y en el que la dama se

---

ingenio, inventiva, resolución y atrevimiento de los personajes femeninos, no tomaría vuelo el argumento». Se trata de lo que Edward H. Friedman, «"Girl Gets Boy": A Note on the Value of Exchange in the *Comedia*», *Bulletin of the Comediantes*, 39, núm. 1 (1987), pág. 79, llama «the male-engendered "feminine perspective"». Véase también Sofía Eiroa, «Los enredos de la dama de las comedias de Tirso de Molina», en *Tirso, de capa y espada. Actas de las XXVI Jornadas de teatro clásico de Almagro*, ed. de Felipe B. Pedraza Jiménez, Rafael González Cañal y Elena Marcello, Almagro, Festival de Almagro y Universidad Castilla-La Mancha, 2004, págs. 39-53.

[148] A. Schizzano Mandel, «El fantasma de *La dama duende*», pág. 643: «Para ello, se transforma en un personaje auto-referencial, en dramaturgo que desarrolla su propia escenografía». Su enfoque lacaniano traza manifestaciones no deseadas del deseo erótico; J. Iturralde, «*La dama duende*, libertad y amor», pág. 58; A. Rey Hazas y F. Sevilla Arroyo, «Introducción», pág. xxvi; C. Larson, «*La dama duende*», pág. 44, sostiene que «Angela creates a play within the play».

[149] A. Schizzano Mandel, «El fantasma de *La dama duende*», pág. 643.

[150] A. E. Wiltrout, «Murder Victim», pág. 105.

[151] A. Schizzano Mandel, «El fantasma de *La dama duende*», pág. 643; A. J. Cascardi, *The limits of illusion*, pág. 27.

[152] A. Schizzano Mandel, «La *dama* juega al *duende*», pág. 53, escribe: «El hombre se manifiesta en un espacio que, aunque estructurado por convenciones sociales, es abierto —Madrid, El Escorial, la iglesia y el cementerio de San Sebastián». No obstante, el *varón* también se manifiesta en el espacio cerrado de la casa.

expone a peligros y riesgos insospechados (jornada primera) o contempla su propia y provisional caída (jornada tercera); no obstante, ese control solo lo ejerce parcialmente y, en cierto sentido, se extiende al espacio exterior en la manipulación del viaje en la silla que hace el galán[153]. El espacio en relación a la protagonista le permite a Schizzano Mandel suponer que apunta claramente hacia una profundidad interior de carácter sexual, actuando la alacena como «una membrana»[154] que cruza Doña Ángela para penetrar en la intimidad del cuarto de Don Manuel, quien a su vez penetrará en el espacio de la dama a comienzos de la primera jornada. La asociación entre el espacio teatral y el cuerpo de la mujer la estableció Cascardi[155], y siguiendo esa idea Martino Crocetti califica el espacio que separa lo femenino de lo masculino como «hymeneal»[156], siendo el espacio a través del cual la dama expresa su deseo de liberación y autodefinición en un universo/hogar que representa su deseo y su sed de vivir[157]. Neuschäfer[158], por su parte, lee la alacena como frontera entre un espacio del deseo controlado, y del deseo de evasión reprimido, y otro espacio (el cuarto de Don Manuel) donde se dibujan amenazas a su virtud; de ese modo, la alacena, «le pivot dramaturgique de la pièce»[159], simboliza la fragilidad y la permeabilidad de la frontera. Controlar —limitadamente— el espacio acompaña el intento —ilusorio y finalmente frustrado— de controlar también el tiempo. Y ese intento es frustrado porque, si la dama sabe vivir y vive en la precipitación temporal característica de la gran ciudad, no puede anticipar adecuadamente las fallas y quiebras de ese tiempo encarnadas por la casualidad, la coincidencia o la inadvertencia. Así, ni puede prever el regreso anticipado de Don Manuel a causa del ol-

---

[153] B. K. Mujica, «Tragic Elements», pág. 311, afirma que Doña Ángela «is the character who knows most and the one who manipulates the action».

[154] A. Schizzano Mandel, «El fantasma de *La dama duende*», pág. 642.

[155] A. J. Cascardi, *The limits of illusion,* pág. 27.

[156] M. Martino Crocetti, «*La dama duende*», pág. 51.

[157] J. C. de Miguel, «*La dama duende*», pág. 232, sostiene que Doña Ángela muestra sin ambages su deseo femenino y da curso «a sus pulsiones más íntimas hasta llegar a conseguir al varón que las cumpla».

[158] H.-J. Neuschäfer, «Revendications des senses», pág. 112.

[159] H.-J. Neuschäfer, «Revendications des senses», pág. 112.

vido de Cosme ni puede calcular y controlar las apariciones de sus hermanos en la jornada tercera. El tiempo se le escapa por esos intersticios que abre la imprevisibilidad humana.

En la consideración de Doña Ángela como *poeta* o *dramaturga* se muestra sintética y metafóricamente el papel activo que desempeña en la comedia; entre otras razones, porque, según sostiene W. R. Blue: «The levels of her language are the most complex of all the characters because she can modify her style at will»[160]. Como afirma Antonucci, «Ángela no es una viuda seducida (aunque muy deseosa de serlo); es, por el contrario, la seductora, la que toma la iniciativa que pone en marcha el desarrollo de la intriga»[161]. Y en esa seducción de carácter erótico —aunque tratada con un decoro indiscutible— Caballo-Márquez ha puesto de relieve el papel de lo que llama *fantasía* (término moderno) o más bien imaginación[162]. Por otra parte, el título de la obra no sitúa a Don Manuel en el centro, sino a Doña Ángela. Suponer, como hizo Honig, que Doña Ángela es una heroína que lucha por el derecho de la mujer al amor[163] es ampliar y deformar las motivaciones y acciones de la protagonista, que no se propone en ningún momento ni siquiera luchar por su propio derecho al amor: su lucha es por la existencia, por la vida, por la identidad. Sostenía Mujica[164] que el objetivo explícito de Doña Ángela no es otro que *su propia* libertad y, como mucho, la de las mujeres que están en su misma situación, o sea, las viudas[165].

---

[160] W. R. Blue, *The Development of Imagery*, pág. 44.

[161] F. Antonucci, «Prólogo», pág. XXXIX.

[162] R. Caballo-Márquez, «Erotismo y *fantasía:* la mujer y la imaginación en *La viuda valenciana* y *La dama duende*», *Comedia Performance: Journal of the Association for Hispanic Classical Theater*, 3, núm. 1 (2006), pág. 32.

[163] Edwin Honig, «Flickers of Incest on the Face of Honor: Calderón's *La dama duende*», *Tulane Drama Review*, 6 núm. 3 (1962), págs. 69 y 84. F. de Armas, *The Invisble Mistress*, pág. 145, cree que no hace justicia a la obra considerarla «as portraying the triumph of love over authority».

[164] Escribe B. K. Mujica, «Tragic Elements», pág. 308, que Doña Ángela tiene un objetivo: «her freedom».

[165] A. Rey Hazas y F. Sevilla Arroyo, «Introducción», pág. XXXVI, relacionan el cervantismo de la comedia con el papel que la libertad de la mujer desempeña tanto en Cervantes como en *La dama duende:* «sabia utilización de la inmortal obra cervantina para intensificar el significado social de la comedia».

Al poner el acento en la búsqueda de libertad, es lógico que el amor sea, según la crítica, un escape que sustituye su obsesión con la libertad. Por su parte, De Armas sostiene que Doña Ángela es «a symbol of rebellion against social oppression»[166], pero eso no resuelve, obviamente, lo central del personaje que es su complejidad humana, es decir, la diversidad contradictoria de afectos, sensaciones y pensamientos que la conducen desde lo que hubiera podido ser la aceptación tranquila del encierro debido a su viudez hasta la múltiple imagen que de ella se va construyendo a lo largo de la comedia. Reducirla a dicotomías ángel/diablo o dama/duende no resuelven tal complejidad, sino que la simplifican y enmascaran[167].

Desde el arranque de la comedia, en su primera aparición Doña Ángela muestra un aspecto central en su personalidad: la capacidad de simulación, el recurso al engaño, sobre el que Bobes Naves resalta que «el teatro español de capa y espada no se cansa de celebrar las mentiras, los engaños, las burlas, porque en todas las comedias adquieren un valor funcional»[168]; o lo que R. Sloane califica de su *desdoblamiento*, iniciado antes de que comience la obra[169]. Según Mujica, «Deceit becomes an essential part of her life, since it is only through deceit that she may escape from her prison while maintaining the family honor»[170]. En último término, el desdoblamiento o el engaño de Doña Ángela da forma al conflicto entre ser y parecer tan característico del barroco. Algunos críticos han tratado de justificarla en esa conducta, como si fuera necesario para un personaje de ficción. Decir que no le queda otro recurso si quiere escapar a las ataduras que la sociedad impone está bien, pero habría que explicar por qué tiene que querer escapar. Y el problema no está ahí, sino en que, como personaje, la capacidad de fabulación y engaño la va a

---

166 F. de Armas, *The Invisible Mistress*, pág. 145.

167 C. Larson, *«La dama duende»*, pág. 43, afirma: «The idea that Angela is an amalgam of opposing concepts or images, as well as concomitantly opposing signifiers, is central to Calderón's treatment of his female character».

168 C. Bobes Naves, «Cómo está construida *La dama duende*», pág. 71.

169 R. Sloane, «In the Labyrinth of Self», pág. 190.

170 B. K. Mujica, «Tragic Elements», pág. 306.

marcar a lo largo de toda la obra. Kuehne escribe que Doña Ángela «miente para corregir una injusticia»[171], aunque no se tratara en absoluto de una injusticia individual, y solo podría aceptarse que se trataba de una injusticia porque la sociedad en su conjunto era «injusta» con las viudas. Porque si salir de tapada y engañar a los hermanos puede resultar justificable, el espectador o lector se pregunta por qué le miente tan despiadadamente a Don Manuel a comienzos de la jornada tercera. Cascardi, por su parte, ve como claves de la personalidad de la dama «the very fact that self and self-image are divided for Ángela»[172]. La respuesta, me parece, se encuentra en que su deseo no es solo una pulsión erótica sino también y sobre todo una pulsión lúdica, aspecto ya señalado por Schizzano Mandel[173] y reiterado por Fernández Utrera[174], que la localiza en sus juegos de lenguaje en el sentido wittgensteiniano, disfraz, máscara e instrumento para salir de su aislamiento. Doña Ángela tiene necesidad de diversión y la complicidad de las otras mujeres la ayuda a encontrar esa parte de alegría que le proporciona el engaño, la representación de un mundo fabuloso que puede hacer que el caballero pierda el juicio. Pero tampoco eso es un problema, porque todo la va a conducir a confesarle todas las verdades necesarias a Don Manuel. Y si en ese cambio Schizzano Mandel ve una perdida[175], Cascardi lo considera como parte integral de un crecimiento

---

[171] A. de Kuehne, «Los planos de la realidad aparente», pág. 40.

[172] A. J. Cascardi, *The limits of illusion*, pág. 25.

[173] A. Schizzano Mandel, «El fantasma de *La dama duende*», pág. 640, donde habla del «manejo del espacio lúdico en sus múltiples manifestaciones»; también en «La *dama* juega al *duende*», pág. 43, donde indica que «el ritmo del título recalca la dimensión lúdica de la comedia».

[174] M. S. Fernández Utrera, «"Juegos de lenguaje"», pág. 14, analiza «el conflicto ilusión/verdad tal como se expresa en el nivel lingüístico» a partir de la noción de Wittgenstein. Poco más aporta el trabajo de Carolyn Morrow, «La representación de la mujer en *La vida es sueño* y *La dama duende*», en *Calderón. Innovación y legado*, ed. de Ignacio Arellano y Germán Vega García-Luengos, Nueva York, Peter Lang, 2001, págs. 271-278.

[175] A. Schizzano Mandel, «El fantasma de *La dama duende*», pág. 647: «El rito social de compromiso se celebra, y el mundo organizado de la moralidad es de esta forma reforzado».

personal y de la realización de una identidad negada hasta ese momento[176] (en el tiempo de la comedia, pues ignoramos completamente lo que fue su matrimonio anterior)[177].

Se llega así a la valoración que la crítica ha hecho del matrimonio (o los matrimonios) con que se cierra la comedia, teniendo en cuenta lo que comenta W. R. Blue, que ni Doña Ángela ni Don Manuel «originally sought the marriage»[178]. Para Kuehne, «Calderón aprueba su embuste [de Doña Ángela] premiándola con un nuevo marido»[179] y Reichenberger considera que Don Manuel «es un verdadero caballero, cortés, valiente y con buen humor»[180], por lo que el matrimonio es un éxito y un auténtico final feliz. En el marco de su interpretación *tragedizante* y de una Ángela que lucha por su libertad, Mujica[181] considera que el matrimonio es una solución insatisfactoria y constituye la negación de la libertad, verdadero y, al parecer de la crítica, único móvil de la dama, aunque en la comedia ese matrimonio es el marco de su única vida, existencia e identidad posible. Ter Horst, en la misma óptica *tragedizante*, considera que «Marriage is better than death. But obviously *La dama duende's dénouement* is somewhat

---

[176] A. J. Cascardi, *The limits of illusion*, págs. 25-26: «Calderón gives the illusion of the process of human growth, of the emergence and gradual maturation of Angela's identity, through tricks of theatrical chiaroscuro, the counterpoint of illusion and reality, of skepticism and good faith, of disclosure and deceit». A diferencia de *La viuda valenciana*, que habla de una vida matrimonial «fundada en celos, riñas, traiciones y golpes» (Teresa Ferrer, «Introducción», en Lope de Vega, *La viuda valenciana*, Madrid, Castalia, 2001, pág. 45), Doña Ángela no menciona en ningún momento lo que fue su primer matrimonio. Lo único que sabremos de esa experiencia será que al morir la dejó arruinada.

[177] A. de Kuehne, «Los planos de la realidad aparente», pág. 42, sugiere que «el que Doña Ángela no quiera llorar hace suponer que no amó al difunto, quien le sería impuesto por voluntad ajena».

[178] W. R. Blue, «Effects of the Baroque», pág. 20.

[179] A. de Kuehne, «Los planos de la realidad aparente», pág. 40.

[180] K. Reichenberger, «Reacciones adecuadas a injusticias sufridas», pág. 128.

[181] B. K. Mujica, «Tragic Elements», pág. 315; *Calderón's Characters*, pág. 105: «Marriage seems more a convenient way of ending the play than a real solution». B. W. Wardropper, «La comedia española», pág. 224, formula las motivaciones de Doña Ángela afirmando que su objetivo es «librarse de la tutela de su autoritario hermano para poder disfrutar la vida y encontrar un nuevo marido».

lacking in high festivity»[182]. En lugar de ver la alegría que semejante cierre comporta, y que se refuerza con el matrimonio
de Don Juan y la chusca broma de Cosme, el crítico mantiene una postura que se refuerza al afirmar que el final se recibe «with a feeling of fearful relief rather than with delight,
amusement or satisfaction», dejando «the audience cruelly
shaken»[183], pero convertir la reacción personal en dato objetivo de la realidad es cuando menos arriesgado, casi tanto
como el matrimonio entre Don Manuel y Doña Ángela, que
Ter Horst considera «the riskiest of marriages»[184]. R. Sloane,
que entiende el matrimonio súbito como característico del
género cómico, juzga que «in personal terms, it is less than
perfect»[185] porque Doña Ángela logrará su «libertad» mediante un hombre y Don Manuel se casa por deber caballeresco y
no por amor; actitud semejante a la de Larson, que no duda
en afirmar que «Her independence and ingenuity do lead to
her goal of marriage, but marriage will in turn force her back
into a more subservient role»[186]. W. R. Blue se lamenta de que
«the conclusion of the play seems to offer a ridiculously simple solution to the difficulties and problems presented on the
stage [...] The ending of the play, while it stops the action,
does not correct any of the problems»[187], y algo parecido sugiere Greer[188] al afirmar que ni Don Manuel ni Doña Ángela
se hubieran elegido mutuamente si hubieran dispuesto de libertad para ello, con lo que da a suponer que ese matrimonio
corta las alas tanto de la dama como del galán. De Armas señala que «the play does indeed progress from a type of incar-
ceration to a certain freedom, but in a much more complex

    [182] R. ter Horst, «The Ruling Temper», pág. 69.
    [183] R. ter Horst, «The Ruling Temper», pág. 72. En *Calderón: The Secular
Plays,* pág. 74, el mismo crítico asegura que Doña Ángela «seeks a real victory
over Manuel, the capitulation of marriage».
    [184] R. ter Horst, «The Ruling Temper», pág. 72.
    [185] R. Sloane, «In the Labyrinth of Self», pág. 192.
    [186] C. Larson, *«La dama duende»,* pág. 45.
    [187] W. R. Blue, «Effects of the Baroque», pág. 17. Tal insatisfacción se des-
prende, tal vez, de no aceptar que se trata de una comedia y que, por ello,
debe cerrarse con una restauración reconocible y aceptable del orden.
    [188] M. R. Greer, «The (Self)Representation», págs. 101-103.

manner than simply indicating the heroine's triumph in a male-dominated society»[189] o, en otras palabras, que el matrimonio implica el final feliz que debe esperarse en la comedia. Como sostiene Iturralde, esta comedia «habla del amor que sí se logra, que obtiene su perfección formal en la unión de la pareja y en la sanción social que es el matrimonio»[190]. Tratar de especular sobre si Doña Ángela podrá ser feliz *después de la comedia* o no es ir mucho más allá de lo que plantea, exhibe y concluye la obra: su final es un final alegre y feliz, pues el galán y la dama protagonistas, enamorados, se casan, de modo que ella puede volver a encontrar su identidad personal y social.

Don Manuel es, como le dice burlonamente Cosme, un «don Quijote de la legua» (v. 224). Más brevemente, es un verdadero don Quijote que actúa a lo largo de la obra como socorredor de una doncella (viuda) menesterosa[191]. En palabras de Rey Hazas y Sevilla Arroyo, se trata del «personaje quijotesco de la pieza»[192]. Don Manuel

> se sabe al dedillo todas las obligaciones del perfecto caballero, y por esto defiende a doña Ángela cuando esta le pide ayuda, y calla después el secreto de sus misteriosas visitas [...] pero, al mismo tiempo, sabe condimentar esta actitud con el humor y el desenfado[193].

Es obvio que el componente humorístico proviene de Cervantes —su primera carta sería inimaginable sin la que don Quijote le escribe a Dulcinea y esta nunca recibe—, pero no forma parte del carácter del hidalgo. En efecto, Don Manuel tiene asumido un sentido del honor que le lleva a colocar la defensa y protección de la dama en peligro por encima de

---

[189] F. de Armas, *The Invisible Mistress,* pág. 146.
[190] J. Iturralde, *«La dama duende,* libertad y amor», pág. 55.
[191] De Miguel (1991, pág. 238), sin embargo, sostiene que la conducta de Don Manuel no es tan caballerosa como parece sino que más bien apunta a un comportamiento libertino que le conduciría a estar dispuesto a forzar a Doña Ángela.
[192] A. Rey Hazas y F. Sevilla Arroyo, «Introducción», pág. xxxv.
[193] F. Antonucci, «Prólogo», pág. xxxix.

otros valores, pero sabe imprimirle cierto humor en la medida en que se ve a sí mismo como el protagonista de un libro de caballerías. Así, cuando resume su dilema entre *gusto* (esperar la comunicación del duende) y *honor* (preocuparse por su pretensión), opta claramente por el último. Pero tanto al principio —proteger a la dama o escapar a un posible duelo— como al final —cuando se le acumulan las diversas posibles opciones, pero sobre todo después de que Doña Ángela le haya pedido «que mi daño repares, / que me valgas, me ayudes y me amparés» (vv. 3003-3004)— acaba resolviendo en el mismo sentido que don Quijote: «No receles, señora; / noble soy y conmigo estás ahora» (vv. 3033-3035). Racionalista y empirista —a diferencia de Don Luis y de Cosme, ambos encastillados detrás de esquemas fijos de interpretación de la realidad[194]— pero de un racionalismo que, si le arma contra las creencias supersticiosas, no le blinda frente a la duda y, sobre todo, no le impide cometer errores de apreciación y cálculo, errores que irán tejiendo el curso hacia la anagnórisis final, efectuada por la misma protagonista. Como sostiene Antonucci,

> es precisamente el error el resorte básico del mecanismo de equívocos sobre el que se rige la comedia de capa y espada de la época calderoniana: error involuntario, que nace de la mala interpretación de algún indicio, y error voluntario, que nace de las estratagemas y trampas que organiza algún personaje, en nuestro caso doña Ángela y sus aliadas, Isabel y Beatriz, ayudadas muchas veces por la casualidad[195].

Tal vez exageradamente, Ann E. Wiltrout apunta que Don Manuel «must set aside his masculine intellect, adopting a more passive role in dealing with Doña Ángela's machinations»[196], ya que, si bien su actitud pasiva es consecuencia de la indiscutible iniciativa que asume la dama, en realidad debe apurar el uso de su intelecto —capacidad de racionalización y de interpretación de los datos que le proporcionan los sen-

---

[194] B. Mujica, *Calderón's Characters*, pág. 118.
[195] F. Antonucci, «Prólogo», pág. XL.
[196] A. E. Wiltrout, «Murder Victim», pág. 106.

tidos— para poder imponer al final el orden feliz de la comedia. La tal vez excesiva firmeza y estabilidad en sus convicciones que le atribuye Cascardi[197] proviene precisamente de ese aspecto de su carácter, de ser encarnación contemporaneizada de don Quijote, personaje que se mantiene firme en sus convicciones incluso contra los golpes de la realidad. Asimismo, Don Manuel, dado que Doña Ángela es un *torbellino*, carece de la iniciativa que habitualmente muestran los galanes, falta de iniciativa o autocontrol que De Miguel atribuye a que «su actitud oscile entre los parámetros de sorpresa, incertidumbre y curiosidad»[198], sin olvidar algo que debe tener alguna significación: la presencia del retrato de una dama entre sus enseres; así, como dice Antonucci, «su parte de iniciativa en el desarrollo de la intriga la toma don Manuel cuando decide entrar en el juego al que le convida la dama misteriosa, contestando a su primer billete»[199]. Algunos críticos han considerado que en su personaje tiene lugar un proceso de aprendizaje: para Ter Horst[200], que ve la comedia como interludio en el curso de los asuntos serios, sería el aprendizaje de gobernador —con el intermedio de *La dama duende*—, lo que le permite dar muestras de saber proteger a la que será su esposa como pater familias y actuará como amigo paternal de Don Juan, imponiendo un orden civilizado frente al caos pasional introducido por la dama; Fischer[201] por su parte cree que el aprendizaje de Don Manuel o *individuación*, dirigido por Doña Ángela, le lleva al encuentro con su *anima* en el sentido jungiano, o sea, al descubrimiento de la imagen femenina que alberga todo inconsciente varonil. Aspecto explorado por Suárez es el modo en que se representa el tiempo en la comedia, viendo en el retraso con que Don Manuel llega a Ma-

---

[197] A. J. Cascardi, *The limits of illusion,* págs. 31-32. Por su parte, A. A. Parker, en *The mind and art of Calderón,* pág. 146, relaciona esa actitud de Don Manuel con la teoría de Bergson sobre la risa y señala en el galán que «he in fact acts like an automaton», de donde se convierte en fuente para el humor de la comedia.

[198] J. C. de Miguel, «*La dama duende*», pág. 241.

[199] F. Antonucci, «Prólogo», pág. XXXIX.

[200] R. ter Horst, «The Ruling Temper», pág. 69.

[201] Susan L. Fischer, «The Invisible Partner», págs. 231-233.

drid, además de la importancia del reloj en la vida de la ciudad, un hecho que enmarca las prisas del galán por resolver sus asuntos, y ese momento determina «el ritmo acelerado en el que se instala *La dama duende*»[202]. Se contrasta así lo que parece el ritmo natural de Don Manuel —reposado e incluso lento para procesar los datos que debe analizar su razón y su experiencia, y todavía más lento al incorporarse a la dinámica de la burocracia cortesana— con el torbellino vital y temporal que caracteriza a la dama. Don Manuel es consciente de que no puede controlar el tiempo —de ahí su retraso inicial, su primera salida frustrada hacia El Escorial— y por eso no lo controla en ningún sentido: ni en la precipitación acelerada ni en la lentitud máxima de la burocracia. Sin embargo, será en esa efervescencia impuesta por los movimientos de Doña Ángela donde Don Manuel tendrá que ejercer su raciocinio y alcanzar una postura que satisfaga todos los elementos implicados en la situación, es decir, los hermanos, la dama y él mismo. Por su parte, De Armas, sin conocer el trabajo de Suárez, aborda la representación del tiempo a partir de la noción de *timing* o «conjunción o falta de ella entre un personaje y los eventos de la obra»[203], noción que sitúa como el cuarto tipo de tiempo presente en la comedia.

Don Juan es como un otro yo de Don Manuel[204], o al menos así lo presenta en la primera y única relación en que relata el modo en que se conocieron y compartieron experiencias. También en este caso Calderón parece haber tenido en cuenta a Cervantes, en particular las relaciones entre los dos

---

[202] «"Por una hora no llegamos": *La dama duende* y la representación del tiempo en las comedias de Calderón», en *Calderón 2000. Homenaje a Kurt Reichenberger en su 80 cumpleaños. Actas del Congreso Internacional, IV Centenario del nacimiento de Calderón, Universidad de Navarra, septiembre, 2000*, Kasel, Reichenberger, 2002, pág. 1159.

[203] F. de Armas, «"Por una hora": tiempo bélico y amoroso en *La dama duende*», en *La dramaturgia de Calderón: técnicas y estructuras. (Homenaje a Jesús Sepúlveda)*, ed. de Ignacio Arellano y Enrica Cancelliere, Frankfurt, Universidad de Navarra, Iberoamericana, Vervuert, 2006, pág. 116.

[204] Ter Horst, «The Ruling Temper», pág. 70, los aproxima en función de su amistad y de la parecida actitud que adoptan frente a la agitación de Don Luis; sin embargo, destaca el papel más prudente de Don Manuel, viéndose a sí mismo más como padre del amigo que como un simple igual.

amigos Anselmo y Lotario, los protagonistas del *Curioso impertinente* de *Don Quijote 1*. Don Juan es el galán enamorado y correspondido por Doña Beatriz, pareja que verbaliza sus afectos y argumenta dentro de la tradicional casuística amorosa de raíz petrarquista. Greer interpreta la postura de Don Juan (y también de Don Luis) hacia Doña Beatriz como un modo de subrayar la hipocresía del varón obsesionado con «scrupulous maintenance of both the appearance and the reality of female virtue»[205], ya que ambos se alegran de que la dama abandone la casa paterna para habitar en la de Doña Ángela, pues así podrán asediarla y cortejarla, en tanto le niegan a su hermana un tipo de libertad parecido, tal vez olvidando que las dos damas no se encuentran en el mismo estado civil, pues es la viudez la que explica aquí el encierro de Doña Ángela, y no una decisión arbitraria y autoritaria del hermano mayor. Para Honig, sin embargo, Don Juan no es sincero en ese amor ya que, según el crítico, tanto él como Don Luis ocultarían turbias pulsiones incestuosas —idea que también recicla De Miguel[206]. Lo cual tal vez fuera cierto si se tratara de seres humanos, pero los personajes no dan muestras de semejantes pulsiones y cualquier crítico es muy libre para atribuírselas. Honig[207] se basa en el (en modo alguno manifestado) reprimido deseo erótico que despierta en Don Juan el ver a su hermana con lujosas ropas de vestir, y De Miguel[208] en el hecho de que (de noche en la calle, sin luz y junto a la casa de Doña Beatriz) el galán confunda a su hermana con su amada. Stroud establece un paralelismo entre Don Juan y Don Luis (e incluso Don Manuel) incluyéndolos a ambos en el mismo tipo[209], aunque Don Juan presenta muy atenuadamente los rasgos de su hermano. Mujica, por su parte, afirma que Don Juan, igual que su hermano, espían constantemente a Doña Ángela[210], pero eso se contradice con lo que afirma

---

[205] M. R. Greer, «The (Self)Representation», pág. 90.
[206] J. C. de Miguel, *«La dama duende»*, pág. 232 y 245.
[207] E. Honig, «Flickers of Incest», pág. 102.
[208] J. C. de Miguel, *«La dama duende»*, pág. 245.
[209] M. Stroud, «Social-Comic *Anagnorisis*», pág. 98.
[210] B. K. Mujica, «Tragic Elements», pág. 315.

Don Luis, quejándose de que Don Juan no se ocupa lo bastante de ella, y lo que dice la misma Ángela, que asegura que la presencia de los hermanos en casa es debida a Beatriz, no a ella misma. Obviamente, si los hermanos la estuvieran vigilando todo el rato, difícilmente podría escaparse como *tapada*. La diferencia entre ambos hermanos, no obstante, se manifiesta en un cierre que otorga a Don Juan la mano de Doña Beatriz, ambos enamorados de ella desde la primera jornada. Reichenberger responsabiliza a Don Juan (y también a Don Luis) del mal uso que hacen de la *patria potestas* —o, en términos de Martino Crocetti[211], de la casa/cuerpo de Doña Ángela—, siendo incapaz de establecer un orden y de tomar las decisiones que la sensatez sugiere, y en la misma dirección apunta Sloane, que ve en la obra el tema del cambio generacional, tanto por el nacimiento del príncipe Baltasar Carlos como por la ausencia de padres (o del esposo de Doña Ángela), con lo que la casa se ha convertido en un orfelinato para adultos, con la ausencia de una alternativa al régimen anterior: «authority is either too loose or too lax in its application»[212]. Como señalaron Rey Hazas y Sevilla Arroyo, Calderón separa a Don Juan de las situaciones más delicadas puesto que en su ponderación descansa la solución de la intriga, «ya que es, simultáneamente, el garante del honor de su hermana, la dama duende, el responsable de su hermano menor, Don Luis, amigo de Don Manuel, y el enamorado correspondido de Beatriz»[213].

La crítica ha sido en general muy dura con el personaje de Don Luis a pesar de que tiene mayor protagonismo (en número de versos y en presencia en el escenario) que su hermano. Sin embargo, Don Luis es figura clave para realzar algunos de los valores cómicos de la obra[214], para ridiculizar un

[211] M. Martino Crocetti, «*La dama duende*», pág. 54.
[212] R. Sloane, «In the Labyrinth of Self», pág. 188.
[213] A. Rey Hazas y F. Sevilla Arroyo, «Introducción», pág. XXIII.
[214] El verdadero desafío en la representación para marcar claramente que se trataba de una comedia y no de un drama o una tragedia recaía en los actores. En este caso, Don Luis tenía que hacer evidente desde el comienzo que su función era cómica y no seria. El cómo lo llevara a cabo escapa a esta Introducción.

tanto la reacción airada y el fácil recurso a la espada y, sobre todo, para poner de relieve la madura y sobria autoridad de Don Manuel. Don Luis es un hidalgo precipitado, impulsivo y arrogante, que saca fácilmente la espada sin pensárselo dos veces y sin tratar en ningún momento de ejercer forma alguna de autocontrol. Encarna una asimilación del código del honor que le cierra los ojos ante otras realidades o, como dice Mujica, «bows before the false god of honor and relinquishes to it all flexibility»[215]. La misma Mujica lo considera «a hypocrite»[216], pero no parece ser ese el rasgo más llamativo de su personalidad. Y, lo más importante de todo, es en él en quien se van a manifestar de modo más extremo los *celos de honor*[217] en relación a su hermana y los *celos de amor* en relación a Doña Beatriz, de quien se muestra como rendido amador, pero quien no le deja el menor margen para tales celos. Sin embargo, «nunca se propasa en su cortejo, nunca se extralimita ni intenta abyección alguna»[218]. Como segundón de la familia[219] que, al igual que Doña Ángela, vive de la generosidad del mayorazgo, manifiesta un cierto rencor hacia su hermano mayor, rencor acentuado por lo que cree rivalidad amorosa por la dama de aquel y, en otra manifestación de un

---

[215] B. K. Mujica, «Tragic Elements», pág. 305.

[216] B. K. Mujica, *Calderón's Characters*, pág. 95.

[217] A. Regalado, *Calderón*, t. I, pág. 312, cita la definición que en *El escondido y la tapada* da un personaje sobre los celos de honor: «¿Habrá dicho / algún hombre que es la fuerza / de los celos tal, que donde / no hubo amor haber pudiera / celos? Sí, porque los celos / son un género de ofensa / que se hace a quien se dan / y no es menester que sean / hijos del amor». Escribe B. W. Wardropper, «Calderón's Comedy and His Serious Sense of Life», pág. 184, que «jealousy and a sense of outraged honor appeal to the subhuman in man» y que Calderón «must therefore condemn them on the level of both comedy and tragedy». Según él, en las comedias es el matrimonio el que evita deslizamientos terribles, pero hay algo más: en la comedia «cómica» es la propia dinámica del subgénero la que empuja a un tratamiento «risible» de las manifestaciones celosas y de los personajes que las encarnan.

[218] A. Rey Hazas y F. Sevilla Arroyo, «Introducción», pág. XXIV.

[219] R. Sloane, «In the Labyrinth of Self», pág. 189, lo califica como «a brilliant portrait of a *segundón*», o sea, un hombre sin esperanzas de poder competir con su hermano mayor y cuyo «fussing about honor is largely the adolescent self-dramatizating that covers self-doubt and so often articulates itself as male aggression».

sentido desmesurado del honor, por los descuidos del mayor hacia su hermana. Según W. R. Blue, «He represses his anger and the guilt he feels, transforming it and often projecting it outward in arrogant, thoughtless, and dangerous acts»[220] y trata en toda ocasión de usurpar a su hermano mayor, primero como amante de Doña Beatriz y luego como protector de su hermana. Así, pues, se trata de un amante frustrado[221], de un obseso del honor —según Mujica, esa obsesión encubre cierta inseguridad sexual[222]— y de un rencoroso a causa de su impotencia económica y social. Para Honig, Don Luis es «a thwarted libidinous force, twice thrown off in his passionate quest»[223], es un personaje inconsciente de sus inclinaciones incestuosas[224], pero el objeto explícito de su deseo es Doña Beatriz, ante quien actúa como el codificado suplicante *(fenhedor)* del amor cortés, recibiendo con dejos masoquistas los desdenes y desplantes que en esa fase debe soportar todo aspirante a ascender en la escala que conduce al nivel de amante favorecido *(drut)*. Pero Don Luis nunca llegará a ese lugar, reservado ya para su hermano. Y el público —espectador o lector— se da cuenta desde muy pronto de que todos sus escarceos amorosos —hacia la tapada del principio o hacia la destapada Doña Beatriz— están destinados al fracaso. Sloane ha señalado que el proyecto narcisista de Don Luis quiere llevarlo a reconvertirse en su hermano mayor, con el poder y prestigio que esa situación conlleva. Pero, más interesante todavía, su conservadurismo y convencionalismo extremos enmascaran un deseo anárquico y egotista: «to re-write the "script" os his own existence»[225]. A diferencia de su hermana, que escribe una acción alternativa y determina el curso de esa acción, Don Luis sueña con ser el autor de una obra que nun-

---

[220] W. R. Blue, «Effects of the Baroque», pág. 18.
[221] Según B. K. Mujica, «Tragic Elements», pág. 317, Don Luis «is overwhelmed by his own frustrations and passions»; *Calderón's Characters*, págs. 107-111.
[222] B. K. Mujica, «Tragic Elements», pág. 319.
[223] E. Honig, «Flickers of Incest», págs. 72-73. Se refiere Honig a las dos primeras experiencias frustradas de Don Luis: la tapada y Doña Beatriz. De todos modos, esos serán todos sus fracasos «amorosos».
[224] Idea que comparte B. K. Mujica, «Tragic Elements», pág. 305.
[225] R. Sloane, «In the Labyrinth of Self», pág. 189.

ca llegará a escribir. El desajuste en el número de galanes en relación a las damas no funda una perspectiva trágica sino que abre el margen suficiente para poner de relieve la función cómica de Don Luis[226], quien ocupa el lugar del «galán suelto» que Serralta[227] considera uno de los personajes necesarios a la comedia de capa y espada. Si se tratara de un personaje «serio» habría que analizar probablemente las razones de semejante caracterización; sin embargo, puesto que su función es esencialmente paródica y su operatividad dramática consiste en realzar la comicidad de la pieza, tales rasgos coadyuvan poderosamente en esa dirección. Para Antonucci, el personaje provoca antipatía, la cual, sumada a su constante frustración, hace que haya que interpretarlos como rasgos cómicos.

Muy poco se dice de Doña Beatriz, salvo Stroud que la vincula como tipo a Doña Ángela: «she is the young woman imprisoned in the house of her cousin because of her love for an unknown man who happens, ironically, to be Juan»[228]. En realidad, Doña Beatriz muestra una libertad de desplazamientos —justificada por el parentesco con Doña Ángela— que la sitúan como un contacto obvio entre el mundo exterior y el interior. Por otra parte, sabemos de ella que habla a la reja con su pretendiente, Don Juan, y que por esa razón su padre la envía a casa de la prima, «la garantía tranquilizadora ante la autoridad paterna»[229], suponiendo que esta, al ser viuda y deber estar encerrada, hará que Doña Beatriz también lo esté. De Miguel[230] la hace una *voyeuse* por sus ganas de observar el encuentro de su prima con Don Manuel. Forma parte de la comunidad femenina que da apoyo incondicional a Doña Ángela y está al lado de esta en el momento culminante del encuentro con el galán. Pero lo que la caracteriza más indivi-

---

[226] H.-J. Neuschäfer, «Revendications des senses», pág. 111, habla de Don Luis como «duelliste forcené, qui donne une réplique caricaturale des héros du drama».

[227] F. Serralta, «El tipo del galán suelto: del enredo al figurón», *Cuadernos de Teatro Clásico*, 1 (1988), págs. 83-93.

[228] M. Stroud, «Social-comic *Anagnorisis*», pág. 98.

[229] J. C. de Miguel, «*La dama duende*», pág. 239.

[230] J. C. de Miguel, «*La dama duende*», pág. 239.

dualmente es la claridad de sus sentimientos amorosos, que expresa sin contemplaciones ante Don Luis y elabora matizada y líricamente junto a Don Juan.

Desde que aparece Cosme con el equipaje de su amo empieza el criado a dar muestras de su visión del mundo: el juramento que incluye a doscientos mil diablos y la conclusión en ese parlamento de que mejor vivir en Galicia o en Asturias que en la capital del reino. Se crea así el trasfondo social y cultural de un personaje que desde que empiezan a suceder cosas extrañas en el cuarto de Don Manuel, encuentra una explicación inmediata, perfectamente acorde con una visión del mundo en la que las supersticiones ocupan un lugar central: hay un duende en la casa. Como escribe Valbuena Briones: «La mente supersticiosa del criado de Don Manuel puebla el escenario de sombras fantásticas ante los hechos "inexplicables" que acaecen a su alrededor»[231]. De esa manera, y en un paralelismo obvio con la pareja don Quijote-Sancho, Cosme es la contraposición de su amo. Todo lo que ocurra no hará sino reforzar esa interpretación, al menos hasta que vacila puntualmente en la jornada tercera y hasta que, finalmente, deba reconocer su error. Esa visión supersticiosa parece la base ideológica que justifica su misoginismo vulgar en las fáciles identificaciones entre el diablo y la mujer. Cosme actúa, pues, como verdadero contrapunto de su amo: si este utiliza sistemáticamente su razón (y sus sentidos) para encontrar respuestas plausibles a los desafíos que le plantea la realidad (una realidad, lo sabemos, manipulada hábilmente por Doña Ángela y sus cómplices), Cosme se negará a lo largo de toda la acción a dejarse seducir por ese procedimiento, puesto que el otro, el suyo, la creencia ciega en la superstición, le satisface ampliamente. Pero no por ello el criado deja de funcionar como un acicate para el espíritu observador del amo, ya que sus preguntas y dudas, en general basadas en un contacto muy realista con la vida diaria, obligan a Don Manuel a tratar de encontrar respuestas que no se le hubieran ocurrido espontáneamente.

---

[231] A. Valbuena Briones, «Introducción», pág. 27.

Antonucci sostiene que Cosme es «cobarde, *glotón,* perezoso y aficionado al vino, como casi todos los graciosos»[232]. Da la impresión de que la idea general, o el estereotipo, se ha impuesto al análisis concreto del personaje, porque si bien se puede coincidir en que Cosme es cobarde, perezoso y aficionado al vino, no hay en él ninguna prueba de que sea glotón; ninguna referencia ni comentario, de él o de los demás personajes, incluido Don Manuel, se refieren a ese aspecto. Cosme abre la comedia con una tirada de 45 versos en la que muestra cierta familiaridad con textos literarios —o experiencias teatrales cortesanas— que lo sitúan un poco más allá de la mayoría de sus congéneres en la *comedia.* Como afirma Antonucci, los conocimientos que muestra Cosme constituyen «un saber heterogéneo, con un gusto por la anécdota curiosa, que posiblemente se haya formado gracias a pliegos de cordel y "repertorios" (es decir, misceláneas), antepasados del moderno periodismo popular»[233]; en clara contradicción con la falta de «educación» de los criados, constituye «un recurso novedoso para reforzar la antinomia tópica entre el sistema de valores del gracioso y el sistema de valores del galán»[234]. Asimismo, hay que atribuirle al menos una capacidad inventiva y de improvisación que está a punto de salvar a su amo del primer duelo con Don Luis, pues es el gracioso quien encuentra la «industria» que permite proporcionarle a las mujeres algo de tiempo para escapar de su perseguidor. Pero Cosme también muestra una perspicacia notable al captar perfectamente cómo su amo ha ido cayendo en las redes amorosas de la dama duende, pues solo así pueden entenderse las palabras que le dice cuando parece que no ha reconocido a Don Manuel, definiendo a su amo como un menguado «que por tal dama se pierde» (v. 2528).

En cuanto a Isabel, apenas ha merecido atención crítica. Sin embargo, además de formar parte del círculo femenino que rodea, apoya y alienta a Doña Ángela, gracias a su ingenio es la descubridora del fallo de la alacena y, por tanto, del

---

232 F. Antonucci, «Prólogo», pág. XLI; la cursiva es mía.
233 F. Antonucci, «Prólogo», pág. XLII.
234 F. Antonucci, «Prólogo», pág. XLII.

recurso fundamental que va a permitir algunos de los movimientos dramáticos esenciales de su señora. Su intervención es central en la obra, pues descubre la posible utilización de la puerta cerrada (vv. 585-604) y establece el modo de que ni Don Manuel ni Cosme descubran que ese espacio puede abrirse utilizando los dos clavos en falso (vv. 613-614), proporcionándole a su ama los elementos que necesita para empezar a tramar la traza en que enredará a Don Manuel. Además, es ella la primera en entrar al cuarto de Don Manuel y la que en primer lugar está a punto de ser atrapada. Su apoyo logístico, lo mismo que el de Doña Beatriz, para llevar a cabo el engaño del galán es absolutamente fundamental para que Doña Ángela pueda recibir a Don Manuel en su cuarto y esconderlo cuando aparecen sus hermanos, con lo que la función de Isabel es imprescindible en el enredo. Me atrevería a decir que ya desde el momento en que Doña Ángela le pide que le dé las tocas, se percibe que Isabel es la única persona con la que ha compartido y comparte su pena y su soledad, siendo la criada quien mejor sabe leer el proceso afectivo que está teniendo lugar en el alma de su señora, como acredita el juego de palabras con que introduce la información sobre la alacena (vv. 564-567). Por otra parte, ya en la primera entrada que hacen ella y Doña Ángela al cuarto de Don Manuel, será Isabel quien, al quitarle a Cosme su dinero y dejarle los carbones, va a estimular acentuadamente la obsesión supersticiosa del criado.

VIDA Y RECEPCIÓN
DE *LA DAMA DUENDE:* ALGUNAS CALAS

Según Martin Franzbach, de *La dama duende* se hicieron en Europa hasta treinta y dos ediciones de nueve versiones impresas entre 1641 y 1785[235]. La historia social del texto —tanto en el mundo hispánico como en el resto de Europa— está todavía por hacer. Sin embargo, es la edición de Vera Tassis

---

[235] M. Franzbach, *El teatro de Calderón en Europa,* Madrid, Fundación Universitaria Española, 1982, pág. 9.

—en su propia edición o en la reimpresión que tiene lugar en 1726, y que citamos a continuación, o en la vida de la de volúmenes facticios que copian el orden de la edición de Vera, pero sin numeración seguida[236]— la que determina el texto que va a trasmitirse hasta el siglo XX. En una aproximación muy superficial se encuentran las siguientes apariciones[237] de la comedia que editamos aquí: *Primera [y octava] parte de comedias,* que nuevamente corregidas publicó don Juan de Vera Tasis Villarroel, Madrid, por la viuda de Blas de Villanueva, 1726. Algunas de las sueltas que se publican a lo largo del dieciocho —dejando de lado las que aparecen sin colofón alguno— son: *La dama duende,* Madrid, Imprenta de Antonio Sanz, 1729 [texto a dos columnas; núm. 48; Antonio Sanz fl. 1728-1770]; *La dama duende,* Sevilla, Leefdael, [hacia 1730]; *La dama duende,* Barcelona, Imprenta de Carlos Sapera, 1763 [núm. 9]; *La dama duende,* Barcelona, Impr. de Francisco Suriá, 1771; o *La dama duende,* Valencia, viuda de Joseph Orga, 1762; *La dama duende,* Valencia, Imprenta de los hermanos de Orga, 1792 [núm. 23; 36 páginas]. A partir de las numerosas sueltas que aparecen en el XVIII sobre la base del texto establecido por Vera Tassis, se publican volúmenes facticios como el que se conserva en la Bibliothèque Nationale de France, que en dos volúmenes incluye sueltas publicadas entre 1746 y 1774 por impresores como A. Sanz, de Madrid, F. Surió, de Barcelona, J. Fadrino, de Sevilla, etc., y que lleva en primer lugar *La dama duende,* pero seguida de obras como *Bien vengas, mal si vienes solo, La desdicha de la voz, Con quien vengo vengo, Mejor está que estaba, Peor está que estaba, Fuego de Dios en el querer bien, Antes que todo es mi dama, El hombre pobre todo es trazas, Casa con dos puertas mala es de guardar, El maestro de danzar, El secreto a voces, Dar tiempo al tiempo, Cada uno para sí, No siempre lo peor es cierto, Los empeños de un acaso, El escondido y la tapada, Mañana será otro día, Mañanas de abril y mayo, No hay cosa como callar* y *También hay duelo en las damas.* Pero aparecen también

---

[236] A estos volúmenes facticios se les suele conocer como Pseudo-Vera Tassis.
[237] Véase Kurt Reichenberger, *Manual bibliográfico calderoniano,* en colaboración con Theo Berchem y Henry W. Sullivan, Kassel, Thiele & Schwarz, 1979, t. I, págs. 192-203.

colecciones nuevas de obras de Calderón, como las *Comedias*, que saca a luz Don Juan Fernández de Apontes, Madrid, viuda de Don Manuel Fernández, 1760-1763, en 10 tomos; o la selección que lleva a cabo Vicente García de la Huerta en su *Theatro Hespañol*, Imprenta Real, 1785, t. II, págs. 31-196. Y ya en el siglo XIX encontramos una refundición de la obra, *La dama duende*, comedia en cinco actos, refund. de la que con el mismo título escribió... por José Fernández Guerra[238], Madrid, Imprenta de Quincozes, 1826. *La dama duende* aparece también en otras colecciones de teatro español o de la obra del propio Calderón: *El teatro español, o colección de dramas escogidos*, Londres, impreso por José Jorge Smallfield y E. Justins, 1817-1821, en 4 vols.; *De las comedias [escogidas]* de Don Pedro Calderón de la Barca, Madrid, Imprenta de D. A. Fernández, Ortega y Compañía, 1826-1833, en 4 vols.; *Las comedias* de Pedro Calderón de la Barca cotejadas con las mejores ediciones hasta ahora publicadas, corregidas y dadas a luz por Juan Jorge Keil, Leipsique, en casa de Ernesto Fleischer, 1827-1830, en 4 vols.; *Las comedias* de Don Pedro Calderón de la Barca, edición cubana corregida y aumentada, La Habana, R. Oliva, 1839-1840, en 2 vols.; hasta llegar a *Comedias* de don Pedro Calderón de la Barca, colección más completa que todas las anteriores, hecha e ilustrada por Juan Eugenio Hartzenbusch, Madrid, M. Rivadeneyra, 1848-1850, 4 vols. BAE, 7, 9, 12 y 14.

En cuanto a su presencia en los teatros desde el año de su composición no tenemos datos fehacientes que permitan siquiera una aproximación a su vida en los tablados, aunque la relativamente frecuente publicación del texto hace suponer que tuvo indudable éxito. Shergold y Varey[239] exhumaron un documento que acredita la representación en palacio de *La dama duende* por la compañía de Antonio de Escamilla en 1672, siendo representada en ese mismo marco varias veces hasta 1696.

---

[238] Puede verse Javier Vellón Lahoz, «El proceso de refundición como práctica ideológica: *La dama duende* de Juan José Fernández Guerra», *Cuadernos de Teatro Clásico*, 5 (1990), págs. 99-109.

[239] John Varey y N. D. Shergold, *Comedias en Madrid: 1603-1709. Repertorio y estudio bibliográfico*, Londres, Tamesis, 1989.

Respecto a la perduración de la obra en los teatros madrileños en los siglos siguientes, *La dama duende* se representó, entre 1708 y 1808, en cincuenta y cinco de los años incluidos; y, en algunas ocasiones, hasta dos veces el mismo año[240]. Entre 1821 y 1847, y por la refundición de Dionisio Solís según Adams[241], se representó en veintisiete ocasiones. En Barcelona, entre 1790 y 1799, se puso los años 1790, 1793, 1794, 1795 y 1799[242]. La comedia pronto se difundió por los países próximos[243], como acreditan las numerosas traducciones al francés, al italiano y al inglés ya desde el mismo siglo XVII. En francés se representa en París en 1641[244]; en italiano se estrena en 1645[245]; y en 1664 se estrena la versión inglesa; en 1670 se estrena en holandés. En Alemania no se estrenaría hasta 1721[246].

El lugar común dice que el siglo XVIII despreció a Calderón y el teatro del siglo de oro —con el agravante de conseguir la prohibición de los autos sacramentales—, excepto en los casos de Erauso y Zabaleta o Romea y Tapia; pero esa afirma-

---

[240] René Andioc y Mireille Coulon, *Cartelera teatral madrileña del siglo XVIII (1708-1808),* Toulouse, Presses Universitaires du Mirail, 1996, t. II, pág. 680.

[241] Nicholson B. Adams, «*Siglo de Oro* Plays in Madrid, 1820-1850», *Hispanic Review,* IV (1936), págs. 342-357.

[242] Josep Maria Sala Valldaura, *Cartellera del Teatre de Barcelona (1790-1799),* Barcelona, Curial, Publicacions de l'Abadia de Montserrat, 1999, pág. 190.

[243] A pesar de la variedad de enfoques y materias o del interés y calidad de los trabajos, puede verse *Calderón en Europa. Actas del Seminario Internacional celebrado en la Facultad de Filología de la Universidad Complutense de Madrid (23-26 octubre 2000),* ed. de Javier Huerta Calvo, Emilio Peral Vega y Héctor Urzáiz Tortajada, Madrid, Iberoamericana, 2002.

[244] Véase Hans Mattauch, «Calderón ante la crítica francesa (1700-1850)», en *Hacia Calderón. Cuarto Coloquio Anglogermano, Wolfenbüttel 1975,* ed. de Hans Flasche, Kar-Hermann Körner y Hans Mattauch, Berlin, Walter de Gruyter, 1979, págs. 71-82.

[245] Puede verse Fausta Antonucci, «Nuevos datos para la historia de la transmisión textual de *La dama duende:* las traducciones italianas del siglo XVII y comienzos del XVIII», en *Siglo de Oro. Actas del IV Congreso Internacional de la AISO,* Alcalá de Henares, Universidad de Alcalá, 1998, págs. 173-184.

[246] Heinz Gerstinger, *Pedro Calderón de la Barca,* trad. de Diana Stone Peters, Nueva York, Frederick Ungar, 1973, págs. 54-55; F. Antonucci, «Prólogo», págs. LXIV-LXV. Para la difusión y recepción calderoniana en los países germánicos véase Henry W. Sullivan, *Calderón in the German lands and the Low Countries: his reception and influence, 1654-1980,* Cambridge, Cambridge University Press, 1983.

ción tan sin fundamento solo refleja una lectura muy superficial de lo dicho a lo largo de esa época, reteniendo exclusiva y excluyentemente lo que pudo emparentarse con el casticismo conservador de la centuria siguiente[247]. Pocas veces aparece, sin embargo, esta comedia como objeto de un comentario a lo largo del siglo XVIII; valga como referencia y síntoma que Luzán no la mencione en *La poética*, ni Nicolás Fernández de Moratín en sus *Desengaños al teatro español*. Sí se hace una reseña de su representación en el *Memorial Literario* de 1785, donde el autor escribe que en esta obra «divierten las travesuras del ingenio de Calderón en lo bien dispuesto de la enredosa trama de ella»[248]. Por último, Moratín escribirá en la nota 9 de *La comedia nueva:*

> Supóngase que un escritor de conocido ingenio da al teatro por primera vez una comedia intitulada *La dama duende* [...] De todo esto resulta que el premio destinado al autor de *La dama duende* no tendrá relación ninguna con la bondad intrínseca de aquella obra; dependerá únicamente de circunstancias accesorias e inconexas; será desproporcionado, eventual e injusto[249].

La valoración estética y técnica que reflejan sus palabras solo puede entenderse si se recuerda el rigor con que Moratín juzgaba todas las manifestaciones del teatro universal. Por el contrario, el siglo XIX —a partir de los escritos de Tomás de Erauso y Zabaleta y Juan Cristóbal Romea y Tapia de mediados del XVIII, de la *querella* calderoniana a comienzos del diecinueve, posterior a los comentarios de August Wilhelm

---

[247] Véase Inmaculada Urzainqui, *De nuevo sobre Calderón en la crítica española del siglo XVIII*, Oviedo, Cuadernos de la Cátedra Feijoo, 1984; *La crítica ante el teatro barroco español (siglos XVII-XIX)*, ed. de M.ª José Rodríguez Sánchez de León, Salamanca, Almar, 2000; J. Pérez-Magallón y Olga Bezhanova, «La identidad nacional y Calderón en la polémica teatral de 1762-1764», *Revista de Literatura*, 66, núm. 131 (2004), págs. 99-129.

[248] Citado en Enrique García Santo-Tomás, «Calderón en el *Memorial Literario:* coordenadas de una poética, fragmentos de una canonización», *Criticón*, 80 (2000), pág. 174.

[249] *Los Moratines. Obras completas*, ed. de J. Pérez-Magallón, Madrid, Cátedra, 2008, t. II, págs. 167-168.

Schlegel, y sobre todo a manos de Menéndez Pelayo a fines de siglo— consolidará una lectura de Calderón como icono cultural en el que se venía a sintetizar una visión del ser nacional español perfectamente encajable en el programa de las derechas reaccionarias, al que ciertos autores de izquierdas como Clarín se enfrentarán simbólicamente convirtiendo a D. Víctor Quintanar en una parodia de personaje calderoniano. Unamuno verá en Calderón «un símbolo de raza» en tanto que Valle-Inclán asociará las comedias calderonianas a los autos de fe para rechazarlos ambos por su relación con la brutalidad y la fiereza —baste recordar *Los cuernos de D. Friolera*. Los esfuerzos de las vanguardias de los años veinte se agotarán con el triunfo del franquismo y la conversión del nacionalcatolicismo en base ideológica esencial de la dictadura, en cuyo contexto Calderón recuperaba los valores icónicos que dos siglos de manipulación conservadora habían articulado contundentemente.

Esta edición

Al margen de las ediciones decimonónicas que pretenden haber llevado a cabo un cotejo y comparación de diferentes documentos, tal la de Leipzig por Keil, 1827, o la que preparó Hartzenbusch para la Biblioteca de Autores Españoles en 1848, el rastreo de la historia del texto de *La dama duende* se ha debido, en un primer lugar, a Ángel Valbuena Briones, que dio como resultado la anterior edición de la comedia calderoniana en esta misma colección (1976); en años más recientes, a Antonio Rey Hazas y Florencio Sevilla, y a Antonio Serrano; pero, sobre todo, a Fausta Antonucci, en especial gracias a su minuciosa edición preparada para Crítica (1999).

Nosotros hemos utilizado los mismos documentos que los más recientes editores, en especial Antonucci, es decir, nuestro documento base ha sido la edición *princeps* de la comedia en *Primera parte de comedias de don Pedro Calderón de la Barca. Recogidas por do Ioseph Calderón de la Barca, su hermano*, Madrid, María de Quiñones, A costa de Pedro Coello y de Manuel López, mercaderes de libros, 1636, ff. 195-222 *(P)*. Hemos cotejado el texto con el que aparece en las dos extravagantes del mismo año: *Parte veinte y nueve. Contiene doze comedias famosas de varios autores*, Valencia, Siluestre Esparsa, 1636, ff. 23-44v *(V)*; *Parte treynta de comedias famosas de varios autores*, Çaragoça, Hospital Real y General de Nuestra Señora de Gracia, 1636, págs. 78-126 *(Z)*; ambas fueron publicadas, según las fechas de aprobación y licencia[250], un poco después que la de Ma-

---

[250] F. Antonucci, «Contribución al estudio de la historia textual de *La dama duende*», *Criticón*, 78 (2000), págs. 109-110.

drid. También hemos tenido presente el texto incluido en *Doze comedias las más grandiosas que asta aora han salido de los meiores y más insignes poetas,* Lisboa, En la Emprenta de Pablo Craesbeeck, 1647, ff. 167-191 *(L).* Hemos consultado, asimismo, los manuscritos 17322 *(M1)* y 16622 *(M2),* fechado en 1689, de la Biblioteca Nacional de España.

La dama duende, sin embargo, tuvo una historia más larga y ajetreada. Así, en 1640 sale otra *Primera parte de comedias,* en Madrid, por la viuda de Juan Sánchez, a costa de Gabriel de León, mercader de libros *(VSL);* asimismo, aparece otra *Primera parte de comedias (VS)* que no es, como demostró E. M. Wilson[251], sino una edición contrahecha, salida de la auténtica *Primera parte* e impresa entre 1660 y 1670. Más tarde, en 1685, Juan de Vera Tassis dio a la luz *Primera parte de comedias del célebre poeta español don Pedro Calderón de la Barca [...] que nuevamente corregida publica don Juan de Vera Tassis y Villarroel,* Madrid, Francisco Sanz *(VT).*

Las notables discrepancias que se dan entre la tercera jornada de *princeps (P)* y la que llevan las dos ediciones aparecidas el mismo año *(V, Z),* así como la edición de Lisboa *(L),* fueron estudiadas por Ascensión Pacheco-Berthelot, «La tercera jornada de *La dama duende,* de Pedro Calderón de la Barca», *Criticón,* 21 (1983), págs. 49-91, donde publica el texto alternativo que esas ediciones ofrecen. También lo hicieron Rey Hazas y Sevilla Arroyo (en págs. 105-130, aunque sin numerar los versos), y Antonio Serrano (en págs. 155-185); y así lo hace Fausta Antonucci en su edición, incluyendo como apéndice la versión de *V-Z* en págs. 141-175. Esa ha sido también nuestra opción, ya que la cantidad de variantes que generaría no permitirían dar una visión de conjunto legible de las diferencias. Digamos, a modo de breve resumen, que la versión *V-Z* de la tercera jornada presenta como diferencias más importantes: 1) que Cosme acompaña a Don Manuel en la visita a la *dama duende;* 2) que durante esa visita solamente Don Luis interrumpe la acción, en lugar de hacerlo primero

---

[251] E. M. Wilson, «The Two Editions of Calderón's *Primera parte* of 1640», en *The textual criticism of Calderón's comedias,* Londres, Tamesis, 1973, págs. 57-77.

Don Juan y luego Don Luis; 3) que Don Juan protagoniza un cuadro en el exterior de la casa de Doña Beatriz, que le conduce al encuentro con Doña Ángela; 4) que, de regreso en su casa, ambos hermanos se dan cuenta al mismo tiempo del problema que plantea la presencia de Doña Ángela en el cuarto de Don Manuel y expresan la misma reacción celosa (de honor); y 5) que el cierre contempla la boda de Don Manuel con Doña Ángela, sí, mas también la de Cosme con Isabel, pero no la de Don Juan con Doña Beatriz. Hace tiempo Vitse había escrito:

> Un solo vistazo sobre la versión madrileña de esta misma escena [se refiere a los vv. 2589-2644] basta para percatarse de que se trata de una refundición bastante inhábil hecha por un Calderón algo olvidadizo de las intenciones de su primera empresa. Porque aquí se impone una nueva evidencia: el texto de Valencia-Zaragoza, por el implacable rigor de la construcción dramática y escénica del pasaje estudiado, no puede de ser sino la primera redacción —y esta no atribuible sino al propio Calderón— de la tercera jornada de *La dama duende*[252].

Más recientemente, Greer ha expuesto su sensación de que las impresiones de Valencia y Zaragoza «are authorial and that the Madrid version is a reworking of the Valencia text»[253]. El minucioso estudio textual de Antonucci[254] demuestra que *P* pertenece a una familia distinta de *V-Z* (siendo *L* un derivado de *Z*); asimismo, *M1* y *M2* comparten elementos con *P* y también con *V-Z*, por lo que deben derivar de un ascendiente común perdido que no enlaza directamente con el modelo de *P* ni con el modelo directo de *V-Z*. No obstante, las opiniones expresadas por Vitse y Greer son las de cualquier lector que tenga acceso a las dos versiones de la tercera jor-

---

[252] M. Vitse, «Sobre los espacios en *La dama duende*», pág. 154.
[253] M. R. Greer, «The (Self)Representation», pág. 104 n. 2.
[254] Nos referimos tanto al «Prólogo», págs. LXI-LXXIII, como a «Contribución al estudio». Véase también F. Antonucci y M. Vitse, «Algunas observaciones acerca de las dos versiones de la tercera jornada de *La dama duende*», *Criticón*, 72, 1998, págs. 49-64.

nada[255]. Antonucci ha afirmado que la justificación que permitiría establecer la prioridad de *V-Z* sobre *P*, o a la inversa, es «subjetiva y débil, o reversible»[256]. Y puede tener razón; pero, en efecto, da la impresión de que, al corregir Calderón el texto para publicarlo en Madrid, ha partido de un texto antecedente de *V-Z*, o sea, más o menos parecido al que sirvió de base a las ediciones de Valencia y Zaragoza, y en él ha introducido una serie de modificaciones a fin de concentrar más la acción y el interés —solo así se puede entender la «desaparición» de Cosme en el «viaje» a visitar a la dama y la supresión de todo el cuadro que trascurre delante de la casa del padre de Doña Beatriz. Como afirma M. Vitse, se trata de una «auténtica refundición»[257] que tiende a intensificar la «calderonicidad» de la tercera jornada mediante un proceso de «concentración e intensificación»[258]. Lo que no puede afirmarse es que las revisiones calderonianas para la impresión de la *Primera parte* se presenten como el camino entre el texto espectacular —surgido para la representación en los corrales— y el texto literario —concebido para la lectura en el objeto libro— pues ninguno de los cambios parece ir en esa dirección. En ese sentido, si consideramos *P* como el texto más cercano a la voluntad del autor —no en vano la *Primera parte* se publicó con la autorización indirecta de Calderón al hacerse su hermano responsable de la misma—, es él el que debe servirnos como texto base; sin embargo, dada la imposibilidad de establecer una jerarquía entre los otros testimonios, habrá que otorgarles a *V-Z* y a *M1-M2* parecido nivel de autoridad.

Una nota solamente sobre Vera Tassis. Hace ya años que Everett W. Hesse aportó datos cuantitativos (y cualitativos)

---

[255] Véase Antonio Serrano, «Introducción», en *La dama duende*, Alicante, Aguaclara, 1992, págs. 13-16. F. B. Pedraza Jiménez, *Calderón. Vida y teatro*, págs. 212-213, comentando la sugerencia de Serrano de que la versión de Valencia-Zaragoza puede ser una elaboración posterior, emite otra suposición: que «el texto valenciano-aragonés procede de una compañía cuyo intérprete de mayor importancia fuera el gracioso; la obra se adaptaría para que tuviera más protagonismo en la tercera jornada».

[256] F. Antonucci y M. Vitse, «Algunas observaciones», pág. 52.

[257] F. Antonucci y M. Vitse, «Algunas observaciones», pág. 65.

[258] F. Antonucci y M. Vitse, «Algunas observaciones», pág. 67.

sobre las intervenciones de Vera Tassis en los textos calderonianos[259], comparándolas con sus propias obras y llegando a la conclusión de que sus versiones son poco fiables. Creo que, a pesar de los argumentos de N. D. Shergold en defensa de Vera Tassis[260], no hay ningún dato que permita suponer que, efectivamente, tuvo acceso a manuscritos de Calderón[261], por lo que todas sus enmiendas, por satisfactorias que puedan parecernos, carecen de autoridad ecdótica. Ello no le priva de autoridad conjetural basada en su conocimiento del teatro de la época y de su propia experiencia teatral. También resulta innegable el papel crucial que sus versiones tuvieron para la historia textual de las ediciones dieciochescas (de Vera y de Pseudo-Vera Tassis), pero, de nuevo, ese hecho, que tiene un interés indudable para la sociología de la trasmisión textual[262] del teatro aurisecular —todavía no estudiado adecuadamente en lo que se refiere a la obra que aquí editamos—, no aporta ningún valor añadido en el sentido de la autoridad del texto. No creo, por tanto, que deba dársele más valor que, por ejemplo, a las enmiendas de Hartzenbusch —cuya edición de 1848 para la Biblioteca de Autores Españoles tomó como texto de partida la versión de Vera Tassis—, también basadas en su conocimiento del teatro, de la versificación dramática y de su experiencia teatral. No obstante, hemos tenido presente sus correcciones conjeturales en algunos casos.

En nuestra edición hemos separado las jornadas en cuadros, y no en escenas, que carecen de sentido en la dramatur-

---

[259] Everett W. Hesse, *Vera Tassis's Text of Calderón's Plays*, México, Nueva York University, 1941.

[260] N. D. Shergold, «Calderón and Vera Tassis», *Hispanic Review*, XXIII (1955), págs. 212-218. Ver las matizaciones de Margaret R. Greer, «Calderón, Copyists, and the Problem of Endings», *Bulletin of the Comediantes*, 36, núm. 1 (1984), págs. 71-81.

[261] Véase F. Antonucci, «Contribución al estudio», págs. 111-112. Pueden verse los posibles estemas en las págs. 132, 134 y 135.

[262] Puede verse Alan K. G. Paterson, «La socialización de los textos de Calderón. El legado de don Juan de Vera Tassis y don Pedro de Pando y Mier», en *Calderón. Innovación y legado*, ed. de Ignacio Arellano y Germán Vega García-Luengos, Nueva York, Peter Lang, 2001, págs. 17-29, donde se acerca limitadamente al papel de Vera Tassis en lo que, siguiendo los términos de J. J. McGann en *The Textual Condition*, llama «socialización de los textos».

gia aurisecular; asimismo, hemos modernizado la ortografía y la puntuación, así como el uso de mayúsculas. Hemos conservado, sin embargo, modos ortográficos que responden a diferencias de pronunciación (obscuridad, efeto, aceto, defeto, vitoria —con reducción del grupo consonántico culto *ct*—, aquese, aqueso o aquesa, lición, Escurial, escuras, cimenterio, satisfación) o a diferencias métricas (agora y ahora); también hemos conservado las contracciones de preposición y artículo o demostrativo (dél, della, desta, desa) a pesar de que no modifican la pronunciación. No hemos indicado gráficamente ni dialefas, ni sinalefas, ni rupturas de diptongos, ni acentos no ortográficos para encajar en la métrica del verso, ya que le atribuimos al lector la capacidad para llevar a cabo esas precisiones. Los apartes vienen indicados por la inclusión del *aparte* entre paréntesis. Por último, las notas que provienen de otros editores no llevan indicación de página cuando coinciden con el verso anotado; de no ser así, se indica la página correspondiente.

No quiero terminar esta introducción sin agradecer muy calurosamente el estímulo que representaron mis estudiantes en el curso «Calderón y las pluralidades barrocas» que dicté en McGill University entre enero-abril de 2008: Katia, Jennifer, Sandra, Miharu y Claudio. Asimismo, mis gracias más sinceras a José Jouve-Martín, que me ayudó más de lo que piensa de diversas maneras y por diferentes senderos; ítem, a José Ruano de la Haza, cuya generosidad tanto como su calderonismo de pro no tienen límites.

Esquema métrico

Versos	Estrofa	Número de versos
Jornada primera		
Cuadro I		
1-368	romance *(e-a)*	368
Cuadro II		
369-652	redondillas	284
Cuadro III		
653-780	silva pareada	128
781-1002	romance *(e-e)*	222
1003-1102	redondillas	100
Total		1102
Jornada segunda		
Cuadro I		
1103-1310	romance *(a-e)*	208
1311-1410	décimas	100
1411-1530	redondillas	120
Cuadro II		
1531-1730	romance *(e-o)* (incluye los 4 versos de una cancioncilla)	200
Cuadro III		
1731-1888	silva pareada	158
1889-1916	sonetos	28

Cuadro IV

1917-2028	redondillas	112
2029-2242	romance *(é)*	214
Total		1140

JORNADA TERCERA

Cuadro I

2243-2292	quintillas	50
2293-2422	décimas	130
2423-2478	romance *(e-e)*	56

Cuadro II

2479-2592	romance *(e-e)*	114

Cuadro III

2593-2672	quintillas	80
2673-2726	romance *(e-e)*	56

Cuadro IV

2727-2910	romance *(e-e)*	182
2911-3034	silva pareada	124
3035-3114	romance *(a-a)*	80
Total		872

JORNADA TERCERA (VERSIÓN DE *V-Z*)

Cuadro I

2243-2337	quintillas	95
2338-2427	décimas	90
2428-2457	quintillas	30
2458-2537	décimas	80
2538-2631	romance *(e-e)*	94

Cuadro II

2632-2857	romance *(e-e)*	226

Cuadro III

2858-3037	silva pareada	180

Cuadro IV

3038-3071	romance *(e-e)*	34
3072-3109	romance *(a-e)*	38
3110-3139	siva pareada	30
3140-3215	romance *(a-a)*	76
Total		973

Bibliografía

ANTONUCCI, Fausta, «L'Altra dama e il suo ritratto: Somiglianze e differenze fra *La dama duende* e *No hay cosa como callar*», en *Tra parola e immagine: Effigi, Busti, Ritratti Nelle forme letterarie*, ed. de Luciana Gentilli y Patrizia Oppici, Pisa, Istituti Editoriali e Poligrafici Internazionali, 2003, págs. 221-230.

— «Contribución al estudio de la historia textual de *La dama duende*», *Criticón*, 78 (2000), págs. 109-136.

— «I'l passaggio segreto nelle commedie di Calderón: Tecnica scenografica e funzione drammatica», en *Dal testo alla scena: Drammaturgia e spettacolarita nel teatro iberico dei secoli d'oro*, ed. de Giovanni Battista De Cesare, Salerno, Paguro, 2000, págs. 217-238.

— «Nuevos datos para la historia de la transmisión textual de *La dama duende:* las traducciones italianas del siglo XVII y comienzos del XVIII», en *Siglo de Oro: Actas del IV Congreso Internacional de la Asociación Internacional de AISO*, ed. de María Cruz García de Enterría y Alicia Cordón Mesa, Alcalá de Henares, Universidad de Alcalá, 1998, págs. 173-184.

— «Sobre construcción y sentido de *La dama duende* de Calderón», *Rivista di Filologia e Letterature Ispaniche*, 3 (2000), págs. 61-93.

— «Prólogo», en P. Calderón de la Barca, *La dama duende*, Barcelona, Crítica, 1999, págs. XXXI-LXXVI.

— y VITSE, Marc, «Algunas observaciones acerca de las dos versiones de la tercera jornada de *La dama duende*», *Criticón*, 62, 1998 *(Siglo de Oro y reescritura. I. Teatro*, ed. M. Vitse), págs. 49-64.

ARELLANO, Ignacio, «*La dama duende* y sus notables casos», *Cuadernos de Teatro Clásico*, 15 (2001), págs. 127-139.

— *El escenario cósmico. Estudios sobre la Comedia de Calderón*, Frankfurt, Universidad de Navarra, Iberoamericana, Vervuert, 2006.

BEECHER, Donald, «Calderón's *La dama duende* and the Theater of Suspense», *Renaissance and Reformation/Renaissance et Réforme*, 24, núm. 1 (invierno de 2000), págs. 3-21.

BERGMAN, Hannah E., «Auto-Definition of the *comedia de capa y espada*», *Hispanófila*, especial núm. 1 (1974), págs. 3-27.

BLUE, William R., *The Development of Imagery in Calderón's «Comedias»*, York, South Carolina, Spanish Literature Publications Company, 1983, esp. págs. 36-50.

— «Effects of the Baroque: The Displacement of the Subject», *Indiana Journal of Hispanic Literatures*, 1, núm. 1 (otoño de 1992), págs. 7-23.

— «The Unheimlich Maneuver: *La dama duende* and *The Comedy of Errors*», en *Echoes and Inscriptions: Comparative Approaches to Early Modern Spanish Literatures*, ed. de Barbara Simerka y Christopher B. Weimer, Lewisburg, Bucknell University Press, 2000, páginas 174-187.

BOBES NAVES, María del Carmen, «Cómo está construida *La dama duende*, de Calderón», *Tropelías: Revista de Teoría de la Literatura y Literatura Comparada*, 1 (1990), págs. 65-80.

BRAKHAGE, Pamela, «Toward a Re-Evaluation of Existing Criticism on *La dama duende* and *Die Dame Kobold*», en *National Symposium on Hispanic Theatre, April 22-24, 1982*, ed. de Adolfo M. Franco, Cedar Falls, University of Northern Iowa, 1985, págs. 23-27.

CABALLO-MÁRQUEZ, Reyes, «Erotismo y *fantasía*: la mujer y la imaginación en *La viuda valenciana* y *La dama duende*», *Comedia Performance: Journal of the Association for Hispanic Classical Theater*, 3, núm. 1 (primavera de 2006), págs. 29-42.

CASCARDI, Anthony J., *The limits of illusion: a critical study of Calderón*, Cambridge, Cambridge University Press, 1984.

CASTRO, Bartolomé de, *Análisis y juicio crítico de la obra del insigne Don Pedro Calderón de la Barca titulada «La dama duende»*, Córdoba, «La Actividad», 1881.

COTARELO Y MORI, Emilio, *Ensayo sobre la vida y obras de Don Pedro Calderón de la Barca*, Madrid, Tipografía de la «Revista de Archivos, Bibliotecas y Museos», 1924.

DALBOR, John B., «*La dama duende*, de Calderón, y *The Parson's Wedding*, de Killigrew», *Hispanófila*, 2 (1958), págs. 41-50.

D'ANTUONO, Nancy L., «The Italian Fortunes of *La dama duende* in the Seventeenth and Eighteenth Centuries», en *Hispanic Essays in Honor of Frank P. Casa*, ed. de A. Robert Lauer y Henry Sullivan, Nueva York, Peter Lang, 1997, págs. 201-216.

DE ARMAS, Frederick A., «Cespedes y Meneses and Calderon's *La dama duende*», *Romance Notes*, 11 (1970), págs. 598-603.

— *The Invisible Mistress. Aspects of Feminism and Fantasy in the Golden Age*, Charlottesville, Biblioteca Siglo de Oro, 1976.

— «Mujer y mito en el teatro clásico español: *La viuda valenciana* y *La dama duende*», *Lenguaje y Textos*, 3 (1993), págs. 57-72.

— «"Por una hora": tiempo bélico y amoroso en *La dama duende*», en *La dramaturgia de Calderón: técnicas y estructuras. (Homenaje a Jesús Sepúlveda)*, ed. de Ignacio Arellano y Enrica Cancelliere, Frankfurt, Universidad de Navarra, Iberoamericana, Vervuert, 2006, págs. 115-129.

FERNÁNDEZ UTRERA, María Soledad, «"Juegos de lenguaje" en *La dama duende*», *Bulletin of the Comediantes*, 45, núm. 1 (1993), págs. 13-28.

FISCHER, Susan L., «The Invisible Partner: A Jungian Approach to Calderón's *La dama duende*», *Revista Canadiense de Estudios Hispánicos*, 7, núm. 2 (1983), págs. 231-247.

FRYE, Ellen C., «The Consequence of Jealousy: A Study of Calderón's Leading Men», *Cuadernos de Aldeeu*, 17, núm. 1 (2001), págs. 41-48.

FUCILLA, Joseph G., «*La dama duende* and *La viuda valenciana*», *Bulletin of the Comediantes*, 22 (1970), págs. 29-32.

GERSTINGER, Heinz, *Pedro Calderón de la Barca*, trad. de Diana Stone Peters, Nueva York, Frederick Ungar, 1973.

GÓMEZ Y PATIÑO, María, «La mujer en Calderón. El rol femenino en *La dama duende* y *El alcalde de Zalamea*. Un análisis comparativo desde el siglo XX», en *Calderón: una lectura desde el siglo XX*, coord. M. Gómez y Patiño, Alicante, Instituto «Juan Gil-Albert», 2000, págs. 185-218.

GONZÁLEZ, Aurelio, «Los espacios del barroco en Calderón», en *Calderón 1600-2000. Jornadas de investigación calderoniana*, ed. de A. González, México, El Colegio de México, 2004, págs. 59-78.

GREER, Margaret Rich, «The (Self)Representation of Control in *La dama duende*», en *The Golden Age Comedia: Text, Theory, and Performance*, ed. de Charles Ganelin y Howard Mancing, West Lafayette, Purdue University Press, 1994, págs. 87-106.

GREGG, Karl C., «Towards a Definition of the *comedia de capa y espada*», *Romance Notes*, 18 (1977-1978), págs. 103-106.

HASSELL, Elisabeth J., *Calderón*, Edinburgo y Londres, William Blackwood & Sons, 1879.

HILDNER, David J., «Sobre la interpretacion tragedizante de *La dama duende*», en *Perspectivas de la comedia, II: Ensayos sobre la comedia del Siglo de Oro español*, ed. de Alva V. Ebersole, Valencia, Albatros, 1979, págs. 121-125.

HOLMBERG, Arthur, «Variaciones sobre el tema del honor en *La dama duende* de Calderón», en *Calderón: Actas del Congreso internacional sobre Calderón y el teatro español del Siglo de Oro*, ed. de Luciano García Lorenzo, Madrid, Consejo Superior de Investigaciones Científicas, 1983, págs. 913-923.

HONIG, Edwin, «Flickers of Incest on the Face of Honor: Calderón's *Phantom Lady*», *Tulane Drama Review*, 6 (1962), págs. 69-105.

— *Calderón and the Seizures of Honor*, Cambridge, Harvard University Press, 1972.

ITURRALDE, Josefina, «*La dama duende*, libertad y amor», en *Calderón, apóstol y hereje*, México, Dirección de Difusión Cultural, 1982, págs. 51-59.

KUEHNE, Alyce de, «Los planos de la realidad aparente y la realidad auténtica en *La dama duende* de Calderón», *Pacific Coast Philology*, 2 (abril de 1967), págs. 40-46.

LARSON, Catherine, «*La dama duende* and the Shifting Characterization of Calderón's Diabolical Angel», en *The Perception of Women in Spanish Theater of the Golden Age*, ed. de Anita K. Stoll y Dawn L. Smith, Lewisburg, Bucknell University Press, 1991, págs. 33-50.

MARANISS, James E., *On Calderón*, Columbia, University of Missouri Press, 1978.

MARTINO CROCETTI, María, «*La dama duende:* Spatial and Hymeneal Dialectics», en *The Perception of Women in Spanish Theater of the Golden Age*, ed. de Anita K. Stoll y Dawn L. Smith, Lewisburg, Bucknell University Press, 1991, págs. 51-66.

MORROW, Carolyn, «La representación de la mujer en *La vida es sueño* y *La dama duende*», en *Calderón. Innovación y legado*, ed. de Ignacio Arellano y Germán Vega García-Luengos, Nueva York, Peter Lang, 2001, págs. 271-278.

MUJICA, Barbara K., «From Comedia to Zarzuela: The Generic Transformation of Calderón's *La dama duende*», *Indiana Journal of Hispanic Literatures*, 10-11 (1997), págs. 17-35.

— «Tragic Elements in Calderon's *La dama duende*», *Kentucky Romance Quarterly*, 16 (1969), págs. 303-28.

— *Calderón's Characters. An Existential Point of View*, Barcelona, Puvill, 1980.

NELSON, Bradley J., «The Marriage of Art and Honor: Anamorphosis and Control in Calderón's *La dama duende*», *Bulletin of the Comediantes*, 54, núm. 2 (2002), págs. 407-441.

NEUSCHÄFER, Hans-Jörg, «Revendications des sens et limites de la morale. Le paradigme anthropologique de la doctrine des passions et sa crise dans le drame classique espagnol et français», en *Estudios de literatura española y francesa. Siglos XVI y XVII. Homenaje a Horst Baader*, ed. de F. Gewecke, Frankfurt, Vervuert, 1984, págs. 105-121.

PARKER, A. A., «The Approach to the Spanish Drama of the Golden Age», *Tulane Drama Review*, IV (1959), págs. 42-59.

— «Toward a definition of Calderonian Tragedy», *Bulletin of Hispanic Studies*, 39 (1962), págs. 222-237.

PÉREZ PASTOR, Cristóbal, *Documentos para la biografía de Don Pedro Calderón de la Barca;* recogidos y anotados por el presbítero D.

Cristóbal Pérez Pastor... Publicados a expensas del Excmo. señor D. Manuel Pérez de Guzmán y Boza, marqués de Jerez de los Caballeros, Madrid, Estab. tip. de Fortanet, 1905.

QUINTERO, María Cristina, «Luis de Góngora and the *comedia de enredo*», *Symposium*, 39, núm. 4 (1985-1986), págs. 268-283.

REGALADO, Antonio, *Calderón. Los orígenes de la modernidad en la España del siglo de oro*, Barcelona, Destino, 1995, 2 vols.

REICHENBERGER, Kurt, «Reacciones adecuadas a injusticias sufridas. Observaciones al tema de la "patria potestas" en las comedias de capa y espada de Calderón», en *Estudios sobre Calderón. Actas del Coloquio Calderoniano, Salamanca 1985*, ed. de Alberto Navarro González, Salamanca, Universidad de Salamanca, 1988, págs. 127-131. Reimpreso en K. Reichenberger y Juventino Caminero, *Calderón dramaturgo*, Kassel, Universidad de Deusto, Edition Reichenberg, 1991, págs. 33-40.

REY HAZAS, Antonio y SEVILLA ARROYO, Florencio, «Introducción», en P. Calderón de la Barca, *La dama duende. Casa con dos puertas, mala es de guardar*, Barcelona, Planeta, 1989, págs. IX-LVIII.

ROMAN, David, «Spectacular Women: Sites of Gender Strife and Negotiation in Calderón's *No hay burlas con el amor* and on the Early Modern Spanish Stage», *Theatre Journal*, 43, núm. 4 (1991), págs. 445-456.

RUANO DE LA HAZA, J. M., «The Staging of Calderón's *La vida es sueño* and *La dama duende*», *Bulletin of Hispanic Studies* (Glasgow, Scotland), 64, núm. 1 (enero de 1987), págs. 51-63.

— y ALLEN, J. J., *Los teatros comerciales del siglo XVII y la escenificación de la comedia*, Madrid, Castalia, 1994.

SCHIZZANO MANDEL, Adrienne, «La dama juega al duende: Pre-texto, geno-texto y feno-texto», *Bulletin of the Comediantes*, 37, núm. 1 (verano de 1985), págs. 41-54.

— «El fantasma en *La dama duende:* una estructuración dinámica de contenidos», en *Calderón: Actas del Congreso internacional sobre Calderón y el teatro español del Siglo de Oro*, ed. de Luciano García Lorenzo, Madrid, Consejo Superior de Investigaciones Científicas, 1983, págs. 639-648.

SERRALTA, Frédéric, «El tipo del galán suelto: del enredo al figurón», *Cuadernos de Teatro Clásico*, 1 (1988), págs. 83-93.

SERRANO, Antonio, «Introducción», en P. Calderón de la Barca, *La dama duende*, Alicante, Aguaclara, 1992, págs. 7-43.

SLOANE, Robert, «In the Labyrinth of Self: Character and Role in Calderón's *La dama duende*», en *Studies in Honor of Elias Rivers*, ed. de B. N. Damiani y R. El Saffar, Potomac, Scripta Humanistica, 1989, págs. 184-193.

Strosetzki, Christoph, «La mujer en Calderón y el principio barroco de engaño y desengaño», en *Las mujeres en la sociedad española del Siglo de Oro: ficción teatral y realidad histórica. Actas del II coloquio del Aula-Biblioteca «Mira de Amescua», celebrado en Granada-Úbeda del 7 al 9 de marzo de 1997, y cuatro estudios clásicos sobre el tema*, ed. de Juan Antonio Martínez Berbel y Roberto Castilla Pérez, Granada, Universidad de Granada, 1998, págs. 115-136.

Stroud, Matthew D., «Social-Comic *Anagnorisis* in *La dama duende*», *Bulletin of the Comediantes*, 29 (1977), págs. 96-102.

Suárez, Juan Luis, «¿Quién es Doña Angela? Drama, identidad e intimidad en *La dama duende* de Calderón», en *Sexo(s) e identidad(es) en la cultura hispánica*, ed. de R. de la Fuente y J. Pérez-Magallón, Valladolid, Universitas Castellae, 2002, págs. 156-172.

— «"Por una hora no llegamos"*: La dama duende* y la representación del tiempo en las comedias de Calderón», en *Calderón 2000. Homenaje a Kurt Reichenberger en su 80 cumpleaños. Actas del Congreso Internacional, IV Centenario del nacimiento de Calderón, Universidad de Navarra, septiembre, 2000*, Kassel, Reichenberger, 2002, págs. 1155-1163.

Ter Horst, Robert, «The Ruling Temper of Calderon's *La dama duende*», *Bulletin of the Comediantes*, 27 (1975), págs. 68-72.

— *Calderón. The Secular Plays*, Lexington, The University Press of Kentucky, 1982.

Valbuena-Briones, Ángel, «La técnica dramática y el efecto cómico en *La dama duende*, de Calderón», *Arbor*, 349 (1975), págs. 15-26.

— «Introducción», en P. Calderón de la Barca, *La dama duende*, Madrid, Cátedra, 1976, págs. 11-45.

— *Comedias de capa y espada*, ed. de A. Valbuena Briones, Madrid, Espasa-Calpe, 1962.

Varey, J. E., «*La dama duende*, de Calderón: símbolos y escenografía», en *Calderón: Actas del Congreso internacional sobre Calderón y el teatro español del Siglo de Oro*, ed. de Luciano García Lorenzo, Madrid, Consejo Superior de Investigaciones Científicas, 1983, págs. 165-183.

— «*Casa con dos puertas*: Towards a Definition of Calderón's View of Comedy», *Modern Language Review*, 67 (1972), págs. 83-94.

Vellón Lahoz, Javier, «El proceso de refundición como práctica ideológica: *La dama duende* de Juan José Fernández Guerra», *Cuadernos de Teatro Clásico*, 5 (1990), págs. 99-109.

Vitse, Marc, «Sobre los espacios en *La dama duende:* el cuarto de don Manuel», *Notas y Estudios Filológicos*, 2 (1985), págs. 7-32; rep. en *Cuadernos de Teatro Clásico*, 15 (2001), págs. 141-160.

— «Estudio preliminar», en P. Calderón de la Barca, *La dama duende*, ed. de F. Antonucci, Barcelona, Crítica, 1999, págs. IX-XXVIII.

94

WARDROPPER, Bruce W., «Calderón and Its Serious Sense of Life», en *Hispanic Studies in Honor of Nicholson B. Adams,* ed. de J. E. Keller y K. L. Selig, Chapel Hill, University of North Carolina, 1966, págs. 179-193.

— «La comedia española del siglo de oro», en Elder Olson, *Teoría de la comedia,* Barcelona, Ariel, 1978, págs. 181-242.

WILTROUT, Ann E., «Murder Victim, Redeemer, Ethereal Sprite: Women in Four Plays by Calderon de la Barca», en *Perspectivas de la comedia, II: Ensayos sobre la comedia del Siglo de Oro español, de distintos autores con una nota introductoria,* ed. de Alva V. Ebersole, Valencia, Albatros, 1979, págs. 103-120.

Comedia famosa de
La dama duende[1],
de Pedro Calderón de la Barca

[1] El título de la comedia puede haberse originado en la obra de Tirso de Molina, *Quien calla otorga*, vv. 1080-1083, donde Chinchilla, criado y gracioso, dice: «Que mujer ilustre ha sido / esta nuestra dama duende, / si crédito hemos de dar / al modo con que te escribe» (citado en F. de Armas, *The Invisible Mistress*, pág. 124). La idea de la mujer como duende debe provenir de Baltasar Gracián, quien en *El Criticón*, crisis 6, pone en boca de Quirón, respondiéndole a Andrenio: «Ni falta quien eche la culpa a la mujer, llamándola el duende universal que todo lo revuelve». A. Schizzano Mandel, «La *dama* juega al *duende*», pág. 43, señala que el título «nos revela que donde la *dama* no encuentra camino como mujer, esta deberá ser *duende* para abrir uno» y concluye que semejante título es un anagrama de *amad/la/dama*, afirmación que cobra sentido en el cierre de la comedia.

PERSONAS QUE HABLAN EN ELLA:

DON MANUEL
COSME, gracioso
DOÑA ÁNGELA
ISABEL, criada
RODRIGO, criado
DON LUIS
DON JUAN
DOÑA BEATRIZ
CLARA, criada
CRIADOS

Primera jornada

[C<small>UADRO</small>[2] I]
[E<small>SCENA EXTERIOR EN LAS CALLES DE</small> M<small>ADRID</small>]

(Salen D<small>ON</small> M<small>ANUEL</small> *y* C<small>OSME</small>, *de camino)*[3].

D<small>ON</small> M<small>ANUEL</small>.   Por un hora[4] no llegamos
a tiempo de ver las fiestas
con que Madrid generosa

---

[2] Entendemos por *cuadro* la unidad estructural de la jornada que se caracteriza, como señaló J. Ruano de la Haza, por: 1) quedarse el tablado vacío; 2) cambio de lugar en la acción dramática; 3) lapso temporal en el curso de la misma; 4) nuevo decorado al abrir alguna de las cortinas del fondo; 5) cambio de estrofa. No quiere ello decir que todas esos rasgos tengan que darse a la vez (J. Ruano de la Haza y J. J. Allen, *Los teatros comerciales del siglo* XVII *y la escenificación de la comedia*, Madrid, Castalia, 1994, págs. 291-294).

[3] Quiere decir que los actores visten trajes de color y llevan botas altas, jubón de cuero y espuelas. Recuérdese que, para ciertas clases sociales, el traje de ciudad era habitualmente negro. Como señala J. Varey, «*La dama duende*», pág. 167, así se indica al auditorio «su reciente llegada a Madrid». El arranque de una comedia con amo y criado llegando a Madrid lo utiliza Tirso al menos en *La celosa de sí misma* (Melchor y Ventura llegan de León) y *En Madrid y en una casa* (Gabriel y Majuelo lo hacen de Toledo). Véase A. Zamora Vicente, «De camino, función escénica», en *Homenagem a Joseph M. Piel por ocasiao do seu 85 aniversário*, ed. de Dieter Kremer, Tübingen, Niemeyer, 1988, págs. 639-653.

[4] Valbuena Briones indica en *El alcalde de Zalamea*, v. 1159, que *un hora* es apócope de la *a* en el artículo indeterminado por influencia popular. La práctica es frecuente en Calderón. Basándose en este intercambio, F. de Armas, *The Invisible Mistress*, págs. 148 y 152, señala que el conocimiento que quiere alcanzar Doña Ángela «is one of the temporal world», de modo que el tiempo, que puede determinar el éxito o fracaso de una empresa, podría empujar

	hoy el bautismo celebra
	del primero Baltasar[5].
COSME.	Como esas cosas se aciertan
	o se yerran por un hora[6],
	por una hora[7] que fuera

a los amantes a la tragedia si no se usa bien, pero bien usado el tiempo puede evitar la tragedia impidiendo las acciones irreflexivas o impulsivas. El tiempo se convierte en una amenaza cuando aparecen imprevistamente Cosme y Don Manuel en la segunda jornada. Quizás por la función axial que el tiempo desempeña en la organización de la acción dramática en su teatro y por las reflexiones que sobre el tiempo desarrollan los personajes calderonianos es por lo que Ortega y Gasset calificó a Calderón de «poeta del tiempo» (*Papeles sobre Velázquez y Goya*, Madrid, Revista de Occidente, 1980, pág. 198).

[5] Primer hijo varón de Felipe IV e Isabel de Borbón, Baltasar Carlos nació el 17 de octubre de 1629; fue bautizado el 4 de noviembre en la parroquia de San Juan y fallecería de viruelas el 9 de octubre de 1646. Téngase presente que los nacimientos y matrimonios en la familia real se convertían en momentos de fiesta y espectáculo para los ciudadanos de Madrid y, en ocasiones, de toda la monarquía. La celebración del nacimiento de Baltasar Carlos incluso hizo que en un lugar tan distante físicamente como Lima, las fiestas fueran objeto de una crónica, escrita por Rodrigo de Carvajal y Robles, que se publicaría en 1632. La participación de los mulatos en la celebración ha sido estudiada por José Jouve-Martín, «Identity in Viceregal Lima: A Colonial Reenactment of the Fall of Troy (1631)», *Colonial Latin American Review*, 16, núm. 2 (2007), págs. 179-201. Fácil es de imaginar la grandiosidad de las celebraciones madrileñas por el nacimiento del primogénito del rey y futuro rey. Azar o necesidad, el 7 de abril de 1629 había nacido Juan José de Austria, hijo del rey y de la actriz María Inés Calderón, llamada la Calderona, quien gobernaría provisionalmente junto a su hermanastro Carlos II en 1679.

[6] Los más recientes editores han indicado aquí un punto o un punto y coma; sin embargo, de ese modo resulta una frase incompleta. El *como* con que inicia su parlamento Cosme es una conjunción causal, por lo que explica el sentido de las siguientes frases.

[7] Compárese con el parlamento de Don Álvaro en *El alcalde de Zalamea*, vv. 969-994, que repite anafóricamente «En un día el sol alumbra / y falta; en un día se trueca / un reino todo; en un día...». Así, una hora o un día vienen a representar sintética y comprimidamente el lapso de tiempo necesario y suficiente para que se produzca un cambio brusco de situación. En otras palabras, *todo* puede suceder en una hora o un día. Por el contrario, la subjetividad individual puede modificar esa percepción; así, el infante Don Enrique, en *El médico de su honra*, Madrid, Castalia, 1987, ed. de Don W. Cruickshank, vv. 362-364, afirma: «que hasta un desengaño / cada minuto es un año, / es un siglo cada instante». En esta primera tirada de Cosme empieza a basarse Ter Horst, «The Ruling Temper», pág. 69, para argumentar a favor de la contigüidad entre comedia y tragedia, pero el crítico parece olvidar los versos que siguen a las referencias trágicas para cerrarse en tono obviamente cómico.

3M SelfCheck™ System

Customer name: Cheng, Leanne Li Li

Title: La dama duende / Pedro Caldern de la
Barca ; edicin de Jess Prez Magalln.
ID: 30114016468780
Due: 15-01-18

Total items: 1
08/01/2018 13:30
Overdue: 0

Thank you for using the

antes Píramo[8] a la fuente,
no hallara a su Tisbe muerta   10
y las moras no mancharan[9],
porque dicen los poetas
que con arrope de moras[10]
se escribió aquella tragedia[11];
por un hora que tardara   15
Tarquino, hallara a Lucrecia[12]
recogida, con lo cual
los autores[13] no anduvieran,

---

[8] Los amores de Píramo y Tisbe son narrados por Ovidio en *Metamorfosis*, lib. IV, 51-166. Enamorados a pesar de la oposición familiar, los jóvenes deciden escapar juntos. Tisbe aguarda a Píramo, aparece una leona, huye, pierde el velo y la leona, que viene de cazar, lo tiñe con su sangre. Al llegar Píramo y ver el velo ensangrentado, cree a su amada muerta y se quita la vida. En realidad, Píramo no encuentra a Tisbe muerta sino que la cree muerta. Al regresar esta y encontrar a su amado agonizante, se suicida. Góngora escribió en su «Fábula de Píramo y Tisbe», vv. 353-355: «En esto llegó el tardón, / que la ronda lo detuvo / sobre quitalle el que fue, / aun envainado, verdugo», haciendo alusión clara al retraso, o sea, al factor tiempo en la tragedia. R. ter Horst, «The Ruling Temper», pág. 69, considera que la tragedia de Píramo y Tisbe es «anything but comic», sacando de contexto la alusión, que está concebida como comentario jocoso del criado.

[9] En el lugar del encuentro de los amantes había unos morales; tras la muerte del Píramo, y como último deseo de Tisbe, el fruto del moral pasó de ser blanco a ser rojo intenso o morado oscuro. Góngora escribe en su «Fábula de Píramo y Tisbe», vv. 481-484: «El blanco moral, de cuanto / humor se bebió purpúreo, / sabrosos granates fueron / o testimonio o tributo».

[10] *arrope de moras:* «zumo exprimido de ellas, dicho así por la semejanza con el arrope de vino» *(Aut.).*

[11] Valbuena Briones cree que Calderón alude a la obra de Pedro Rosete, *Píramo y Tisbe*, publicada en la *Parte veinte y nueve de comedias nuevas*, Madrid, 1688, págs. 101-143. Antonucci, sin embargo, opina que Cosme se refiere a la narración de Ovidio, de ahí la mención a «dicen los poetas». Para justificar el plural puede añadirse la ya citada versión burlesca de Góngora, de 1618. La siguiente alusión a la obra de Mira de Amescua refuerza, no obstante, la interpretación de Valbuena.

[12] Posible alusión a *Lucrecia y Tarquino,* tragedia de Rojas Zorrilla. La violación y posterior suicidio de Lucrecia aparece narrada en Tito Livio, *Ab urbe condita,* lib. I, 57-59; Lucio Floro, *Historiae romanae epitome,* lib. I, 7-9; Valerio Máximo, *Dicta et facta memorabilia,* lib. VI, 1; y Ovidio, *Fastos,* lib. II, vv. 685-852.

[13] Habitualmente, los directores de las compañías teatrales de la época; aquí, sin embargo, los poetas o escritores.

sin ser vicarios[14], llevando
a salas de competencias[15]   20
la causa sobre saber
si hizo fuerza o no hizo fuerza[16];
por un hora que pensara
si era bien hecho o no era
echarse Hero de la torre[17],   25
no se echara, es cosa cierta,
con que se hubiera excusado
el doctor Mira de Mescua
de haber dado a los teatros
tan bien escrita comedia[18]   30
y haberla representado
Amarilis[19] tan de veras

---

[14] *vicario:* «juez eclesiástico nombrado para que ejerza sobre sus súbditos la jurisdicción ordinaria» *(Aut.)*.

[15] Bajo *jueces de competencias* se describe en *Autoridades* a los dos ministros del Consejo de Castilla «que nombra el rey cada año para resolver y decidir los puntos de jurisdicción que suelen controvertirse entre algún consejo y el mismo de Castilla».

[16] En otras palabras: si Lucrecia hubiera estado en su habitación encerrada, no habría podido haber violación y nadie se dedicaría a juzgar si tal delito tuvo lugar o no. Antonucci recuerda muy oportunamente las dudas de san Agustín *(La ciudad de Dios,* lib. I, cap. 19) sobre las causas del suicidio de Lucrecia y su relación con el consentimiento o la culpa de la matrona.

[17] Hero, que era sacerdotisa de Afrodita, aguardaba todas las noches con una lámpara encendida a Leandro, que atravesaba a nado el Helesponto para encontrarla. A estos amores aludió Museo y los desarrollaron Virgilio, *Geórgicas,* lib. III, vv. 257-263; Horacio, *Epístolas,* lib. I, 3, vv. 3-5; Ovidio, *Heroidas,* 18 y 19. Garcilaso dedicó el soneto XXIX a tales amores; es el que comienza: «Pasando el mar Leandro el animoso».

[18] Se refiere a la comedia de Mira de Amescua *Hero y Leandro,* que Valbuena supone estrenada en el carnaval de 1629. Según J. Varey, *«La dama duende»,* pág. 168: «Desde el principio, pues, la acción de la obra adquiere cierto matiz literario, de irrealismo, sobre todo en contraste con el hecho histórico y verdadero de las fiestas regias».

[19] Nombre poético de María de Córdoba, primera dama y famosa actriz de la época. Esposa de Andrés de la Vega, *autor* de comedias (o sea, empresario y director teatral), sobre quien puede verse la erudita nota de J. M. Ruano de la Haza en su edición de *El purgatorio de san Patricio,* Liverpool, University of Liverpool Press, 1988, pág. 181.

que, volatín del carnal[20]
—si otros son de la cuaresma—,
sacó más de alguna vez   35
las manos en la cabeza[21];
y, puesto que hemos perdido
por un hora tan gran fiesta,
no por un hora perdamos
la posada, que si llega   40
tarde Abindarráez[22] es ley
que haya de quedarse fuera,
y estoy rabiando por ver
este amigo que te espera
como si fueras galán   45
al uso[23], con cama y mesa,

---

[20] *carnal:* «el tiempo del año que se come carne, en respecto de la cuaresma; y los días cercanos a ella llamamos carnaval, porque nos despedimos della» *(Cov.).* Nadie, sin embargo, ha comprobado que la obra se estrenase en carnaval. Ruano de la Haza ha sugerido que podría tratarse de una errata, debiendo decir *canal,* con lo que Calderón aludiría a uno de los variados recursos que utilizaban los comediantes para ejecutar movimientos por los aires *(La puesta en escena en los teatros comerciales del Siglo de Oro,* Madrid, Castalia, 2000, págs. 248-257) y desde el que habría caído Amarilis al representar *Hero y Leandro.* De ese modo, quedaba en manos del actor establecer con claridad la contraposición paralelística entre *canal* y *cuaresma.*

[21] Al parecer, María de Córdoba se lesionó al descender en el canal desde el corredor al tablado y, probablemente, caer al foso mientras representaba la obra de Mira de Amescua. Obviamente, se refiere al cuadro final de la jornada tercera, donde Hero aparece «en lo alto» y, viendo a Leandro, se precipita en bajar; algo después Silena le comenta a Eliano: «Si visteis / despeñar una mujer, / ¿qué dudáis? El caso dice / que es Hero». Los volatines o saltinbanquis solían ocupar los escenarios durante la cuaresma en sustitución de las representaciones teatrales, prohibidas durante esa parte del año.

[22] A pesar de que el nombre remite inmediatamente a *El Abencerraje,* la novelita anónima del siglo XVI que trata de las relaciones entre Abindarráez, Jarifa y Rodrigo de Narváez, Antonucci recuerda que la expresión «Tarde llegó Abindarráez» era ya de uso corriente en la época, traída de algún romance morisco, por ejemplo del que cita la crítica: «Vives, Jarifa, engañada / si piensas que por él peno, / que para hacer tal entrada / tarde llegó Abindarráez: / tomada está la posada». Calderón reitera ese uso en *No siempre lo peor es cierto* y *Los empeños de un acaso.*

[23] Antonio de Solís escribiría *El amor al uso* (hacia 1640), donde presenta y en cierto sentido satiriza los modos amorosos contemporáneos. Cosme alude a un galán que actúa a la moda y no según un código inalterable.

103

	sin saber cómo o por dónde	
	tan grande dicha nos venga,	
	pues, sin ser los dos torneos,	
	hoy a los dos nos sustenta[24].	50
DON MANUEL.	Don Juan de Toledo es, Cosme,	
	el hombre que más profesa	
	mi amistad, siendo los dos	
	envidia ya que no afrenta	
	de cuantos la antigüedad	55
	por tantos siglos celebra[25].	
	Los dos estudiamos juntos	
	y, pasando de las letras	
	a las armas[26], los dos fuimos	
	camaradas en la guerra;	60
	en las de Piamonte[27], cuando	

---

[24] *sustentar* en el doble sentido de «mantener y dar sustancia» *(Cov.)* y también en el de «defender lo que se dice, hace, propone o afirma» *(Aut.)*, en un torneo, por ejemplo.

[25] Baste recordar, por ejemplo, la amistad de Aquiles y Patroclo, de Orestes y Pílades, de Damón y Pitias o la de los Dioscuros Cástor y Pólux. Más probablemente, Calderón recuerda la novelita del *Curioso impertinente,* donde se habla de Anselmo y Lotario, conocidos como «los dos amigos» en *Don Quijote 1,* caps. 33-35. De Anselmo y Lotario, en *Don Quijote 1,* cap. 33, dice Cervantes que «andaban tan a una sus voluntades, que no había concertado reloj que así lo anduviese». La amistad varonil en relación a Cervantes ha sido estudiada por Juan Bautista Avalle-Arce, «El cuento de los dos amigos», en *Nuevos deslindes cervantinos,* Barcelona, Ariel, 1975, págs. 155-211; Edward Dudley, «Boccaccio and Cervantes: Novella as Novella», *Hispano-Italic Studies,* 1, núm. 3 (1979), págs. 23-40; Debra D. Andrist, «Male versus Female Friendship in *Don Quijote*», *Cervantes. Bulletin of the Cervantes Society of America,* 3, núm. 2 (1983), págs. 149-159.

[26] Don Manuel retoma el tópico de las armas y las letras —«tomando ora la espada, ora la pluma», que dijera Garcilaso, égloga III, v. 40— que tan especial lugar ocupa en Cervantes con el famoso discurso del hidalgo caballero sobre el tema, *Don Quijote 1,* caps. 37-38. También ofreció Cervantes tratamientos paródicos del tópico, como en el entremés de «La guarda cuidadosa» o en algún otro lugar de *Don Quijote.*

[27] Alude a la guerra, iniciada en 1624 por Carlos Manuel I de Saboya, apoyados por la Francia de Richelieu, por tomar el Monferrato, teniendo como disputa estratégica el paso de la Valtelina; tras unos primeros éxitos, las tropas españolas, aliadas con las de Parma, Módena y Toscana, obligaron a firmar el tratado de Monzón (1626), que garantizaba —provisionalmente— el paso

el señor duque de Feria[28]
con la jineta[29] me honró,
le di, Cosme, mi bandera[30];
fue mi alférez[31] y después,   65
sacando de una refriega
una penetrante herida,
le curé en mi cama mesma[32].
La vida, después de Dios,
me debe. Dejo las deudas   70
de menores intereses[33],
que entre nobles es bajeza
referirlas, pues por eso
pintó la docta Academia
al galardón una dama   75
rica y las espaldas vueltas[34],

---

para España desde Génova hasta los Países Bajos. Según F. de Armas, «"Por una hora": tiempo bélico y amoroso en *La dama duende*», pág. 127, esta alusión de Don Manuel «representa una laude por parte de Calderón que así ensalza la política del rey Felipe IV (que acaba de tener heredero) y de su privado, el conde-duque de Olivares».

[28] El duque de Feria, Gómez Suárez de Figueroa (1587-1634), cuarto duque, conocido como el Gran Duque de Feria, fue gobernador del Milanesado en 1618-1626, virrey y capitán general de Cataluña (1629) y gobernador y virrey del Milanesado segunda vez en 1631.

[29] *jineta*, «algunas veces sinifica una lanza corta con una borla por guarnición, junto al hierro dorado, insignia de los capitanes de infantería» *(Cov.)*.

[30] El que Don Manuel, después de recibir la *jineta*, le haya dado su *bandera* a Don Juan —convirtiéndolo así en su *alférez*— es una prueba más que ostensible de la intimidad que existía entre ambos.

[31] *alférez:* «al que encomienda el capitán la bandera» *(Cov.)*.

[32] *mesma:* «misma»; forma etimológica que se conserva a lo largo del XVII.

[33] Se alude aquí a unas deudas que Don Juan tendría pendientes con Don Manuel sobre las que nada más se volverá a decir. W. R. Blue, «Effects of the Baroque», pág. 17, señala que «the play is filled with debts, and not just financial ones, but emotional, ethical, and social debts as well». Ese detalle, según M. R. Greer, «The (Self)Representation», pág. 100, hace suponer que Don Manuel «is in a stronger financial position than Don Juan».

[34] Escribe Juan Bautista Avalle-Arce, en *«Don Quijote» como forma de vida:* «La perfección de la dama es tal que el amante la llega a poner en un pináculo de toda inaccesibilidad, lo que provoca la tristeza y el insomnio que ya hemos visto como el estado casi natural del trovador, de Amadís o de don Quijote. Así y todo, el amante no desesperaba de obtener en algún momento algún tipo de re-

dando a entender que, en haciendo
el beneficio, es discreta
acción olvidarse dél,
que no le hace el que le acuerda.   80
En fin, don Juan, obligado
de amistades y finezas,
viendo que su majestad
con este gobierno[35] premia
mis servicios y que vengo   85
de paso a la corte, intenta
hoy hospedarme en su casa
por pagarme con las mesmas.
Y, aunque a Burgos[36] me escribió
de casa y calle las señas[37],   90
no quise andar preguntando
a caballo dónde era

---

compensa, que en el amor trovadoresco se llamó el *guerredon,* el galardón. Por
desgracia, la naturaleza exacta del *guerredon* se mantenía velada, y podía oscilar
desde una sonrisa hasta algún tipo de intimidad física» (http://www.cervantes-
virtual.com/servlet/SirveObras/56921623170258354261157/p0000006.htm).
La Academia, como bien apunta Antonucci, puede ser alguna de las que existían en el Madrid de la época. Recuérdese la Academia Matritense a la que
Lope de Vega dirigió su *Arte nuevo de hacer comedias.* En cuanto a la imagen
que describe Calderón, ninguna de las mujeres que figuran en la *Iconologia* de
Cesare Ripa aparece vuelta de espaldas. Si se exceptúa la imagen de las tres
Gracias que aparece en los *Emblemas* de Alciato *(Index Emblematicus,* editado
por Peter M. Daly con Virginia W. Callahan; con la ayuda de Simon Cuttler,
Toronto, University of Toronto Press, 1985, 2 vols.) —una de las cuales, la del
centro, se ve desnuda y vuelta de espaldas— tampoco ahí se ve una dama
como la que describe el personaje. Tampoco en los *Emblemas morales* de Covarrubias se ve imagen parecida a la descrita por Calderón.
[35] Puede tratarse de la *jineta* a que aludía antes (v. 63); en este caso, el rey
debe confirmar oficialmente el cargo que le otorgó el duque de Feria. Antonucci, sin embargo, supone que se trata del gobierno efectivo de una ciudad
o, tal vez, de un empleo importante en la administración de la monarquía.
[36] Don Manuel reside, pues, habitualmente en Burgos, capital de Castilla
la Vieja, frente a sus amigos que viven en Madrid, Castilla la Nueva. Eso tal
vez permita explicar por qué él conserva cierta fidelidad a los libros caballe-
rescos.
[37] A diferencia de Tirso, que sitúa con precisión cartográfica los espacios de
sus comedias urbanas, Calderón no proporciona ninguna referencia específi-
ca que permita localizar con precisión la acción.

y así dejé en la posada
las mulas[38] y las maletas.
Yendo hacia donde me dice,   95
vi las galas y libreas,
y, informado de la causa,
quise, aunque de paso, verlas[39].
Llegamos tarde en efeto,
porque...

(Salen DOÑA ÁNGELA *e* ISABEL, *en corto, tapadas)*[40].

---

[38] Bartolomé de Castro, *Análisis y juicio crítico de «La dama duende»*, Córdoba, La Actividad, 1881, pág. 6, afirma que Don Manuel y Cosme llegan a Madrid sobre «mulas andariegas». Sin embargo, la mención a las mulas se refiere a las caballerías en que iba el equipaje. El uso era muy frecuente en la comedia, pues también Ventura, el criado de Don Melchor en *La celosa de sí misma*, dice: «¿Volvemos por las mulas?» (v. 3071).

[39] Aunque el pronombre podría referirse a «galas y libreas», con toda probabilidad se refiere a las «fiestas» mencionadas en el v. 2; además, así se explica y justifica la repetición del verbo *ver*, «vi» «verlas». Si las fiestas por el nacimiento del príncipe marcan la acción de *La dama duende*, en *La viuda valenciana*, ed. de T. Ferrer, Madrid, Castalia, 2001, serán las fiestas de carnaval (vv. 771-772) las que sitúen toda la acción dramática.

[40] *de corto*, o sea, vestidos que dejaban ver los chapines; *tapada,* rostro cubierto con un manto que dejaba ver tan solo un ojo. La costumbre de «taparse», total o parcialmente, fue claro efecto de la influencia morisca que ascendió desde el sur hasta el centro de la península. La pragmática de Felipe IV, dictada en 1639, que prohibía a las mujeres «taparse» so pena de multa, continuaba las anteriores de Felipe II (1590) y Felipe III (1600), y anticipaba las varias de Carlos II. Todo ello prueba evidente de su ineficacia. Véase Asunción Doménech, «Las tapadas», *Historia 16,* 7 (nov. 1976), págs. 121-122; asimismo, J. Deleito y Piñuela, *La mujer, la casa y la moda,* Madrid, Espasa-Calpe, 1966, págs. 63-66. J. Varey, *«La dama duende»,* pág. 174, subraya que el velo con que se cubren «es el equivalente en cuanto a la indumentaria de la metáfora de la oscuridad». A. Schizzano Mandel, «El fantasma de *La dama duende»*, págs. 641-642, señala que el manto que la cubre «tiene una relación de semejanza con el velo, y suele atribuírsele un contenido sexual. El manto encubre e inhibe la sexualidad y llega a representarla por identificación referencial». En Gonzalo de Céspedes y Meneses, *Varia fortuna del soldado Píndaro,* ed. de Arsenio Pacheco, Madrid, Espasa-Calpe, 1975, t. II, pág. 13, cuando el narrador cruza el Prado de Valladolid entre numerosos coches, de uno de estos «una de dos damas tapadas que en él ivan, sacando el braço y mano por debaxo del manto» lo ase por la capa. La dama, que conoce perfectamente al soldado, le confiesa su rendimiento, que su hermosura le ha «robado el sentido» (pág. 15) y la «entrañable fe» (pág. 28) con que le adora.

DOÑA ÁNGELA.   Si, como lo muestra   100
el traje, sois caballero
de obligaciones y prendas[41],
amparad a una mujer[42]
que a valerse de vos llega.
Honor y vida me importa   105
que aquel hidalgo no sepa
quién soy y que no me siga[43].
Estorbad, por vida vuestra,
a una mujer principal
una desdicha, una afrenta,   110
que podrá ser que algún día[44]...
¡Adiós, adiós, que voy muerta!

        (Vase.)

---

[41] Del mismo modo que en la novela picaresca —*Lazarillo* o *Guzmán de Alfarache*— la trayectoria social del personaje se va marcando por medio de sus cambios de vestuario, aquí el ropaje de Don Manuel lo caracteriza como caballero y, en consecuencia, como individuo «de obligaciones y prendas», en la interpretación de Doña Ángela. Según indica A. E. Wiltrout, «Murder Victim», pág. 117, aquí Doña Ángela «intiates her gambit by testing his social masculine ego». En esta primera visión del galán puede considerarse que comienza el enamoramiento de Doña Ángela.

[42] La aparición de una tapada que pide ayuda a un caballero es recurso de enredo que Calderón utiliza, además de en esta comedia, en obras como *Cada uno para sí* o *Mejor está que estaba*. La orden de la caballería andante, según Don Quijote, se instituyó «para defender las doncellas, amparar las viudas y socorrer a los huérfanos y a los menesterosos» *(Don Quijote 1,* cap. 2). Rey Hazas y Sevilla Arroyo, «Introducción», pág. xxxv, llamaron la atención sobre el papel estructural del quijotismo apuntando al papel de Don Manuel, pues no es casualidad que tanto aquí como en el v. 3004 Doña Ángela utilice el verbo *amparar*.

[43] Al incluir «honor y vida» entre las causas que justifican su demanda de ayuda, Doña Ángela dramatiza extremadamente —pero desde una perspectiva cómica— las relaciones con Don Manuel.

[44] Según J. Iturralde, «*La dama duende*», pág. 55: «Esta frase plantea desde el inicio de la obra, y como presentación del personaje, su independencia interna, abierta a toda eventualidad y suceso: qué más libre que una probabilidad y no cerrarse a ella».

COSME.	¿Es dama o es torbellino[45]?
DON MANUEL.	¿Hay tal suceso?
COSME.	¿Qué piensas

COSME.   ¿Es dama o es torbellino[45]?
DON MANUEL.   ¿Hay tal suceso?
COSME.   ¿Qué piensas
hacer?
DON MANUEL.   ¿Eso me[46] preguntas?   115
¿Cómo puede mi nobleza
excusarse de excusar
una desdicha, una afrenta?
Que, según muestra, sin duda
es su marido[47].
COSME.   ¿Y qué intentas?   120
DON MANUEL. Detenerle con alguna
industria. Mas, si con ella
no puedo, será forzoso
el valerme de la fuerza
sin que él entienda la causa[48].   125

---

[45] La pregunta de Cosme sintetiza la imagen de la dama en este comienzo de la obra: agitación, euforia, prisa, misterio, drama. Por otra parte, indica claramente el papel central que en el desencadenamiento y progreso de la acción desempeña la dama.

[46] Pronombre ausente en *P* y que tomamos de *V-Z* y otros testimonios.

[47] Dado el carácter enigmático de la primera aparición de Doña Ángela, Don Manuel va a moverse en un laberinto de especulaciones sobre su identidad y situación. Aquí comienza con una de ellas. En *La viuda valenciana*, vv. 1122-1123, Camilo interroga a Urbán: «¿Casada, o doncella en duda? / ¿Es viuda?». Y en *aparte* llega incluso a preguntarse: «¿Cosa que fuese este agora / algún hombre y no mujer?» (vv. 1134-1135). Como sugiere M. S. Fernández Utrera, «"Juegos de lenguaje"», pág. 15, Don Manuel empieza a tratar de «desenmarañar la red de ilusiones que la protagonista femenina teje». Basándose en este comentario de Don Manuel, J. C. de Miguel, *«La dama duende»*, pág. 243, apunta, quizá desmesuradamente, que «podría percibirse un comportamiento de valentón que tendiese a hacer de su capa un sayo, y quizás confiando en agradecimientos futuros, se acercase a lo libertino».

[48] Al hablar de la fuerza «sin que él entienda la causa», Don Manuel sugiere que va a provocar un desafío sin que haya de hecho ningún motivo real que lo justifique. Ello demuestra que el código del honor (la ley del punto de honor) era, como todos los códigos, manipulable y utilizable según los intereses inmediatos del individuo. Puede verse Claude Chauchadis, *La loi du duel. Le code du point d'honneur dans l'Espagne des XVIe et XVIIe siècles,* Toulouse, Presses Univesitaires du Mirail, 1997.

COSME.   Si industria buscas[49], espera,
                que a mí se me ofrece una.
                Esta carta, que encomienda[50]
                es de un amigo, me valga.

        (Sale DON LUIS *y* RODRIGO, *su criado.)*

DON LUIS.   Yo tengo de conocerla   130
                no más de por el cuidado
                con que de mí se recela[51].
RODRIGO.   Síguela y sabrás quién es.

        (Llega COSME, *y retírase* DON MANUEL.)

COSME.   Señor, aunque con vergüenza
                llego, vuesarced[52] me haga   135
                tan gran merced que me lea
                a quién esta carta dice.
DON LUIS.   No voy agora con flema[53].

        (Detiénele.)

---

[49] En *La viuda valenciana*, vv. 675-704, es Urbán, criado de Leonarda, quien encuentra una primera industria para averiguar el nombre y dirección de Camilo, preguntándole si quiere inscribirse en la cofradía del Santo Jubileo.

[50] O sea, «lo que se encarga» *(Cov.)*.

[51] *recelarse:* «recatarse» *(Cov.)*. F. B. Pedraza Jiménez, *Calderón. Vida y teatro,* pág. 213, supone que Don Luis sospecha que su hermana «se escapa a escondidas de casa para coquetear honestamente con los caballeros que pululan por las calles».

[52] La forma «vuestra merced o vuesa merced» va cobrando, sobre todo en los sectores populares que se representan en la comedia, formas diferentes como *vuesarced, vuesancé, vuecé, vusté* o *ucé,* que Calderón utiliza en sus mojigangas, entremeses y jácaras. Acabaría imponiéndose, como se sabe, la forma *usted,* que Calderón utiliza en esta misma comedia, v. 1565. Puede verse el ya antiguo artículo de José Pla Cárceles, «La evolución del tratamiento "vuestra merced"», *Revista de Filología Española,* X (1923), págs. 245-280 y 402-403, así como Tomás Navarro Tomás, «"Vuesasted", "usted"», *Revista de Filología Española,* X (1923), págs. 310-311.

[53] Según la teoría hipocrática, la flema era, junto a la sangre, la bilis y la atrabilis (o bilis negra) uno de los cuatro humores de que se componía la fisiología humana. La flema, fría y húmeda, se asociaba al invierno, al agua y al cerebro/pulmón. En este contexto equivale a «calma, tiempo».

110

COSME.	Pues, si flema sólo os falta,
	yo tengo cantidad della 140
	y podré partir con vos.
DON LUIS.	Apartad.
DON MANUEL.	(¡Oh, qué derecha
	es la calle! Aún no se pierden
	de vista.)
COSME.	Por vida vuestra...
DON LUIS.	¡Vive Dios que sois pesado, 145
	y os romperé la cabeza
	si mucho me hacéis...!
COSME.	Por eso
	os haré poco.
DON LUIS.	Paciencia
	me falta para sufriros.
	¡Apartad de aquí!

(Rempújale.)

DON MANUEL.	(Ya es fuerza 150
	llegar. Acabe el valor
	lo que empezó la cautela)[54].

(Llega.)

	Caballero, ese criado
	es mío y no sé qué pueda
	haberos hoy ofendido 155
	para que de esa manera
	le atropelléis.
DON LUIS.	No respondo
	a la duda o a la queja
	porque nunca satisfice
	a nadie[55]. Adiós.

---

[54] *cautela:* «el engaño que uno hace a otro ingeniosamente» *(Cov.).*
[55] La respuesta de Don Luis, si justificable por su estado de agitación, no deja de mostrar la arrogancia que le caracteriza y que pone de relieve Don Manuel en su contestación. *satisfacer:* «dar solución a alguna duda o dificultad, o

DON MANUEL.   Si tuviera   160
                necesidad mi valor
                de satisfacciones, crea
                vuestra arrogancia de mí
                que no me fuera sin ella[56].
                Preguntar en qué os ofende   165
                por castigarle si yerra[57]
                merece más cortesía[58]
                y, pues la corte la enseña,
                no la pongáis en mal nombre,
                con que[59] un forastero venga   170
                a enseñarla a los que tienen
                obligación de saberla.
DON LUIS.   Quien pensare que no puedo
                enseñarla yo[60]...

---

sosegar o aquietar alguna queja o sentimiento» *(Aut.)*. En el código del honor,
dar satisfacción supone dar por inexistente el agravio provocado y aceptar la
reconciliación. La postura extrema de rechazo de cualquier modo de satisfacción —en el mundo teatral— la pone de manifiesto el conde Lozano en Gui-
llén de Castro, *Las mocedades del Cid*, ed. de L. García Lorenzo, Madrid, Cátedra, 1984, vv. 625-633: «¿Satisfacción? ¡Ni dalla ni recibilla! / PERANSU-
LES.—¿Por qué no? No digas tal. / ¿Qué duelo en su ley lo escribe? /
CONDE.—El que la da y la recibe, / es muy cierto quedar mal, / porque el uno
pierde honor / y el otro no cobra nada; / el remitir a la espada / los agravios
es mejor»; concluyendo el mismo conde: «Procure siempre acertalla / el
honrado y principal; / pero si la acierta mal, / defendella y no emendalla»
(vv. 662-665).

[56] Así en *P*. El personaje puede estar pensando en *la satisfacción*, sin cuidar-
se del plural anterior.

[57] Verso ausente en *P*; Valbuena Briones lo restauró basándose en el manuscrito *M2*. El verso está en *V-Z* y en *M1*, *M2*.

[58] O *cortesanía*, es decir, «agrado, afabilidad y modo de proceder urbano y
atento» *(Aut.)*. Como la misma palabra indica, proviene de las costumbres de
la corte, hecho que señala Don Manuel en el verso siguiente. Por esa razón,
bajo *corte* Covarrubias incluye *cortesano*: «el que sigue la corte, sirviendo al rey;
y porque se presume que los tales son muy discretos y avisados, llamamos cor-
tesanos a los que tienen bueno y hidalgo término y honrado trato».

[59] *aunque* en *P*; corregimos por *V-Z* y *M1*.

[60] La frase inacabada aquí parece apuntar a que Don Luis va a decir «miente», con lo que la ofensa está lanzada; de ahí que Don Manuel no aguarde en
este caso para desenfundar e iniciar la pelea. En el v. 2784 Don Manuel inte-
rrumpirá a Don Luis para que no mencione la palabra ofensiva, el *mentís*.

DON MANUEL.   La lengua
suspended y hable el acero.   175

(Sacan las espadas.)

DON LUIS.   Decís bien.
COSME.   ¡Oh, quién tuviera
gana de reñir!
RODRIGO.   Sacad
la espada vos.
COSME.   Es doncella
y sin cédula o palabra
no puedo sacarla[61].

(Salen DOÑA BEATRIZ *teniendo a* DON JUAN, *y* CLARA,
criada, y gente.)

DON JUAN.   Suelta,   180
Beatriz.
DOÑA BEATRIZ.   No has de ir.
DON JUAN.   Mira que es
con mi hermano la pendencia[62].
DOÑA BEATRIZ.   ¡Ay de mí, triste!
DON JUAN.   A tu lado
estoy.
DON LUIS.   Don Juan, tente, espera,
que más que a darme valor   185
a hacerme cobarde llegas.
Caballero forastero,

---

[61] Cosme califica a su espada de doncella porque nunca la ha desenvainado; en su calidad de (joven) doncella, no puede sacarla sin cédula o palabra de matrimonio, que era el procedimiento por el que bodas no aceptadas por los padres podían efectuarse. Del mismo modo que Sancho Panza argumentará contra la costumbre de que los escuderos peleen mientras lo hacen sus amos en el episodio del caballero del Bosque *(Don Quijote 2,* cap. 14), Cosme elude ese compromiso con ingenio y sutileza.

[62] La reacción de Don Juan al pensar en ayudar a su hermano apunta a un rasgo típico de las familias nobles, cual era la actuación en grupo para hacer frente a otras casas rivales.

	quien no excusó la pendencia	
	solo, estando acompañado	
	bien se ve que no la deja	190
	de cobarde. Idos con Dios,	
	que no sabe mi nobleza	
	reñir mal[63], y más con quien	
	tanto brío y valor muestra.	
	Idos con Dios.	
DON MANUEL.	Yo os estimo	195
	bizarría y gentileza;	
	pero, si de mí por dicha	
	algún escrúpulo os queda,	
	me hallaréis donde quisiereis.	
DON LUIS.	Norabuena[64].	
DON MANUEL.	Norabuena.	200
DON JUAN.	¡Qué es lo que miro y escucho!	
	¡Don Manuel!	
DON MANUEL.	¡Don Juan!	
DON JUAN.	Suspensa,	
	el alma no determina	
	qué hacer cuando considera	
	un hermano y un amigo[65]	205
	—que es lo mismo— en diferencia	
	tal, y hasta saber la causa	
	dudaré.	

---

[63] Si Don Juan actúa como parte de un clan nobiliario, Don Luis reacciona como quien respeta al pie de la letra el código caballeresco en lo que a la ley del duelo se refiere. Tal código no permitía la superioridad de fuerzas de uno de los contendientes y la presencia de su hermano rompe ese ritual equilibrio, por lo que abandona el combate. En la tercera jornada será Don Manuel quien permitirá puntualmente que Don Luis salga del cuarto para ir por una espada de recambio.

[64] Lo mismo que *enhorabuena*, por aféresis (supresión de algún sonido al comienzo de la palabra); o sea, «que le vaya con bien».

[65] John Stradling, *Epigrammatum libri quatuor* (1605), escribe en su epigrama 129, v. 1: «Ad nobilissimos fratres Penbrochiae et Montgomeriae»: «Dulcis amor fratrum, fratribus frater amicus». Ya se ha señalado que en el relato del *Curioso impertinente (Don Quijote 1,* caps. 33-35) Anselmo y Lotario son llamados *los dos amigos* por antonomasia.

DON LUIS.	La causa es esta:
	volver por ese criado
	este caballero intenta,	210
	que necio[66] me ocasionó
	a hablarle mal. Todo cesa
	con esto.
DON JUAN.	Pues, siendo así,
	cortés[67] me darás licencia
	para que llegue a abrazarle[68].	215
	El noble huésped[69] que espera
	nuestra casa es el señor
	don Manuel. Hermano, llega,
	que dos que han reñido iguales
	desde aquel instante quedan	220
	más amigos, pues ya hicieron
	de su valor experiencia.
	Dadnos[70] los brazos.
DON MANUEL.	Primero
	que a vos os los dé, me lleva
	el valor que he visto en él	225
	a que al servicio me ofrezca
	del señor don Luis[71].
DON LUIS.	Yo soy
	vuestro amigo, y ya me pesa
	de no haberos conocido,
	pues vuestro valor pudiera	230
	haberme informado.

---

[66] Por «imprudente o falto de razón, ignorante, terco y porfiado en lo que hace o dice» *(Aut.)*.

[67] Recuérdese que poco antes Don Manuel había puesto en tela de juicio la cortesía de Don Luis. Su hermano viene a restaurar la imagen de aquel.

[68] Corregimos «abrazarte» en *P* con la lección de *M1* y *M2*.

[69] *huésped:* «en los siglos de oro se utiliza para designar tanto al que hospeda como al hospedado» (Rey Hazas y Sevilla Arroyo).

[70] Corregimos el «Daos» de *P* con la lección de *M1* y *M2*. Don Juan no se dirige a su hermano y su amigo para indicarles que se abracen, sino que él mismo le pide los brazos a Don Manuel.

[71] Nótese que nadie ha mencionado el nombre del hermano de Don Juan, de modo que, salvo que lo supiera antes de que empezara la acción, difícilmente podría saberlo ahora.

DON MANUEL.   El vuestro
                    escarmentado me deja,
                    pues me deja en esta mano
                    una herida[72].

DON LUIS.   ¡Más quisiera
                    tenerla mil veces yo!   235

COSME.   ¡Qué cortesana[73] pendencia!

DON JUAN.   ¿Herida? Vení[74] a curaros.
                    Tú, don Luis, aquí te queda
                    hasta que tome su coche[75]
                    doña Beatriz, que me espera,   240
                    y desta descortesía
                    me disculparás con ella.
                    Venid, señor, a mi casa
                    —mejor dijera a la vuestra—
                    donde os curéis.

DON MANUEL.   Que no es nada.   245

DON JUAN.   Venid presto.

DON MANUEL[76].   (¡Qué tristeza
                    me ha dado que me reciba
                    con sangre Madrid!)[77].

---

[72] *P* dice: «escarmentado me deja / una herida en esta mano», pero así queda el verso siguiente hipométrico. Corregimos según *V-Z, M1* y *M2*.

[73] Ahora es Cosme quien, frente a la descortesía inicial, resalta la mucha cortesía de que hacen gala Don Manuel y Don Luis.

[74] Apócope de *venid,* imperativo de segunda persona formal. Muy frecuente en la literatura aurisecular. Aquí, además, es exigencia de la métrica.

[75] *coche:* «carro cubierto y adornado, de cuatro ruedas, que le tiran caballos o mulas» *(Cov.)*. La propiedad de un coche marca en cierto sentido la categoría social de Doña Beatriz y su familia. Véase el apartado que le dedica a los coches y la manía de usarlos J. Deleito y Piñuela, *La mujer, la casa y la moda,* págs. 251-274. Deleito y Piñuela mencionan un coche fabricado en Madrid en 1642, en tela carmesí bordado en plata, cuyo precio ascendía a 20.000 ducados (pág. 254). A finales del siglo XVII un coche de cuatro plazas costaba alrededor de 11.000 reales, más 3.000 por cada mula de tiro.

[76] Las intervenciones aquí de Don Manuel y Don Luis aparecen marcadas como *Aparte* en *P;* sin embargo, también la de Cosme debe ser tenida como *aparte.*

[77] Ciertos detalles a la llegada a una ciudad funcionan en la subjetividad del personaje como signos premonitorios de mal agüero. Lo mismo le sucede a Rosaura en *La vida es sueño,* donde, tras su caída al comenzar la acción (la fa-

DON LUIS.		(¡Qué pena
	tengo de no haber podido	
	saber qué dama era aquella!)[78]	250
COSME.	(¡Qué bien merecido tiene	
	mi amo lo que se lleva,	
	porque no se meta a ser	
	don Quijote de la legua!)[79].	

(Vanse los tres, y llega DON LUIS *a* DOÑA BEATRIZ, *que está aparte.)*

| DON LUIS. | Ya la tormenta pasó. | 255 |
| | Otra vez, señora, vuelva | |

---

mosa caída que arranca con «Hipogrifo violento / que corriste parejas con el viento...»). En los vv. 17-19 dice la dama: «Mal, Polonia, recibes / a un extranjero, pues con sangre escribes / su entrada en tus arenas». No obstante, a ninguno de los dos personajes se le cumplirán tales premoniciones.

[78] Una de las técnicas que Calderón irá sutilizando a lo largo de los años aparece apuntada aquí, con los tres personajes anunciando en tres *apartes* su reacción ante los primeros incidentes ocurridos. Más adelante, Calderón refinará las intervenciones parciales, paralelas, complementarias y confluyentes de diversos personajes.

[79] Este comentario de Cosme revela la distancia afectiva que lo separa de su amo y que tendrá momentos aún más directos algo más adelante. La expresión *de la legua* se aplicaba a los cómicos que formaban parte de las compañías teatrales itinerantes (en oposición a las compañías de título, que actuaban en la capital y en las grandes ciudades), o sea, a los cómicos ambulantes que representaban en lugares más bien pequeños habilitados provisionalmente para ello siguiendo una trayectoria más o menos prefijada. Así, Cosme lo tiene por un don Quijote degradado, de baja categoría. Es esta una de las numerosas alusiones cervantinas de Calderón en su obra dramática. Puede verse E. M. Wilson, «Calderón y Cervantes», *Hacia Calderón. V Coloquio Anglogermano,* ed. de H. Flasche y R. Pring-Mill, Wiesbaden, F. Steiner, 1982, págs. 9-19; R. ter Horst, *Calderón. The Secular Plays,* especialmente la parte II, «Cervantes, Honor, and *No hay cosa como callar»;* Rosa Ana Escalonilla López, «El paradigma de la caricatura quijotesco-cervantina en el teatro de Calderón», *Epos,* XVIII (2002), págs. 145-161; I. Arellano, «Cervantes y Calderón», en *El escenario cósmico. Estudios sobre la Comedia de Calderón,* Frankfurt, Universidad de Navarra, Iberoamericana, Vervuert, 2006, págs. 123-152. En *La viuda valenciana,* vv. 846-851, dice Otón, enamorado de Leonarda y que se presenta en su casa disfrazado de vendedor de libros: «Aqueste es la *Galatea,* / que si buen libro desea / no tiene más que pedir. / Fue su autor Miguel Cervantes, / que allá en la Naval perdió / una mano, y pierdo yo...».

	a restituir las flores	
	que agora marchita y seca[80]	
	de vuestra hermosura el hielo	
	de un desmayo[81].	
DOÑA BEATRIZ.	¿Dónde queda	260
	don Juan?	
DON LUIS.	Que le perdonéis	
	os pide, porque le llevan	
	forzosas obligaciones	
	y el cuidar con diligencia	
	de la salud de un amigo	265
	que va herido.	
DOÑA BEATRIZ.	¡Ay de mí! ¡Muerta	
	estoy! ¿Es don Juan?	
DON LUIS.	Señora,	
	no es don Juan, que no estuviera,	
	estando herido mi hermano,	
	yo con tan grande paciencia.	270
	No os asustéis, que no es justo	
	que, sin que él la herida tenga,	
	tengamos entre los dos	
	yo el dolor y vos la pena...	
	Digo dolor, el de veros	275
	tan postrada, tan sujeta	
	a un pesar imaginado,	
	que hiere con mayor fuerza.	
DOÑA BEATRIZ.	Señor don Luis, ya sabéis	
	que estimo vuestras finezas,	280
	supuesto que lo merecen	
	por amorosas y vuestras;	
	pero no puedo pagarlas[82],	

---

[80] *V-Z* y *M2* llevan aquí «que robó a la primavera». Es decir: «Vuelva otra vez a restituir las flores de vuestra hermosura que agora marchita y seca el hielo de un desmayo»; sigue en pie el problema lingüístico y semántico de *quién* o *qué* debe *restituir* esas flores.

[81] *desmayo:* «deliquio de ánimo. Es nombre metafórico, tomado de las flores y plantas, que al fin del mes de mayo, con su partida y con la entrada de los calores del mes de junio, se van enjugando, encogiendo y marchitando» *(Cov.).*

[82] *pagar:* «corresponder al afecto, cariño u otro beneficio» *(Aut.).*

que eso han de hacer las estrellas[83],
y no hay de lo que no hacen   285
quien las tome residencia[84].
Si lo que menos se halla
es hoy lo que más se precia
en la corte, agradeced
el desengaño, siquiera   290
por ser cosa que se halla
con dificultad en ella[85].
Quedad con Dios.

(Vase con su criada.)

DON LUIS.   Id con Dios.
No hay acción que me suceda
bien, Rodrigo. Si una dama[86]   295
veo airosa[87] y conocerla

---

[83] En otras palabras, Doña Beatriz considera el amor una cuestión de estrellas, o sea, de hado, de destino. No se elige, sino que se es elegido. De ahí que ella no pueda responder a las finezas de Don Luis, ya que su corazón se alberga en otro lugar, Don Juan. Aquí no hay debate entre influjo del hado y libre albedrío, sino aceptación de que el amor, por venir de las estrellas, *omnia vincit*.

[84] *las tome*: muestra del laísmo calderoniano; *residencia*, o *residenciar*, «la cuenta que da de sí el gobernador, corregidor o administrador, ante juez nombrado para ello» *(Cov.)*; «por extensión se dice de otros cargos que se hacen o cuenta que se pide» *(Aut.)*.

[85] E. Honig, «Flickers of Incest», pág. 75, considera que aquí Doña Beatriz critica «the insincerity of courtly behavior», pero no hay que olvidar que ella está orientando ese comentario hacia el desengaño de Don Luis en cuanto a la posibilidad de que ella lo ame.

[86] Don Luis realiza aquí una recapitulación, desde la óptica subjetiva de su «desgracia», de lo que le ha sucedido hasta el momento. Tal recapitulación esboza brevemente los sucesos desde el comienzo, ayudando obviamente al público a volverse a ubicar en el curso de la acción dramática. Asimismo, esta breve relación está formulada en forma sincrética y extremada. Algunos críticos han visto aquí la demostración de la «constante frustración» (Rey Hazas y Sevilla Arroyo, «Introducción», pág. XXI) del personaje, pero no creo deba infravalorarse su tono quejicoso, que lo marca claramente como figura cómica.

[87] *airosa*: «que tiene garbo, gentileza y brío» *(Aut.)*. Siguiendo a Covarrubias, que define *tener aire* como «tener gracia una cosa», tal vez Don Luis alude a la gracia de la dama tapada, lo cual nos dice algo sobre la conducta —seguramente insinuante y coqueta, pero también dicharachera y de divertida conversación— de Doña Ángela en ese círculo de hombres.

solicito, me detienen
un necio y una pendencia,
que no sé cuál es peor;
si riño y mi hermano llega, 300
es mi enemigo su amigo;
si por disculpa me deja
de una dama, es una dama
que mil pesares me cuesta;
de suerte que una tapada 305
me huye, un necio me atormenta,
un forastero me mata[88]
y un hermano me le lleva
a ser mi huésped a casa,
y otra dama me desprecia[89]. 310
¡De mala anda[90] mi fortuna!

RODRIGO.   ¿Que de todas esas penas,
que sé la que sientes[91] más?

DON LUIS.   No sabes.

RODRIGO.   ¿Que la que llegas
a sentir más son los celos 315
de tu hermano y Beatriz bella?

DON LUIS.   Engáñaste.

RODRIGO.   ¿Pues cuál es?

DON LUIS.   Si tengo de hablar de veras
—de ti sólo me fiara—
lo que más siento es que sea 320
mi hermano tan poco atento[92]

---

[88] *matar:* «algunas veces sinifica importunar con gran instancia e importunidad» *(Cov.)*.

[89] Comenta M. Stroud, «Social-Comic *Anagnorisis*», págs. 101-102: «He is so bound up to this Golden Age version of *machismo* that he can't act on his own if he wants to. He is a pawn of society, a victim of his own nobility and, as such, he is unable to reap the rewards gained by taking risks».

[90] *de mal* en *P;* corregimos según *V-Z, M1* y *M2; andar de mala:* «tener rencor o enemistad con quien antes se tenía amistad». Es obvio que se refiere a que la fortuna —aquí en su sentido más elemental de «suerte»— no le sonríe precisamente.

[91] *siente* en *P;* corregimos por *V-Z, M1* y *M2.*

[92] En el sentido de «comedido y cortés en sus acciones y palabras» *(Aut.).*

que llevar a casa quiera
un hombre mozo[93], teniendo,
Rodrigo, una hermana en ella[94],
viuda[95] y moza y, como sabes,   325
tan de secreto que apenas
sabe el sol que vive en casa[96],
porque Beatriz, por ser deuda[97],
solamente la visita.

RODRIGO.   Ya sé que su esposo[98] era   330
administrador en puertos

---

[93] *Mozo* aquí equivalente de «la edad juvenil» *(Cov.)*, lo mismo que más abajo Doña Ángela es *viuda y moza*. Julia, la criada de Leonarda, describe así a Camilo en *La viuda valenciana*, vv. 1238-1242: «¡Un mozo hidalgo y galán, / un mancebo varonil, / no como otros mujeriles, / con quien fuera el mismo Aquiles / ahora cobarde y vil!».

[94] En *P* dice «una hermana bella», pero es error evidente que corregimos siguiendo *V-Z*, *M1* y *M2*.

[95] Covarrubias escribe: «Sin embargo de que las leyes ansí de derecho común como las de estos reinos vedasen que las viudas no se pudiesen volver a casar dentro del año, el rey don Enrique el tercero, por ocasión de una gran pestilencia que vino desde la Galia Narbonense a España, de la cual murieron muchos hombres, dio licencia que las viudas dentro del dicho tiempo pudiesen volver a casarse». También Leonarda, en *La viuda valenciana*, v. 47, es descrita por Julia como «tan bella moza».

[96] Escribía Madame d'Aulnoy en 1690, *La cour et la ville de Madrid vers la fin du XVIIe siècle. Mémoires de la cour d'Espagne*, ed. de Mme. B. Carey, Paris, E. Plon et Cie., 1876, t. I, pág. 120: «J'ai appris qu'elles passent la première année de leur deuil dans une chambre toute tendue de noir, où l'on ne voit pas un seul rayon de soleil; elles sont assises les jambes en croix sur un petit matelas de toile de Hollande. Quand cette année est finie, elles se retirent dans une chambre tendue de gris. Elles ne peuvent avoir ni tableaux, ni miroirs, ni cabinets, ni belles tables, ni aucuns meubles d'argent. Elles n'osent porter de pierreries, et moins encore de couleurs. Quelque modestes qu'elles soient, il faut qu'elles vivent si retirées, qu'il semble que leur âme est déjà dans l'autre monde. Cette grande contrainte est cause que plusieurs dames qui sont très-riches, et particulièrement en beaux meubles, se remarient pour avoir le plaisir de s'en servir». Semíramis, en *La hija del aire 2*, vv. 845-852, afirma: «La viudez que no he guardado / hasta aquí para asistiros / guardaré desde hoy; y, así, / el más culto retiro / de este palacio será / desde hoy sepulcro mío, /adonde la luz del sol / no entrará por un resquicio».

[97] *deuda*: «la parienta» *(Cov.)*.

[98] Aunque muy poco espacio y atención se le dedica al que fuera esposo de Doña Ángela, si hubiera algún paralelismo entre *La dama duende* y *La viuda valenciana*, se podría suponer que el difunto se llamaba tal vez Manuel, como

---

de mar[99] de unas reales rentas
y quedó debiendo[100] al rey
grande cantidad de hacienda[101];
y ella a la corte se vino   335
de secreto, donde intenta,
escondida y retirada[102],
componer mejor sus deudas.
Y esto disculpa a tu hermano,
pues, si mejor consideras   340
que su estado no le da
ni permisión ni licencia
de que nadie la visite
y que, aunque su huésped sea
don Manuel, no ha de saber   345
que en casa, señor, se encierra
tal mujer, ¿qué inconveniente
hay en admitirle en ella?
Y más habiendo tenido
tal recato y advertencia   350
que para su cuarto ha dado

---

el galán que llama ahora la atención de la viuda. En efecto, cuando Leonarda averigua el nombre del joven que la ha impresionado, comenta: «¿Que al fin Camilo se llama? / ¿Eso más tiene del muerto?» (vv. 719-720).

[99] La voz *puerto* se define así en *Autoridades*: «Lugares que están al confín del reino, y no son puertos de mar, donde están establecidas las aduanas para cobrar los derechos de los géneros que entran de fuera [...] Llámanse puertos secos a distinción de los que están a la lengua del agua, que suelen llamar puertos mojados».

[100] A diferencia de lo que le ha ocurrido a Doña Ángela, el proyecto de Doña Bernarda en *Por el sótano y el torno,* de Tirso, es que su hermana case con un *perulero* viejo para, con su muerte previsible, «quedar moza, hermosa y rica, / y de su vejez absuelta» (vv. 1001-1002).

[101] La experiencia del difunto esposo de Doña Ángela deja constancia de la malversación y tal vez corrupción de los administradores de las rentas reales. Antonucci recuerda el refrán «Administradorcillos, comer en plata y morir en grillos». En este caso, además, dejando pobre y endeudada a su viuda. Algún crítico se ha aventurado a considerar que el esposo difunto era «a much older man» (A. E. Wiltrout, «Murder Woman», pág. 116), pero nada se dice en la obra que permita tal conjetura.

[102] Esta descripción de Rodrigo pone el acento en el carácter voluntario de la mudanza de Doña Ángela e incluso de su encierro y aislamiento.

por otra calle la puerta,
y la que salía a la casa,
por desmentir la sospecha
de que el cuidado la había 355
cerrado o porque pudiera
con facilidad abrirse
otra vez, fabricó en ella
una alacena de vidrios
labrada de tal manera 360
que parece que jamás
en tal parte ha habido puerta[103].

DON LUIS.   ¿Ves con lo que me aseguras?
Pues con eso mismo intentas
darme muerte, pues ya dices 365
que no ha puesto por defensa
de su honor[104] más que unos vidrios
que al primer golpe se quiebran[105].

---

[103] La alacena, que funcionaba como una puerta (que se podía cubrir con una cortina cuando la acción pasaba a otro espacio) ocupaba uno de los laterales del «vestuario». Así descrito, el cuarto de Don Manuel —que no es una sola habitación— da, por un lado, a la calle (sin que sea la salida principal) y, por el otro, al interior de la casa, pero esta parte es la que está cerrada con una alacena adornada con objetos de vidrio. Por ejemplo, en Madrid, en la calle de Carretas, Don Duarte le pregunta a la posadera: «¿no hay dos alcobas / dentro de mi sala?» (Tirso de Molina, Por el sótano y el torno, ed. de A. Zamora Vicente, Madrid, Castalia, 1994, vv. 268-269). Obviamente, el cuarto de Doña Ángela no puede estar justo al lado del de Don Manuel. La posición de la alacena y del cuarto de Don Manuel funcionan como un elemento central en el enredo de la comedia. C. Bobes Naves, «Cómo está construida La dama duende», pág. 71, llama la atención sobre la pluralidad de funciones de los objetos como tema específico de la estética barroca.

[104] En La viuda valenciana, vv. 209-212, Lucencio le dice a su sobrina Leonarda: «¿Adónde te esconderás / de la invidia y vulgo vil, / aunque en un año / y en mil / no salgas de donde estás?».

[105] Circulaban diversos refranes que relacionaban la honra con el vidrio: «El vidrio y la honra del hombre no tienen más que un golpe», o «La honra y la mujer son como el vidrio, que al primer golpe se quiebran». Lope de Vega había asociado ambos elementos al final de la segunda jornada de Peribáñez y el comendador de Ocaña, donde dice el campesino en un aparte, vv. 2083-2085: «¡Ay, honra, al cuidado ingrata! / Si eres vidrio, al mejor vidrio / cualquiera golpe le basta»; y Tirso se aproxima a esa formulación, sustituyendo el honor

(Vanse y salen Doña Ángela *y* Isabel.)

[Cuadro II]
[Escena en el interior
del cuarto de Doña Ángela][106]

Doña Ángela.　　Vuélveme a dar, Isabel,
　　　　　　　　esas tocas[107], ¡pena esquiva![108],　　　　370

---

por la *voluntad* amorosa, en *La celosa de sí misma,* donde Doña Magdalena exclama: «¡Y quién tuviera / fe en voluntades de vidrio / que al primer golpe se quiebran» (vv. 3432-3444). Calderón usa la comparación sustituyendo el honor por la *dicha* en *También hay duelo en las damas,* jornada primera, donde dice Don Félix: «que no es prudente / quien no merece una dicha, / si a todas horas no teme / que como alhaja de vidrio / entre las manos se quiebre». Escribe Erasmo en *La viuda cristiana:* «Tesoro cuantioso es el buen nombre, pero más quebradizo que el vidrio. No hay cosa que se empañe con mayor facilidad ni que con mayor dificultad recobre la tersura» (citado por T. Ferrer en *La viuda valenciana,* pág. 223, n. 197).

[106] Aunque podría tratarse de un espacio común en la casa de Don Juan, el que sea ahí donde se vuelve a poner las tocas indica que debe ser más bien el cuarto de Doña Ángela; esa ubicación queda confirmada en los vv. 530-531, cuando le responde a Don Luis: «Desde esta mañana no / ha entrado aquí».

[107] *tocas:* «adorno para cubrir la cabeza que se forma de velillo u otra tela delgada» *(Aut.).* El vestido de las viudas era muy semejante al de las dueñas y, por tanto, al de las monjas. Escribe J. Deleito y Piñuela, *La mujer, la moda y la casa,* págs. 165-166: «Las viudas, dueñas o damas que habían hecho especial oferta religiosa, usaban las llamadas sayas *monjiles* de escapulario. Era un severo traje negro de lana, alto y cerrado, que cubría garganta y cabeza, rematándole blancas tocas, ocultadoras en absoluto del cabello». Doña Bernarda, en *Por el sótano y el torno,* vv. 1187-1196, quiere comprar nuevas tocas en Madrid porque en Guadalajara «nunca saben distinguir / una viuda de una dueña», (vv. 1195-1196). Recuérdese el retrato de Mariana de Austria tras la muerte de Felipe IV, obra de Juan Carreño de Miranda, de 1669, que se halla en el Museo del Prado, y donde ostenta unas tocas como las que menciona Doña Ángela. Puede compararse con el retrato que le hizo Velázquez en 1652, vestida con elegancia y riqueza, para entender ese sentimiento, esencial en la acción dramática, de vivir amortajada, o sea, como *muerta.*

[108] Aquí, «cruel, áspera».

124

	vuelve a amortajarme viva[109]	
	ya que mi suerte cruel	
	lo quiere así.	
ISABEL.	Toma presto,	
	porque, si tu hermano viene	
	y alguna sospecha tiene,	375
	no la confirme con esto	
	de hallarte de la[110] manera	
	que hoy en palacio te vio.	
DOÑA ÁNGELA.	¡Válgame el cielo! Que yo	
	entre dos paredes muera[111],	380
	donde apenas el sol[112] sabe	
	quién soy, pues la pena mía	
	en el término del día	
	ni se contiene ni cabe;	
	donde inconstante la luna[113],	385

---

[109] La idea de «amortajarme viva», como dice aquí Doña Ángela, de ser «un vivo cadáver» (*La vida es sueño*, v. 94), de quejarse del lugar «donde sepultada vivo» (*La hija del aire 1*, v. 37) o de afirmar «vivo cadáver soy» (*El purgatorio de san Patricio*, v. 20), se relaciona en todos los casos con la ausencia de identidad (en su dimensión esencialmente social) del personaje. En este caso, la viudez comporta un encierro que la priva de todo contacto y vida social, es decir, le niega la identidad que pudo tener antes.

[110] En *P* es «desta», pero corregimos siguiendo *V-Z, M1* y *M2*.

[111] Algunos críticos (F. de Armas, *The Invisible Mistress*, pág. 139) han señalado parentescos entre estas exclamaciones de Doña Ángela y los lamentos iniciales de Segismundo en *La vida es sueño*, pero no hay que olvidar que aquí estamos en el mundo de la comedia. J. Varey, *«La dama duende»*, pág. 172, señala que «la acción de ponerse de nuevo las tocas desmiente lo que dice; ni es cárcel segura, ni ella prisionera voluntaria».

[112] Doña Ángela utiliza la misma expresión que había usado su hermano Don Luis en v. 327. La contraposición *sol-luna* señala poéticamente el contraste luz-oscuridad que, como indicaba J. Varey, *«La dama duende»*, pág. 174, marca toda la obra. Más adelante, ese contraste se manifestará con velas o con otras formas de iluminación que tratarán de romper la oscuridad (real o fingida).

[113] La inconstancia o mudabilidad de la luna es un tópico antiguo; en *Romeo and Juliet*, acto II, escena 2, Julieta le dice a Romeo: «O, swear not by the moon, the inconstant moon, / That monthly changes in her circled orb, / Lest that thy love prove likewise variable»; Giordano Bruno escribiría un soneto titulado «Luna inconstante, luna varia». El emblema 34 de la centuria II, de Sebastián de Covarrubias, *Emblemas morales*, ed. e introd. de Carmen Bravo-Villasante, Madrid, Fundación Universitaria Española, 1978, comienza: «El mar

que aprende influjos de mí,
no puede decir: «Ya vi
que lloraba su fortuna»[114];
donde en efeto encerrada[115]
sin libertad he vivido   390
porque enviudé de un marido,
con dos hermanos casada[116];
¡y luego delito sea,
sin que toque en liviandad,
depuesta la autoridad[117],   395
ir donde tapada vea

---

insano y la inconstante luna / jamás tienen un ser y constancia; / con ellas
hace tercio la Fortuna, / más que las dos mudable por esencia». La idea aparece en *El príncipe constante,* donde Muley compara, en la jornada segunda, la fortuna con la luna: «pero mi esperanza es vana, / pues no puede alguna vez /
mejorarse mi fortuna, / mudable más que la luna».

[114] Si en la cuarteta anterior era el sol el que no podía saber nada de ella a
causa de su encierro, ahora es la luna, que pese a su inconstancia podría ver en
la experiencia de Doña Ángela ejemplos de cambios cíclicos, la que tampoco
puede verla por la misma razón.

[115] Encerrar a la mujer —sea hermana o hija— es actitud que adoptan otros
personajes masculinos, como Don Félix, en *Casa con dos puertas mala es de guardar* con su hermana Marcela, o Pedro Crespo en *El alcalde de Zalamea* con su
hija Isabel. Como escribe Valbuena Briones, «Introducción», pág. 25: «La pre-
vención de un futuro posible facilita el fluir de las pasiones humanas en vez
de contenerlas. Calderón postuló que no se puede huir del destino y que la
única forma para salir victorioso es enfrentándose con él».

[116] *casar* aquí es utilizado de modo metafórico, para aludir a las ataduras
que conlleva la convivencia con sus dos hermanos, que han venido a sustituir
las que tenía anteriormente con su esposo. Rey Hazas y Sevilla Arroyo, «Introducción», pág. XXXIV, ven que el verso «no significa otra cosa que una en-
fatización del carácter total y absoluto de su encierro». I. Arellano, *«La dama
duende»,* pág. 130, matiza que «es una metáfora para indicar que está aún más
limitada en su libertad que cuando tenía marido», porque no puede decirse
que no tiene ninguna libertad quien puede salir tapada sin ningún problema.
Algunos críticos, como Honig o Stroud, han creído ver en esta expresión la in-
sinuación de una relación incestuosa. Aunque situado su comentario en otro
lugar de la comedia, Valbuena Briones, en *Comedias de capa y espada,* t. II,
pág. 53, sugería que la confusión de identidades dama/hermana «puede interpretarse como tema del incesto reprimido».

[117] O sea, *tapada* y, por tanto, ocultos los signos de una posición social de
evidente autoridad.

un teatro en quien la fama[118]
para su aplauso inmortal
con acentos de metal
a voces de bronce llama! 400
¡Suerte injusta! ¡Dura estrella![119].

ISABEL.　　Señora, no tiene duda
de que, mirándote viuda,
tan moza, bizarra y bella,
tus hermanos cuidadosos 405
te celen, porque este estado
es el más ocasionado
a delitos amorosos[120].
Y más en la corte hoy[121],
donde se han dado en usar 410

---

[118] Fama era la mensajera de Mercurio. Se la representaba iconográficamente como una doncella con alas de águila, situada sobre las nubes y tocando una trompeta, a veces doble. Asimilada a la Voz pública en la cultura romana, Virgilio la hace en la *Eneida* hija de Tierra, hermana de Ceo y Encélado. En la época de Calderón su uso y aparición es algo más formal e intrascendente. El teatro al que se refiere Doña Ángela es la plaza del Alcázar o palacio real en la época. Según anota Valbuena Briones, junto a la plaza «se hallaba un palenque en el que se hacían representaciones, bailes y otras funciones de intención festiva, y que eran famosas en la villa y en el país». Es ahí donde la *tapada* había sido vista por Don Luis en compañía de varios caballeros y ahí es donde sin duda tuvieron lugar algunas de las celebraciones por el nacimiento del primogénito a que se aludía en los primeros versos.

[119] Como otros personajes femeninos de Calderón, Doña Ángela se lamenta de su condición sometida y de su posición como viuda en la sociedad de su tiempo, quejándose de que encima se censuren los únicos mecanismos para escapar puntual y parcialmente de dicha condición. Recuérdese el parlamento de Margarita, princesa de Bearne, en *Basta callar*, vv. 23-62.

[120] Las posibilidades de comunicación con el otro sexo no eran semejantes entre casadas y viudas y las doncellas casaderas. Las viudas, además, no tenían los mismos obstáculos que las casadas. Así, eran las viudas las que, en cierto sentido, más libertad sexual tenían. De ahí que se las llame un poco más abajo «viuditas de azahar». Su vestidura monjil ocultaba un cuerpo lleno de vitalidad y deseo. Por otra parte, teniendo presente la conducta de Leonarda en *La viuda valenciana*, esta visión cobraba pleno sentido.

[121] A. de Kuehne, «Los planos de la realidad aparente», pág. 41, considera que aquí Isabel apunta a «la inmoralidad de la corte de Felipe IV».

127

unas viuditas de azahar[122],
que al cielo mil gracias doy
cuando en las calles las veo
tan honestas, tan fruncidas[123],
tan beatas y aturdidas[124],
y en quedándose en manteo[125]
es el mirarlas contento,
pues sin toca y devoción[126]
saltan más a cualquier son[127]

---

[122] Según Valbuena Briones, con ese nombre se conocía «a las cortesanas perfumadas con las que se podía tener un encuentro placentero». Nótese el juego dilógico entre *azahar* (perfume) y *azar* (acaso). Fray Antonio de Guevara había escrito en su *Relox de príncipes,* en *Obras completas,* ed. de E. Blanco, Madrid, Biblioteca Castro, 1991, t. II, pág. 820: «¡Oh quán enojoso! ¡Oh quán peligroso es el estado de las biudas!: en que si una biuda sale de su casa, la juzgan por deshonesta; si no quiere salir de casa, piérdesele su hazienda; si se ríe un poco, nótanla de liviana; si nunca se ríe, dizen que es ypócrita [...] si anda mal vestida, nótanla de estremada; si tiene la ropa limpia, dicen que se cansa ya de ser biuda; si es esquiva, nótanla de presumptuosa; si es conversable, luego la sospechan en casa; finalmente digo que las desdichadas biudas hallan a mil que juzguen sus vidas y no hallan a uno que remedie sus penas». A ese tipo de viudas se refiere Doña Jusepa en *Por el sótano y el torno,* vv. 1265-1268: «Es viuda de aquestos días: / bien sospechas y bien dices, / que aquestas sobrepellices / son tapa-bellaquerías».

[123] *fruncidas:* «traslaticiamente, significa mentir u oscurecer la verdad quitándola las palabras que la habían de hacer patente» *(Aut.).* Subraya el carácter hipócrita de tales viuditas. La conducta doble de estos personajes se pone de relieve en los versos que siguen.

[124] *aturdidas:* «llaman también a los virtuosos sin resolución» *(Aut.).*

[125] *manteo:* «cierta ropa interior, de bayeta o paño, que traen las mujeres de la cintura abajo, ajustada y solapada por delante» *(Aut.).*

[126] Aquí se expresa directa (devoción) y metafóricamente (tocas) la doblez de las viudas.

[127] *bailar a cualquier son:* «frase metafórica que vale moverse fácilmente de cualquier afecto o pasión» *(Aut.).* Al sustituir *bailar* por *saltar* se otorga a su movimiento mayor violencia y agitación. Muy oportunamente, Rey Hazas y Sevilla Arroyo, «Introducción», pág. xxxi, traen a colación un par de estrofas de Quevedo satirizando la conducta licenciosa e hipócrita de las viudas: «Y que la viuda enlutada / les jure a todos por cierto / que de miedo de su muerto / siempre duerme acompañada ...», o «Hay viuda que, por sus pies, / suele hacer con bizarría / más cabalgadas un día / que los moros en un mes; / no son tocas las que ves, / que, aunque traerlas profesa, / son manteles de una mesa / que a nadie el manjar resiste. / *Lindo chiste*».

que una pelota de viento[128].   420
Y este discurso doblado[129]
para otro tiempo, señora,
¿cómo no habemos[130] agora
en el forastero hablado[131]
a quien tu honor encargaste   425
y tu galán hoy hiciste?

DOÑA ÁNGELA.   Parece que me leíste
el alma en eso que hablaste.
Cuidadosa me ha tenido
no por él, sino por mí,   430
porque después, cuando oí
de las cuchilladas ruido,
me puse —mas son quimeras—,
Isabel, a imaginar
que él había de tomar   435
mi disgusto tan de veras[132]
que había de sacar la espada
en mi defensa[133]. Yo fui
necia en empeñarle así;
mas una mujer turbada   440
¿qué mira o qué considera?

ISABEL.   Yo no sé si lo estorbó,
mas sé que no nos siguió
tu hermano más.

DOÑA ÁNGELA.   Oye, espera.

---

[128] *pelota de viento:* «la bola de cuero que se deja hueca y con una vejiga, y se carga de aire dentro, y sirve también para el juego» *(Aut.).* Góngora la llamaría «breve esfera de viento» en *Soledades,* soledad segunda, v. 923.

[129] *doblado:* «interrumpido hasta otro momento».

[130] *habemos:* forma antigua por «hemos».

[131] *hablar en algo* por «hablar sobre algo, hablar de algo».

[132] Este comentario revela que las palabras tan serias y apremiantes que la tapada le había dicho a Don Manuel para reclamarle su ayuda no eran, al menos parcialmente, sino burlas.

[133] Como sugiere Valbuena Briones, «Introducción», pág. 25, «El deseo de salir de la postrada situación en que la coloca su viudez aviva su pensamiento con la figura de un Amadís, un caballero valeroso que venga a salvarla de su angustia».

(Sale Don Luis.)

Don Luis.	¡Ángela!	
Doña Ángela.	Hermano y señor,	445
	turbado y confuso[134] vienes.	
	¿Qué ha sucedido, qué tienes?	
Don Luis.	Harto tengo, tengo honor[135].	
Doña Ángela[136].	(¡Ay de mí! Sin duda es	
	que don Luis me conoció.)	450
Don Luis.	Y así siento mucho yo	
	que se estime en poco[137].	
Doña Ángela.	Pues	
	¿has tenido algún disgusto?	
Don Luis.	Lo peor es, cuando vengo	
	a verte, el disgusto tengo	455
	que tuve, Ángela.	
Isabel.	(¿Otro susto?)	
Doña Ángela.	Pues yo ¿en qué te puedo dar,	
	hermano, disgusto? Advierte...	
Don Luis.	Tú eres la causa, y el verte...	
Doña Ángela.	(¡Ay de mí!)	
Don Luis.	...Ángela, estimar	460
	tan poco de nuestro hermano...	
Doña Ángela.	(¡Eso sí!)	

---

[134] *confuso:* «el que no se sabe dar a entender, mezclando una razón con otra, sin tener distinción» *(Cov.);* «turbado, temeroso y en cierto modo atónito, admirado y pasmado» *(Aut.).*

[135] Esta es frase que en los personajes calderonianos suele justificar decisiones de gran trascendencia. Piénsese, por ejemplo, en Doña Mencía, en *El médico de su honra,* cuando afirma en v. 573: «tuve amor y tengo honor». Aquí, sin embargo, acentúa las suposiciones erróneas y acentúa los malentendidos y equívocos, expresados en los *apartes* de Doña Ángela. J. Varey, *«La dama duende»,* pag. 172, señala que el diálogo entrecortado «refleja el estado inquieto de su ánimo», pero también va estableciendo un contraste muy cómico entre el tipo de preocupaciones de la dama y las de su hermano.

[136] En *P* solo esta primera reacción de Doña Ángela está indicada como *Aparte,* pero es obvio que hay otras intervenciones de la dama que tienen que ser *apartes.*

[137] Se refiere, obviamente, al honor.

DON LUIS.   ...pues cuando vienes
                            con los disgustos que tienes
                            cuidados te dé. No en vano
                            el enojo que tenía   465
                            con el huésped me pagó[138],
                            pues, sin conocerle yo,
                            hoy le he herido[139] en profecía[140].
DOÑA ÁNGELA.   Pues ¿cómo fue?
DON LUIS.   Entré en la plaza[141]
                            de palacio, hermana, a pie   470
                            hasta el palenque[142], porque
                            toda la desembaraza
                            de coches y caballeros
                            la guarda[143]. A un corro me fui
                            de amigos, adonde vi   475
                            que alegres y lisonjeros
                            los tenía una tapada,
                            a quien todos celebraron
                            lo que dijo y alabaron

---

[138] Esa es la palabra que lleva *P* y otros documentos; Antonucci corrige a *pasó* siguiendo la lectura de *V-Z*, asegurando que con *pagó* la frase no tiene sentido. Si *pagar* equivale a «satisfacer», lo que dice Don Luis es que su enojo se ha visto satisfecho con la herida que le ha causado a Don Manuel. Y eso tiene pleno sentido.

[139] En *P* es «le herido», error evidente que no comete *V-Z*.

[140] Es decir, le he herido como anticipando que se trataba de él, proféticamente. Para E. Honig, estos comentarios sobre Don Manuel, como los anteriores sobre Don Juan, revelan que Don Luis «unconsciously views both of them as rivals for Angela's favors» («Flickers of Incest», pág. 76).

[141] En ocasión anterior Don Luis había recapitulado los sucesos que le habían acaecido hasta ese momento; ahora, en esta relación, cuenta lo que ha pasado con la tapada. La plaza de palacio debía ser la que se encontraba frente a la fachada del antiguo alcázar de Madrid —destruido por un incendio en 1734— y que fue reformada a comienzos del XVII por Juan Gómez de Mora.

[142] *palenque*: «estacada que se pone para cercar el campo donde ha de haber alguna lid o torneo» *(Cov.)*; tal vez, relacionado con el camino de tablas que conducía hasta el tablado de las comedias, aluda a un escenario instalado en la plaza.

[143] Probablemente, la guarda del rey, «los que ciñen su persona cuando sale en público, y en su palacio están en la antecámara» *(Cov.)*.

131

de entendida y sazonada[144].   480
Desde el punto que llegué
otra palabra no habló,
tanto que a alguno obligó
a preguntarla[145] por qué
porque yo llegaba había   485
con tanto estremo callado.
Todo me puso en cuidado;
miré si la conocía
y no pude, porque ella
se puso más en taparse,   490
en esconderse y guardarse.
Viendo que no pude vella[146],
seguilla determiné.
Ella siempre atrás volvía
a ver si yo la seguía,   495
cuyo gran cuidado fue
espuela de mi cuidado.
Yendo desta suerte, pues,
llegó un hidalgo[147], que es

---

[144] *sazonada:* «cosa que está ya en su punto y madurez» *(Cov.).* Valbuena Briones cree que vale por «que utilizaba dichos agudos y palabras chistosas». En *La viuda valenciana,* v. 184, el tío de Leonarda, Lucencio, menciona el «tan buen entendimiento» de su sobrina. J. C. de Miguel, *«La dama duende»,* pág. 233, señala en esta descripción un «comportamiento de coqueteo con los hombres circundantes», pero las palabras de Don Luis más bien parecen poner de relieve la inteligencia y saber decir de la dama. Lo cual coincidiría más con ese «proceso de relación interpersonal que tiende a la dignificación y humanización de su vida» (pág. 233) que señala el mismo crítico.

[145] Clara manifestación del *laísmo* calderoniano, que se repite en otras ocasiones.

[146] Asimilación y palatalización del grupo *rl* en el infinitivo con objeto directo enclítico. Es fenómeno frecuentísimo en la lengua de la época y en esta misma comedia, donde coexiste con la forma no asimilada. Nótese la paronomasia *viendo-vella,* que anticipa la que se dará entre Doña Ángela e Isabel en vv. 564-567.

[147] Que Cosme Catiboratos sea hidalgo parece ser una suposición más que improbable de Don Luis, aunque no es caso excepcional en el teatro de Calderón el que se tilde de hidalgo a un criado gracioso. Antonucci cita el ejemplo de *Dicha y desdicha del nombre,* donde así se llama a Tristán. Puede compararse con Juan Paulín, en *El purgatorio de san Patricio,* vv. 2304-2305, donde, al ser interpelado como «caballero», se dice en un aparte: «A este nombre no respondo. / No habla conmigo».

	de nuestro huésped criado,	500
	a decir que le leyese	
	una carta. Respondí	
	que iba de priesa[148] y creí	
	que detenerme quisiese	
	con este intento, porque	505
	la mujer le habló al pasar;	
	y tanto dio en porfiar	
	que le dije no sé qué.	
	Llegó en aquella ocasión	
	en defensa del criado	510
	nuestro huésped, muy soldado;	
	sacamos, en conclusión,	
	las espadas. Todo es esto,	
	pero más pudiera ser[149].	
DOÑA ÁNGELA.	¡Miren la mala mujer	515
	en qué ocasión te había puesto!	
	¡Que hay mujeres tramoyeras![150].	
	Pondré[151] que no conocía	
	quién eras y que lo hacía	
	solo porque la siguieras.	520
	Por eso estoy harta yo	

---

[148] Forma arcaica de *prisa*, que coexiste con esta en la comedia.

[149] Apostilla enigmática que ni clarifica lo pasado ni anticipa nada.

[150] *tramoya:* «metafóricamente vale enredo hecho con ardid y maña o apariencia de bondad» *(Aut.).* J. Varey, «*La dama duende*», pág. 172, escribe: «Ella misma, pues, va a demostrarse ser la *mujer tramoyera,* haciendo uso de la tramoya, que es la puerta falsa de la alacena». El calificativo, pues, alude muy directamente a la propia Doña Ángela, de ahí el tono irónico con que dice estos versos. Puede verse Rosa Navarro, «La dama tramoyera», *Calderón entre veras y burlas. Actas de las II y III Jornadas de Teatro Clásico de la Universidad de La Rioja,* coord. por Julián Tomás Bravo Vega y Francisco Domínguez Matito, Logroño, Universidad de La Rioja, 2000, págs. 189-204. C. Larson, «*La dama duende* and the Shifting Characterization of Calderón's Diabolical Angel», en *The Perception of Women in Spanish Theater of the Golden Age,* ed. de Anita K. Stoll y Dawn L. Smith, Lewisburg, Bucknell University Press, 1991, pág. 36, sostiene que «Calderón's choice of the word *tramoyera* indicates that Doña Angela understands well the stagecraft needed to pull off the theatrical illusions of her own dramas with the male characters».

[151] *poner:* «apostar» *(Cov.);* es término que proviene del juego.

	de decir, si bien te acuerdas,	
	que mires que no te pierdas	
	por mujercillas[152], que no	
	saben más que aventurar	525
	los hombres[153].	
DON LUIS.	¿En qué has pasado	
	la tarde?	
DOÑA ÁNGELA.	En casa me he estado	
	entretenida en llorar[154].	
DON LUIS.	¿Hate nuestro hermano visto?	
DOÑA ÁNGELA.	Desde esta mañana no	530
	ha entrado aquí.	
DON LUIS.	¡Qué mal yo	
	estos descuidos resisto!	
DOÑA ÁNGELA.	Pues deja los sentimientos,	
	que al fin sufrirle es mejor,	
	que es nuestro hermano mayor	535
	y comemos de alimentos[155].	
DON LUIS.	Si tú estás tan consolada,	
	yo también, que yo por ti	

---

[152] *mujercilla:* «la mujer de poca estimación y porte. Tómase regularmente por la que se ha echado al mundo» *(Aut.)*.

[153] Comenta C. Bobes Naves, «Cómo está construida *La dama duende*», pág. 77: «Doña Ángela advierte que por cuidar el honor de las mujeres, por pasarse incluso en el celo por el honor de la familia, puede perderse Don Luis; el mensaje y la ironía se producen ante el regocijo del público».

[154] Lo irónico anterior se convierte aquí, en esta más que evidente mentira a los ojos del público, en sarcasmo puro, realzado por el posible sentido de *entretenerse* como «divertirse»: «Me he divertido llorando». Como apunta Kuehne, «Los planos de la realidad aparente», pág. 42, esa mentira cuadra con lo aconsejado por Luis Vives en *De institutione feminae christianae*, donde escribe: «Indicio es de ánimo desvergonzado no llorar al marido muerto». Mujica, *Calderón's Characters*, pág. 95, afirma que «her hypocrisy is conscious, calculated, and defiant, totally unhindered by moral remorse». En el contexto de la comedia, sin embargo, sus mentiras se ven teñidas de comicidad y tienden a generar la simpatía del público.

[155] *alimentos:* «Mándanse dar alimentos a los hijos cuando el mayor se ha llevado toda la hacienda por razón de ser mayorazgo» *(Cov.)*. Don Luis no tiene recursos y Doña Ángela, al quedar viuda y endeudada, tampoco; puesto que Don Juan es el mayorazgo de la familia, es él quien mantiene a sus hermanos. Así, a la patria potestad se le añade el poder económico que ejerce sobre sus hermanos. En *La viuda valenciana*, v. 84, Leonarda afirma que «a nadie he menester»; y luego su tío aclara que le han quedado «tres mil ducados de renta» (v. 202).

	lo sentía; y, porque así	
	veas no dárseme nada,	540
	a verle voy, y aun con él	
	haré una galantería[156].	

(Vase.)

Isabel.	¿Qué dirás, señora mía,	
	después del susto cruel,	
	de lo que en casa nos pasa?	545
	Pues el que hoy ha defendido	
	tu vida, huésped y herido	
	le tienes dentro de casa[157].	
Doña Ángela.	Yo, Isabel, lo sospeché	
	cuando de mi hermano oí	550
	la pendencia y cuando vi	
	que el herido el huésped fue.	
	Pero aún bien no lo he creído,	
	porque cosa estraña fuera[158]	
	que un hombre a Madrid viniera	555
	y hallase recién venido	
	una dama que rogase	
	que su vida defendiese,	
	un hermano que le hiriese	
	y otro que le aposentase[159].	560

---

[156] O sea, tener con él un gesto cortés. Sin duda debe estar pensando en el obsequio de su espada que le hará a Don Manuel —amigo de su hermano, no propio— un poco más adelante.

[157] Lisandro, uno de los aspirantes a la mano de Leonarda en *La viuda valenciana,* comenta: «Que tiene esta viuda / galán en casa encerrado. / Que este no acudir a ver / ninguna cosa de fuera, / si en casa no le tuviera, / ¿cómo se pudiera hacer?» (vv. 1711-1716). Siguiendo esa lógica los tres aspirantes creerán que es el criado Urbán el favorecido.

[158] Otra recapitulación sintética de lo acaecido hasta ahora.

[159] *aposentar:* «dar aposento al que va de paso o en la corte al criado o ministro del rey o embajador» *(Cov.).* Valbuena Briones, en su edición de esta obra incluida en las *Comedias de capa y espada,* Madrid, Espasa-Calpe, 1962, t. II, pág. 22, sugiere en nota que «se alude al hechizo de Madrid. Los personajes de la época veían su ciudad como la sede de los sucesos más fantásticos y prodigiosos». Y así sucede notablemente, por ejemplo, en *Por el sótano y el torno,* de Tirso.

	Fuera notable suceso y, aunque todo puede ser, no lo tengo de creer sin vello.	
ISABEL.	Y, si para eso te dispones, yo bien sé por dónde verle[160] podrás, y aun más que velle.	565
DOÑA ÁNGELA.	Tú estás loca. ¿Cómo, si se ve de mi cuarto tan distante el suyo?	
ISABEL.	Parte hay por donde este cuarto corresponde al otro[161]. Esto no te espante.	570
DOÑA ÁNGELA.	No porque verlo deseo, sino solo por saber[162], dime, ¿cómo puede ser?, que lo escucho y no lo creo.	575
ISABEL.	¿No has oído que labró en la puerta una alacena tu hermano?	
DOÑA ÁNGELA.	Ya lo que ordena tu ingenio he entendido yo. Dirás que, pues es de tabla,	580

---

[160] Nótese cómo Isabel juega —usando un sema *ver* que «adquiere un carácter pícaramente anfibológico» (J. C. de Miguel, *«La dama duende»*, pág. 234)— con el *vello* (el notable suceso) para convertirlo en *verle-velle* (a Don Manuel).

[161] Al decir esto, Isabel no se refiere a la habitación de Doña Ángela, sino al espacio que ocupa la familia en relación al que ocupa el huésped.

[162] El matiz que introduce esta frase, y que parece una búsqueda de auto-justificaciones, muestra ya el interés que la dama siente por ese forastero que es huésped de su propio hermano. Esa curiosidad, que es afán de saber y conocer una parte del mundo que ha invadido su casa y que está vinculada desde el comienzo al problema de identidad de la viuda encerrada en la prisión de su casa, es la que va a desencadenar toda la intriga.

	algún agujero hagamos[163]	
	por donde al huésped veamos.	
ISABEL.	Más que eso mi ingenio entabla[164].	
DOÑA ÁNGELA.	Di.	
ISABEL.	Por cerrar y encubrir	585

la puerta que se tenía
y que a este jardín salía[165]
y poder volverla a abrir,
hizo tu hermano poner
portátil una alacena.   590
Esta, aunque de vidrios llena,
se puede muy bien mover.
Yo lo sé bien, porque cuando
la alacena aderecé
la escalera la arrimé   595
y ella se fue desclavando
poco a poco, de manera
que todo junto cayó
y dimos en tierra yo,
alacena y escalera,   600
de suerte que en falso agora
la tal alacena está

---

[163] La idea del agujero para ver al galán puede ser un guiño a Tirso, *Por el só-tano y el torno*. Como la casa de las damas y la posada de los galanes compar-ten una cueva —o sótano— Santarén le cuenta a su amo el recurso para ha-blar con la dama: «Un tabique nos aparta: / si el ánimo le agujera / y un tina-jón arrimando / nuestra industria lo remedia, / habrá comunicación / nocturna, sótana duenda / cada noche, y mamaranla / la viuda, el torno y las rejas [...] cascote echamos en tierra / hasta abrir un boquerón / por donde se-guro puedas / ser Píramo soterrado / de una Tisbe comadreja» (vv. 2715-2722 y 2742-2746); y ahí es donde Doña Jusepa puede hablar con Don Duarte (ver Antonucci, «Prólogo», pág. XXXVIII).

[164] En efecto, es el ingenio de la criada el que va a proporcionar a la dama los instrumentos fundamentales para que ponga en marcha su traza, tramoya o intriga.

[165] Así, la zona reservada a Don Manuel y que ha sido cerrada con la ala-cena tiene salida a un jardín, prueba evidente de que no hay comunicación di-recta entre las habitaciones de Doña Ángela y el huésped, pues el cuarto de esta se encontraba en el primer piso desde el que se ve el dicho jardín o patio interior de la casa.

	y, apartándose, podrá	
	cualquiera pasar, señora[166].	
DOÑA ÁNGELA.	Esto no es determinar,	605
	sino prevenir primero[167].	
	Ves aquí[168], Isabel, que quiero	
	a esotro cuarto pasar;	
	he quitado la alacena,	
	¿por allá no se podrá	610
	quitar también?	
ISABEL.	Claro está,	
	y para hacerla más buena[169]	
	en falso se han de poner	
	dos clavos, para advertir	
	que solo la sepa abrir	615
	el que lo llega a saber.	
DOÑA ÁNGELA.	Al criado que viniere	
	por luz y por ropa[170] di	
	que vuelva a avisarte a ti	
	si acaso el huésped saliere	620
	de casa, que, según creo,	
	no le obligará la herida	
	a hacer cama.	
ISABEL.	Y, por tu vida,	
	¿irás?	

---

[166] Con toda probabilidad la alacena se ha instalado encajada en el marco de la puerta, lo que hace posible desplazarla desde ambos lados, o sea, desde el jardín al que sale o desde el cuarto de Don Manuel. Fijándola con unos clavos hará muy difícil que el huésped o su criado perciban la movilidad de la alacena.

[167] La dama sigue dando a entender que todo lo que tiene es curiosidad, por eso le interesa averiguar cómo funciona la alacena, porque todavía no se ha decidido —determinado— a hacer nada con toda esa información.

[168] En este caso, «supón, imagina». Véase Marc Vitse, «Sobre los espacios en *La dama duende:* el cuarto de don Manuel», *Notas y estudios filológicos,* II (1985), págs. 7-32.

[169] Debe recordarse que, según ha dicho la misma Isabel, la alacena ha quedado en falso. Así, desde el cuarto de Don Manuel se la podría desplazar y descubrir adónde da. Para hacer que solo pueda desplazarla quien esté sobre aviso, Isabel sugiere poner dos clavos «en falso», o sea, que se puedan quitar con facilidad pero que, mientras tanto, mantengan inmóvil la alacena.

[170] Es decir, el criado que vaya a llevar (o traer) luz y ropa.

DOÑA ÁNGELA.	Un necio deseo
	tengo de saber si es él[171]	625
	el que mi vida guardó,
	porque si le cuesto yo
	sangre y cuidado, Isabel,
	es bien mirar por su herida,
	si es que, segura del[172] miedo	630
	de ser conocida[173], puedo
	ser con él agradecida.
	Vamos, que tengo de ver
	la alacena, y si pasar
	puedo al cuarto he de cuidar,	635
	sin que él lo llegue a entender,
	desde aquí de su regalo[174].
ISABEL.	Notable cuento[175] será;
	mas ¿si lo cuenta?
DOÑA ÁNGELA.	No hará,
	que hombre que su[176] esfuerzo igualo	640
	a su gala y discreción[177]

---

[171] Necio deseo, sin duda, porque no parece que fuera en efecto Don Manuel quien la *guardó*, o sea, quien la protegió de su propio hermano, como este le ha explicado. Según escribe F. de Armas, *The Invisible Mistress*, pág. 151: «Knowledge is all she seeks, a knowledge that amuses her, but a forbidden knowledge reminiscent of the knowledge made available to Eve through the serpent».

[172] *De* en *P*; corregimos siguiendo *M1* y *M2*.

[173] Leonarda, en *La viuda valenciana*, vv. 759-760, confía en su criada Julia y su criado Urbán: «En vuestra lengua y secreto / está mi opinión y fama».

[174] *regalo*: «trato real» *(Cov.)*; «conveniencia, comodidad o descanso que se procura en orden a la persona» *(Aut.)*. En *Varia fortuna del soldado Píndaro* la dama le entrega a Píndaro regalos valiosos, incluido un agnus con diamantes; Leonarda le ofrece a Camilo en *La viuda valenciana* joyas «en valor / de dos mil ducados» (vv. 1419-1420); al final se conforman con intercambiar anillos.

[175] *cuento*: «relación o noticia de alguna cosa sucedida. Y por extensión se llaman también así las fábulas o consejas que se suelen contar a los niños para divertirlos» *(Aut.)*. En el verso siguiente Isabel juega paronomásicamente con *cuento-cuenta*.

[176] Así en *P*; *M1* y *M2* lo convierten en *cuyo*, y así lo han aceptado algunos editores, pero no parece necesaria la corrección por ninguna razón de peso.

[177] Comp. con la reacción de Urbán en *La viuda valenciana*, vv. 731-741: «no vi / jamás, por vida de Urbán, / hombre más bello y galán / desde el día en que nací. / ¡Qué rostro, qué compostura! / ¡Qué barba tan aseada! / ¡Qué mano tan regalada! / Pareciome nieve pura. / ¡Qué cuerpo, qué pierna y pie! / ¡Qué [afable], qué discreción! / ¡Qué lindo dar de doblón!».

—puesto que de todo ha hecho
noble experiencia en[178] mi pecho
en la primera ocasión:
de valiente en lo restado[179],   645
de galán en lo lucido,
en el modo de entendido—
no me ha de causar cuidado
que diga suceso igual,
que fuera notable mengua   650
que echara una mala lengua[180]
tan buenas partes a mal[181].

(Vanse.)

[CUADRO III]
[ESCENA EN EL CUARTO DE DON MANUEL]

(Salen DON JUAN, DON MANUEL y un criado con luz.)

DON JUAN.   ¡Acostaos, por mi vida![182].
DON MANUEL.   Es tan poca la herida
                    que antes, don Juan, sospecho   655
                    que parece melindre[183] el haber hecho
                    caso ninguno della.

---

[178] Esta preposición no aparece en *V-Z* ni en *M1, M2*; sin embargo, no hay ninguna razón para prescindir de ella. Antonucci supone que el sujeto es *mi pecho*, pero puede ser *el hombre* quien ha hecho noble experiencia en el pecho de la dama.

[179] *restado* lo mismo que *arrestado*, de *arrestarse*: «determinarse, resolverse y entrarse con arrojo a alguna acción ardua o empresa de grande contingencia y riesgo» *(Aut.)*.

[180] En el sentido de *irse de lengua*: «hablar demasiado en perjuicio de tercero» *(Cov.)*.

[181] *echar a mal*: «echar a perder».

[182] *por vida mía* en *P*; corregimos según *V-Z*, *M1* y *M2* para hacer el verso heptasílabo que rima con el siguiente.

[183] *melindre*: «un género de frutilla de sartén hecha con miel; comida delicada y tenida por golosina. De allí vino a sinificar este nombre el regalo con que suelen hablar algunas damas» *(Cov.)*; «afectada y demasiada delicadeza en las acciones o en el modo» *(Aut.)*. El *melindre* era, en el teatro aurisecular, más propio de las damas; de ahí que Lope escribiera *Los melindres de Belisa* o Calderón hiciera una melindrosa a Doña Beatriz en *No hay burlas con el amor*.

DON JUAN.	Harta ventura ha sido de mi estrella,
	que no me consolara
	jamás si este contento me costara	660
	el pesar de teneros
	en mi casa indispuesto y el de veros
	herido por la mano,
	si bien no ha sido culpa, de mi
	[hermano.
DON MANUEL.	Él es buen caballero	665
	y me tiene envidioso de su acero,
	de su estilo admirado,
	y he de ser muy su amigo y su
	[criado[184].

(Sale DON LUIS y un criado con un azafate cubierto, y en él un aderezo de espada)[185].

DON LUIS.	Yo, señor, lo soy vuestro,
	como en la pena que recibo muestro,	670
	ofreciéndoos mi vida;
	y porque el instrumento de la herida
	en mi poder no quede,
	pues ya agradarme ni servirme puede,
	bien como aquel criado	675
	que a su señor algún disgusto ha
	[dado,
	hoy de mí le despido[186].

---

[184] *criado*, en el sentido de «el que sirve» *(Cov.)*, aunque aquí no a cambio de alimentos.
[185] *azafate*: «un género de canastillo extendido de que usan las damas para que las criadas les traigan los tocados, lienzos o camisas» *(Cov.)*; *aderezo de espada*: «el conjunto o aparato de algunas cosas o piezas que concurren a algún uso u ornato» *(Aut.)*, en este caso el formado por la espada con su vaina y guarnición o fiado, aunque nada se dice de sus detalles ornamentales.
[186] La entrega de la espada ha sido interpretada así por E. Honig, «Flickers of Incest», pág. 80: «the free surrender of his weapon smacks of an admission that he is yielding up his potency and his libidinous designs on Angela to a rival. He appears thereby to be transferring incestuous blame to "this miscreant sword"».

                    Esta es, señor, la espada que os ha
                                              [herido:
                    a vuestras plantas viene
                    a pediros perdón, si culpa tiene;   680
                    tome vuestra querella[187]
                    con ella en mí venganza de mí y
                                              [della.

DON MANUEL.   Sois valiente y discreto.
                    En todo me vencéis[188]. La espada
                                              [aceto
                    porque siempre a mi lado   685
                    me enseñe a ser valiente. Confiado
                    desde hoy vivir procuro
                    porque ¿de quién no vivirá seguro
                    quien vuestro acero ciñe generoso?[189],
                    que él solo me tuviera temeroso.   690

DON JUAN.   Pues don Luis me ha enseñado
                    a lo que estoy por huésped obligado,
                    otro regalo quiero
                    que recibáis de mí[190].

DON MANUEL.   ¡Qué tarde espero
                    pagar tantos favores!   695
                    Los dos os competís en darme
                                              [honores.

(Sale COSME *cargado de maletas y cojines)*[191].

---

    [187] *querella;* «lo que llamamos queja» *(Cov.).*
    [188] Comentario que solo puede interpretarse como de fingida humildad o
falsa modestia.
    [189] *acero:* sinécdoque por *espada; generoso:* «excelente, y que excede a lo co-
mún de la especie» *(Aut.).* Antonucci ve aquí una hipálage, es decir, el adjetivo *generoso* no se refiere al *acero,* sino a su dueño, es decir, a Don Luis.
    [190] Sin embargo, Don Juan nunca llegará a ofrecer su regalo ni siquiera a
mencionar de qué se trata.
    [191] *cojines:* «se llama también otro género diferente de almohada, más an-
cho de abajo que de arriba, de cuero, paño u otra tela, lleno de lana, pluma o
borra, y regularmente acolchado, que se pone sobre las sillas para ir más aco-
modadamente a caballo» *(Aut.).* En *Don Quijote 1,* cap. 23, el hidalgo encuentra en Sierra Morena «un cojín y una maleta asida a él».

COSME.	Docientos[192] mil demonios[193]
	de su furia infernal den testimonios,
	volviéndose inclementes
	docientas mil serpientes 700
	que asiéndome de un vuelo
	den conmigo de patas en el cielo[194],
	del mandato oprimidos
	de Dios, por justos juicios
	[compelidos,
	si vivir no quisiera sin injurias 705
	en Galicia o Asturias[195]
	antes que en esta corte.
DON MANUEL.	Reporta.
COSME.	El reportorio se reporte[196].
DON JUAN.	¿Qué dices?
COSME.	Lo que digo,
	que es traidor quien da paso a su
	[enemigo. 710
DON LUIS.	¿Qué enemigo? Detente.

---

[192] Forma algo arcaizante por «doscientos».

[193] Esta alusión a los demonios —en el contexto de este largo y retorcido juramento— es el primer indicio que muestra la supersticiosa credulidad de Cosme.

[194] Nótese que la especie de maldición que lanza Cosme pidiendo que, si no quisiera vivir antes en Galicia o Asturias que en Madrid, los demonios y serpientes lo pongan en el cielo, es una falsa maldición, frecuente en la literatura cómica (Antonucci, págs. 32 y 218).

[195] La mención de Asturias y Galicia, regiones atrasadas en la época, refuerza la caracterización del gracioso como ser de escasa cultura y muy proclive a las creencias supersticiosas. Es gallega la expresión: «Eu non creo nas meigas, pero habelas haina», refiriéndose a las brujas.

[196] Si su amo le pide que se controle, el gracioso juega con la palabra *reportarse*, «controlarse, refrenarse», y pide que sea el *reportorio*, aquí «texto dramático de la pieza utilizado por los actores», o sea, el texto de Calderón, el que se controle, en una clara alusión metateatral muy propia de los graciosos. El mismo tipo de juego en *Céfalo y Pocris*, ed. de Alberto Navarro, Salamanca, Almar, 1979, jornada tercera: «—LESBIA: Mira... —POCRIS: Miren los mirones. / —CLORI: Tente. —POCRIS: Tengan los tenientes. / —NISE: Oye. —POCRIS: Oigan los oidores» (pág. 84).

COSME.   El agua de una fuente y otra fuente[197].
DON MANUEL. ¿De aqueso te inquietas?
COSME.   Venía de cojines y maletas
              por la calle cargado   715
              y en una zanja de una fuente he
                                              [dado,
              y así lo traigo todo
              —como dice el refrán— puesto de
                                              [lodo[198].
              ¿Quién esto en casa mete?
DON MANUEL. Vete de aquí, que estás borracho[199].
                                              [Vete. 720
COSME.   Si borracho estuviera,
              menos mi enojo con el agua fuera.
              Cuando en un libro leo de mil
                                              [fuentes
              que vuelven varias cosas sus
                                              [corrientes[200],

---

[197] Cosme ha calificado de *traidor* a quien abre fuentes, es decir, a quien facilita el paso y distribución del agua. Como se señalará un poco más adelante, el gracioso es bastante aficionado al vino, por lo que el agua en todas sus formas y presentaciones aparece como el enemigo. La asociación agua-vino (en la que el gracioso se inclina por el segundo) aparece bien desarrollada en Catalinón, el criado de Don Juan, en *El burlador de Sevilla,* vv. 524-537.

[198] El desarrollo del programa urbanístico de construcción de fuentes públicas —que se inicia con Felipe III, sigue con Felipe IV y Carlos II para enlazar con Felipe V— acarreaba riesgos como el que señala Cosme (y que aparece en otras obras como *No hay cosa como callar).* Puede aludir a varios refranes, como «Cávame en polvo y víname en lodo, darte he vino hermoso», «Yo me era polvo, vino agua y me hizo lodo» o «Deja la fuente por el arroyo, pensarás traer agua y traerás lodo»; *ponerse de lodo* podía también significar «ofender a alguien, denigrar, manchar la reputación de alguien», aunque aquí parece usar la expresión en su sentido literal.

[199] El criado de Leonarda, en *La viuda valenciana,* también es amigo de la bebida y a escondidas traga a ritmo acelerado: «Pues esta va por mi ama, / y esta, Camilo, por vos; / esta, Julia, por los dos, / que bien bebe quien bien ama» (vv. 1482-1486).

[200] Cosme alude a Ovidio, *Metamorfosis,* lib. XV, vv. 307-341. Ovidio menciona diversos cursos o masas de agua que presentan características llamativas y diferenciales, de ahí que Cosme hiperbólicamente hable de *mil fuentes.* Entre otras cosas, escribe Ovidio: «Clitorio quicumque sitim de fonte levavit, / vina

144

	no me espanto si aquí ver determino 725
	que nace el agua a convertirse en
	[vino.
Don Manuel.	Si él empieza, en un año
	no acabará.
Don Juan.	Él tiene humor[201] estraño.
Don Luis.	Solo de ti querría
	saber... Si sabes leer, como este día 730
	en el libro citado
	muestras, ¿por qué pediste tan pesado
	que una carta leyese? ¿Qué, te
	[apartas?[202].
Cosme.	Porque sé leer en libros y no en
	[cartas[203].
Don Luis.	Está bien respondido. 735
Don Manuel.	Que no hagáis caso dél por Dios os
	[pido.
	Ya le iréis conociendo
	y sabréis que es burlón.
Cosme.	Hacer pretendo
	de mis burlas alarde.
	Para alguna os convido.
Don Manuel.	Pues no es tarde, 740
	porque me importa, hoy quiero
	hacer una visita.

---

fugit gaudetque meris abstemius undis, / seu vis est in aqua calido contraria vino, / sive, quod indigenae memorant, Amythaone natus. / Proetidas attonitas postquam per carmen et herbas / eripuit furiis, purgamina mentis in illas / misit aquas, odiumque meri permansit in undis, / huic fluit effectu dispar Lyncestius amnis, / quem quicumque parum moderato gutture traxit, / haut aliter titubat, quam si mera vina bibisset» (vv. 322-331). J. Varey, «*La dama duende*», pág. 173, señala que en el Madrid por el que se mueve Cosme, al igual que en las *Metamorfosis* ovidianas, «nada es lo que parece ser, comentario a la vez sobre la acción de la pieza».

[201] *humor:* «genio, índole, condición o natural» *(Aut.).*

[202] Indicación verbal de lo que debía ser la gestualidad del gracioso, alejándose prudentemente de Don Luis por pura precaución.

[203] Antonucci alude a la diferente legibilidad entre impresos y manuscritos en la época, lo cual haría plausible la respuesta del gracioso. O sea que Cosme se refiere a la escritura a mano que lleva el sobre.

DON JUAN.   Yo os espero
            para cenar.
DON MANUEL.   Tú, Cosme, esas maletas
            mojadas desa suerte no las metas[204];
            abre y saca la ropa.
COSME.   Enfado es harto.   745
DON JUAN.   Si quisieres cerrar, esta es del cuarto
            la llave. Que, aunque tengo
            llave maestra[205] por si acaso vengo
            tarde, más que las dos otra no tiene,
            ni otra puerta tampoco[206]. Así
                                    [conviene,   750
            y en el cuarto la deja, y cada día[207]
            vendrán a aderezarle.

(Vanse y queda COSME.)

COSME.   Hacienda mía,
            ven acá, que yo quiero
            visitarte primero
            porque ver determino   755
            cuánto habemos sisado en el camino;
            que, como en las posadas
            no se hilan las cuentas tan delgadas
            como en casa, que vive en sus porfías
            la cuenta y la razón por lacerías[208],   760

---

[204] En *P* se lee: «Tú, Cosme, esas maletas / abre y saca la ropa; no las metas», sin la apostilla de Cosme. Corregimos según *M1* y *M2*.

[205] El encargado de la llave, al menos en este momento, va a ser Cosme. Más adelante Don Manuel será quien la tenga para abrir la puerta de su cuarto. En cuanto a la llave maestra, es instrumento que ayuda al desarrollo del enredo. Las afirmaciones falsas de Don Juan son asimismo elementos que sirven para complicar la intriga, ya que Don Manuel aceptará tales afirmaciones como buenas.

[206] Como se ve, Don Juan no tiene el menor reparo en mentirle abiertamente a su mejor amigo, aunque en el contexto de una acción cómica.

[207] Antonucci corrige *P* y convierte este verso en «que en el cuarto la dejes: cada día», siguiendo a *M2*. Sin embargo, *P* nos parece tener pleno sentido.

[208] La palabra, el mal de san Lázaro, equivale a «miseria, pobreza»; sin embargo, en este caso vale por «detalles sin importancia, menudencias».

<pre>
                    hay mayor aparejo del provecho
                    para meter la mano, no en mi
                                        [pecho²⁰⁹,
                    sino en la bolsa ajena.
</pre>

(Abre una maleta y saca un bolsón.)

<pre>
                    Topé la propia: buena está y rebuena
                    pues aquesta jornada   765
                    subió doncella y se apeó preñada²¹⁰.
                    Contallo quiero... Es tiempo
                                        [perdido²¹¹
                    porque yo ¿qué borregos he vendido
                    a mi señor para que mire y vea
                    si está cabal? Lo que ello fuere sea.   770
                    Su maleta es aquesta;
                    ropa quiero sacar por si se acuesta
                    tan presto, que él mandó que hiciese
                                        [esto.
                    Mas ¿porque él lo mandó se ha de
                                        [hacer presto?
                    Por haberlo él mandado   775
                    antes no lo he de hacer, que soy
                                        [criado²¹².
                    Salirme un rato es justo
                    a rezar a una ermita²¹³. ¿Tendrás gusto
</pre>

---

²⁰⁹ *meter la mano en el pecho:* «reflexionar sobre las propias acciones»; Cosme ha metido la mano en la bolsa de su amo, de ahí la bolsa *preñada* de que habla después.

²¹⁰ Al comienzo Cosme habla de su espada como *doncella;* ahora es el bolsón el que es objeto de la misma metaforización: eso le permite indicar claramente cómo ha engordado gracias a sus sisas.

²¹¹ Para que el verso sea endecasílabo se impone una fuerte dialefa entre *quiero* y *es.* En *M1* se lee: «Es tiempo mal perdido».

²¹² En afirmaciones como esta se han basado las imágenes generalizadoras sobre los criados graciosos del teatro barroco, a pesar de la multitud de ellos que son fieles y buenos servidores de sus amos.

²¹³ La asociación de la taberna con lugares de culto es frecuente en el lenguaje de los graciosos. Chato, en *La hija del aire 1,* vv. 378-381, se confiesa: «A un sacerdote oí / del dios Baco el otro día, / que sus sacerdotes son / con

desto, Cosme? Tendré. Pues,
                    [Cosme, vamos,
que antes son nuestros gustos que
                    [los amos.   780

(Vase.)
*(Por una alacena[214] que estará hecha con anaqueles y vidrios
en ella, quitándose con goznes como que se desencaja, salen
DOÑA ÁNGELA[215] e ISABEL.)*

ISABEL.	Que está el cuarto solo dijo
	Rodrigo[216], porque el tal huésped
	y tus hermanos se fueron.
DOÑA ÁNGELA.	Por esto pude atreverme
	a hacer solo esta experiencia[217]. 785
ISABEL.	¿Ves que no hay inconveniente
	para pasar hasta aquí?
DOÑA ÁNGELA.	Antes, Isabel, parece
	que todos cuantos previne

---

quien tengo devoción...»; en *La fiera, el rayo y la piedra* Lebrón le pide a su amo en
la jornada segunda: «Señor, ¡por un solo Baco! / (que es el dios con quien yo tengo / mis trabacuentas en cuantas / ermitas suyas encuentro), / que me digas qué tristeza / es esta» (vv. 1294-1299). Catalinón, en *El burlador de Sevilla*, vv. 1188-1189,
dice que se le puede encontrar «En Los Pajarillos, / tabernáculo excelente».

[214] La alacena debía funcionar como una puerta que se abría y cerraba; probablemente ocupaba uno de los dos nichos laterales del «vestuario» (el fondo
del tablado) y, cuando la acción no ocurría en el cuarto de Don Manuel, se
cubriría con una cortina (J. M. Ruano de la Haza y J. J. Allen, *Los teatros comerciales del siglo XVII*, págs. 401-403).

[215] Según E. Honig, «Flickers of Incest», pág. 87, la penetración de Doña
Ángela en el cuarto de Don Manuel y sus artimañas a la luz de la vela en la oscuridad «are attempts to free instinctive forces in herself and in her lover so
that the cause of erotic love will triumph».

[216] Que sea Rodrigo, el criado de Don Luis, quien informa a Isabel de la salida de Don Manuel no quiere decir que Doña Ángela lo esté usando como
espía ni como ayudante en sus planes, ni que sea él el encargado de llevar la
luz y la ropa al cuarto de Don Manuel.

[217] La dama persiste en relativizar el sentido de sus actos y decisiones; en lugar
de aceptar y reconocer que se siente atraída por el huésped, prefiere hablar ahora de *experiencia*, «conocimiento y noticia de las cosas, adquirida por el uso y práctica de ellas» *(Aut.)*, es decir, de acto puntual para comprobar alguna hipótesis.

	fueron muy impertinentes[218],	790
	pues con ninguno topamos,	
	que la puerta fácilmente	
	se abre y se vuelve a cerrar	
	sin ser posible que se eche	
	de ver.	

ISABEL.   ¿Y a qué hemos venido?   795

DOÑA ÁNGELA.   A volvernos solamente[219],
que para hacer sola una
travesura dos mujeres
basta haberla imaginado[220],
porque al fin esto no tiene   800
más fundamento que haber
hablado en ello dos veces
y estar yo determinada[221]
—siendo verdad que es aqueste
caballero el que por mí   805
se empeñó osado y valiente—,
como te he dicho, a mirar
por su regalo.

ISABEL.   Aquí tiene
el que le trujo[222] tu hermano,
y una espada en un bufete[223].   810

---

[218] *P* dice: «que todo cuanto previne / fue muy impertinente», con un verso hipométrico. Corregimos según *M1* y *M2*.

[219] Lo que expresa aquí Doña Ángela es la forma más elemental de la curiosidad, actitud que está vinculada imaginariamente a la caída del hombre en el caso de Adán y Eva. Como dice F. de Armas, en la dama su curiosidad será algo diferente: «thirst for knowledge and her consequent desire for freedom» (*The Invisible Mistress*, pág. 137).

[220] Doña Ángela confiere en esta afirmación una capacidad performativa a la imaginación que trasciende la sostenida por otros escritores como Alonso Pinciano o Huarte de San Juan. En *La hija del aire 1*, vv. 2295-2297: «objeto es más anchuroso / el de la imaginación / que el objeto de los ojos», donde, por el contrario, la realidad será siempre inferior a lo que ha podido construir la imaginación.

[221] Leonarda se dice en *La viuda valenciana*, vv. 803-804: «¿Qué habrá que una mujer determinada / no intente por su gusto?».

[222] *trujo:* «trajo», forma arcaica del pretérito perfecto de *traer,* frecuente en Calderón. Se supone que alude al «regalo» que le proporcionó Don Juan, pero nada sabemos de él.

[223] *bufete:* «es una mesa de una tabla que no se coge, y tiene los pies clavados, y con sus bisagras, que para mudarlos de una parte a otra o para llevarlos

DOÑA ÁNGELA.	Ven acá. ¿Mi escribanía[224]
	trujeron aquí?
ISABEL.	Dio en ese
	desvarío mi señor;
	dijo que aquí la pusiese
	con recado de escribir[225] 815
	y mil libros diferentes[226].
DOÑA ÁNGELA.	En el suelo hay dos maletas.
ISABEL.	Y abiertas. Señora, ¿quieres
	que veamos qué hay en ellas?
DOÑA ÁNGELA.	Sí, que quiero neciamente 820
	mirar qué ropa y alhajas
	trae.
ISABEL.	Soldado y pretendiente[227],
	vendrá muy mal alhajado[228].

---

de camino se embeben en el reverso de la mesma tabla» *(Cov.);* «mesa grande, o a lo menos mediana, y portátil [...] sirve para estudiar, para escribir, para comer y para otros muchos y diversos usos» *(Aut.).* Los diversos muebles que se mencionan estarían situados en el espacio central del fondo del tablado, con la posibilidad de cubrirlos con una cortina cuando la acción se situaba fuera del cuarto de Don Manuel.

[224] *escribanía:* «caja portátil que traen los escribanos y niños de la escuela, compuesta de una vaina para las plumas y un tintero con su tapa, pendientes de una cinta» *(Aut.).*

[225] *recado de escribir:* «se compone de tintero, salvadera, caja para oblea, campanilla y en medio un cañón para poner las plumas» *(Aut.).*

[226] Antes era Cosme el que pensaba en ese libro que hablaba de las *mil fuentes;* ahora Isabel habla de *mil libros diferentes* en una hipérbole evidente.

[227] El pretendiente a prebendas, hábitos militares o cargos de cualquier tipo se convirtió en un personaje habitual de la corte. Alonso Zamora Vicente, en su edición de *Don Gil de las calzas verdes,* Madrid, Castalia, 1990, pág. 490, cita el siguiente texto: «Mandamos que cualquiera persona que pretenda oficio eclesiástico o secular [...] pueda venir y estar en la corte a su pretensión y a representar las razones y títulos de ellas por espacio de treinta días en cada un año y no más» *(Nueva recopilación de las leyes del reino,* lib. 2, título 4, ley 65). Puede verse la descripción que hace Juan de Zabaleta, *El día de fiesta por la mañana y por la tarde,* ed. de Cristóbal Cuevas, Madrid, Castalia, 1983, cap. XIV, págs. 209-221.

[228] En principio, el pretendiente lo es porque espera un empleo que le aporte recursos económicos para mantener cierto estilo de vida. En el caso de Don Manuel, su *pretensión* no parece ser fruto de la urgente necesidad (se trata bien

(Sacan todo cuanto van diciendo, y todo lo esparcen por la sala.)

DOÑA ÁNGELA.	¿Qué es esto?
ISABEL.	Muchos papeles.
DOÑA ÁNGELA.	¿Son de mujer?[229].
ISABEL.	No, señora, 825
	sino procesos que vienen
	cosidos y pesan mucho[230].
DOÑA ÁNGELA.	Pues si fueran de mujeres
	ellos fueran más livianos[231].
	Mal en eso te detienes. 830
ISABEL.	Ropa blanca hay aquí alguna.
DOÑA ÁNGELA.	¿Huele?
ISABEL.	Sí, a limpia huele[232].
DOÑA ÁNGELA.	Ese es el mejor perfume.

---

de confirmar el cargo que le concedió el duque de Feria, bien de un gobierno o puesto de cierta responsabilidad), por lo que el comentario de Isabel puede estar fuera de lugar. Por otra parte, que sea *soldado* no se muestra ni en su vestuario ni en sus palabras, por lo que la criada ha debido escuchar que el galán había compartido experiencia militar con Don Juan en Italia.

[229] La pregunta indica ya por dónde se orienta la curiosidad de Doña Ángela y explica su reacción ante el descubrimiento del retrato femenino.

[230] Se trata de toda la documentación necesaria para procesar su *pretensión*. Debe tenerse presente que había sido Felipe II quien había establecido un sistema burocrático eficaz con el fin de controlar la gestión del amplio imperio a cuya cabeza se encontraba.

[231] ¿Por qué interpreta Doña Ángela que unos papeles escritos por mujeres serían más livianos? Tal vez como crítica a los numerosos papeles que requería la burocracia en todo tipo de procesos legales. Según Antonucci, porque o bien la calidad del papel sería más fina o porque la mujer era «ser *liviano* por excelencia para la mentalidad misógina de la época». Pero creo que Doña Ángela está pensando en billetes amorosos y, por tanto, breves. Lo que explicaría el adjetivo de *livianos*. Se sigue anticipando así la aparición del retrato.

[232] Estamos lejos de las sofisticaciones del XVIII y siglos posteriores sobre los aromas que podían añadirse a los vestidos, la ropa interior o complementos de vestuario como guantes, bolsos, etc. En realidad, el comentario de Doña Ángela se sitúa en la tradición renacentista del gusto por lo natural (expresado en el menosprecio por los afeites y adornos femeninos). R. Sloane, «In the Labyrinth of Self», pág. 191, lo ve como una impresión de autenticidad.

ISABEL.	Las tres calidades tiene
	de blanca, blanda y delgada[233];	835
	mas, señora, ¿qué es aqueste
	pellejo[234] con unos hierros
	de herramientas diferentes?
DOÑA ÁNGELA.	Muestra a ver[235]. Hasta aquí cosa[236]
	de sacamuelas[237] parece,	840

---

[233] La expresión que utiliza Isabel recuerda la frase hecha contemporánea de «bueno, bonito y barato», resumida como las tres *bes* y que se aplica a los objetos que se pretende comprar o se compran. Pero no se ha localizado nada semejante a lo que dice la criada.

[234] *pellejo:* «cuero adobado y dispuesto para conducir cosas» *(Aut.).* En este caso, para llevar los hierros de herramientas diferentes.

[235] Aquí es la primera vez que Doña Ángela *toca* alguno de los objetos de Don Manuel. Leonarda protesta en *La viuda valenciana*, vv. 253-268, ante la posibilidad de que algún joven a la moda quiera casarse con ella solo por su dinero: «¡No, sino venga un mancebo / destos de ahora, de alcorza [...] botas justas, sin podellas / descalzar en todo un mes, / las calzas hasta los pies, / el bigote a las estrellas, / jaboncillos y copete, / cadena falsa que asombre, / guantes de ámbar y grande hombre / de un soneto y un billete». En *Varia fortuna del soldado Píndaro,* t. II, pág. 17, la dama censura a Píndaro por consumir «las más oras de un brevíssimo día afeminadamente, laboroso en atavíos y adereços indignos de vuestra professión y aun del ser de hombre [...] Siempre mancebo cuerdo tuvo por mayor gala su aspecto varonil que esse inútil adorno, y solo en la muger fue lícita y tratable semejante costumbre»; y detalla después: «con yerros y tenazas, cintas y vigoteras para el copete y barba, y ya otras muchas con aguas aromáticas, colirios, untos, xavoncillos y sevos, unos para los dientes y otros para la tez, para el cabello y las manos, y ya también con moldes para el cuello, rosas para las ligas, hormas para el çapato, olor para el vestido, ámbar para el coleto, perfume a las camisas y anís para el aliento, y otros cuydados torpes, garuchas y tormentos crueles de vuesta juventud» (pág. 18). Para H.-J. Neuschäfer, «Revendications des senses», pág. 112, Doña Ángela «déploie sur le champ une activité dont le caractère érotique ne fait aucun doute pour le spectateur». J. C. de Miguel, *«La dama duende»*, pág. 238, sostiene que «la manipulación y posesión de los objetos y prendas íntimas de don Manuel [...] no es más que una transferencia simbólica de una fantasía erótica en la que los objetos poseídos sustituyen al sujeto poseedor». Es discutible, sin embargo, que Doña Ángela *posea* esos objetos y prendas íntimas.

[236] En *P* «loza», que corregimos siguiendo *V-Z, M1* y *M2.*

[237] Es decir que el conjunto de instrumentos o herramientas que ven las mujeres les recuerda los que solía utilizar el barbero y sacamuelas. Sin embargo, pronto se irán identificando cada uno de esos *hierros.* Según Barbara K. Mujica, «Tragic Elements», pág. 310, al toquetear los objetos íntimos de Don Manuel, la dama descubre al hombre y, de ese modo, se excitan sus deseos femeninos.

	mas estas son tenacillas[238]	
	y el alzador del copete	
	y los bigotes estotras[239].	
ISABEL.	Ítem[240], escobilla y peine.	
	Oye, que más prevenido	845
	no le faltará al tal huésped	
	la horma de su zapato[241].	
DOÑA ÁNGELA.	¿Por qué?	
ISABEL.	Porque aquí la tiene.	
DOÑA ÁNGELA.	¿Hay más?	
ISABEL.	Sí, señora. Ítem,	
	como a forma de billetes	850
	legajo segundo.	
DOÑA ÁNGELA.	Muestra.	
	De mujer son y contienen	
	más que papel. Un retrato[242]	
	está aquí.	

---

[238] *tenacillas*: «tenazas pequeñas», en este caso tal vez para rizar el pelo o el bigote. Bajo *tenazuelas*, escribe Covarrubias: «instrumento de que usan las mujeres para arrancar el vello de la frente y los pelos descompuestos de las cejas».

[239] Otras tenacillas, ahora para alzar el *copete* o «porción de pelo que se levanta encima de la frente más alto que lo demás, de figura redonda o prolongada, que unas veces es natural y otras postizo» *(Aut.)* y los bigotes. Don Manuel, como se puede ver, es un elegante de la época, sin llegar a los excesos del lindo don Diego en la obra homónima de Moreto. Véase J. Deleito y Piñuela, *La mujer, la casa y la moda*, págs. 215-216.

[240] En *P* es *Iten* por *Ítem*, o sea, «además», fórmula característica de los inventarios pero asimilada al lenguaje coloquial, «se usa en los tribunales y en las escrituras y autos públicos para distinguir la cláusula que se sigue de la que ya pasó» *(Cov.); escobilla*: «cepillo para componer las guedejas y afinar el peinado».

[241] Isabel juega obviamente con el doble sentido de *horma*, «el molde en que se fabrica o forma alguna cosa» *(Aut.)*, o, como en este caso, que se utiliza para conservar adecuadamente la forma del zapato que se deforme, y el sentido metafórico de *hallar la horma de su zapato*: «frase que da a entender haber encontrado alguno con aquello que deseaba y es de su genio» *(Aut.)*; o también «dar uno con alguien que pueda competir con él, entendiéndole sus mañas». Porque, en efecto, Don Manuel va a encontrarla en ambos sentidos. Compárese con *Céfalo y Pocris*, comedia burlesca, donde Rosicler —antecedente del príncipe de *La Cenicienta*— busca, siguiendo a la propietaria del zapato que ha encontrado, a Filis, hermana de Pocris, y le dice a Céfalo: «porque un hombre / que viene buscando aquí / la horma de su zapato / fuera desaire muy vil / que se volviera sin ella» (pág. 73).

[242] Si aquí el retrato puede aludir claramente a otra mujer con la que Don Manuel está en relaciones, en *La viuda valenciana* el galán Camilo ha sido

ISABEL.	¿Qué te suspende?[243].
DOÑA ÁNGELA.	El verle, que una hermosura 855
	hasta[244] pintada divierte.
ISABEL.	Parece que te ha pesado
	de sacalle[245].
DOÑA ÁNGELA.	¡Qué necia eres!
	No mires más.
ISABEL.	¿Y qué intentas?
DOÑA ÁNGELA.	Dejarle escrito un billete. 860
	Toma el retrato.

(Pónese a escribir.)

ISABEL.	Entre tanto
	la maleta del sirviente
	he de ver. Esto es dinero:
	cuartazos[246] son insolentes,
	que en la república donde 865
	son los príncipes y reyes
	los doblones y los reales[247]
	ellos son la común plebe.
	Una burla le he de hacer

---

amante de Celia, que será en cierto sentido la rival de la hermosa viuda Leonarda.

[243] La evolución psicológica de la dama va siendo trazada con pequeñas pinceladas como esta: la suspensión de Doña Ángela solo puede interpretarse como resultado de la impresión que en ella ha hecho la presencia del retrato de otra dama entre los objetos de Don Manuel.

[244] *P* decía «si está pintada». Corregimos según *L* y *M2*.

[245] Isabel percibe una clara reacción afectiva en su ama, reacción de celos, signo semiótico indiscutible de un proceso que no hará sino acentuarse a lo largo de la acción dramática. En lo inmediato, es el acicate para escribirle la primera nota.

[246] Aumentativo despectivo de *cuartos,* moneda de cobre que valía cuatro maravedíes. Los *cuartazos,* común plebe en la república, son además *insolentes.* Isabel expresa así su decepción ante ese dinero.

[247] *doblón:* moneda de oro; *real:* moneda de plata. Se establece así la jerarquía entre oro, plata y cobre en comparación directa a reyes, príncipes y común plebe.

	y ha de ser de aquesta suerte:	870
	quitarle de aquí el dinero	
	al tal lacayo y ponerle	
	unos carbones. Dirán:	
	«¿Dónde demonios los tiene	
	esta mujer?», no advirtiendo	875
	que esto sucedió en noviembre	
	y que hay brasero en el cuarto[248].	
DOÑA ÁNGELA.	Ya[249] escribí. ¿Qué te parece	
	adónde deje el papel	
	porque si mi hermano viene	880
	no le vea?	
ISABEL.	Allí[250], debajo	
	de la toalla[251] que tienen	
	las almohadas, que al quitarla	
	se verá forzosamente	
	y no es parte que hasta entonces	885
	se ha de andar[252].	
DOÑA ÁNGELA.	Muy bien adviertes.	
	Ponle allí y ve recogiendo	
	todo esto.	

---

[248] Isabel le atribuye al público («Dirán») una pregunta en busca de verosimilitud: ¿De dónde ha sacado los carbones? La criada localiza entonces el momento de la acción/representación (en noviembre, día de Difuntos) y justifica la presencia del brasero porque, como apunta Valbuena Briones: «La tradición popular suponía que en este día podía ocurrir la visita de las almas de los difuntos de la familia: se dejaban encendidos braseros y candelas para iluminar el camino de estas sombras. Las almas del purgatorio podían ocasionar pequeños trastornos con sus poderes sobrenaturales». Además de marcar su intervención como comentario metateatral, Isabel acentúa los elementos de superstición que caracterizan a Cosme.

[249] *P* lleva «yo», pero corregimos según *M2* porque parece más lógico el adverbio que el pronombre.

[250] En *P* es «assí», pero corregimos siguiendo a Vera Tassis. La criada, como recuerda Antonucci, debe indicar hacia el centro del fondo del tablado, donde se situaba la escena interior.

[251] *toalla*: «cubierta que se tiende en las camas sobre las almohadas para mayor decencia» *(Aut.)*.

[252] La cama y almohada que se mencionan no debían ser objetos necesariamente visibles para el público y, por tanto, no tenían por qué aparecer en el tablado.

ISABEL.	Mira que tuercen
	la llave ya.
DOÑA ÁNGELA.	Pues dejallo
	todo, esté como estuviere, 890
	y a escondernos. Isabel,
	ven.
ISABEL.	Alacena *me fecit*[253].

(Vanse por el alacena[254] y queda como estaba. Sale COSME.)

COSME.	Ya que me he servido a mí[255],
	de barato quiero hacerle
	a mi amo otro servicio... 895
	Mas ¿quién nuestra hacienda vende
	que así hace almoneda[256] della?
	¡Vive Cristo, que parece
	plazuela de la Cebada[257]
	la[258] sala con nuestros bienes! 900
	¿Quién está aquí? No está nadie,
	por Dios, y si está no quiere
	responder. No me responda,
	que me huelgo de que eche
	de ver que soy enemigo 905

---

[253] La alacena me salvó. La expresión *me fecit* solían grabarla los artesanos en sus productos (incluso los «arquitectos» y otros artistas la incluían). Literalmente, *me hizo*, poniendo antes el nombre del artesano. En este caso, la alacena la salva, le da la vida. Nótese que aquí se relaja la rima asonante *e-e*.

[254] Artículo masculino ante nombres femeninos que comienzan con *a*.

[255] Es decir, ya que ha tomado algún trago en la ermita (taberna), ahora puede hacer algo por el amo *de barato*, es decir, «dar alguna cosa de gracia y sin precisión» *(Aut.)*.

[256] *almoneda*: «la venta de las cosas, pública, que se hace con intervención de la justicia y ante escribano y con minisro público, dicho pregonero, porque en alta voz propone la cosa que vende y el precio que dan por ella; y porque van pujando unos a otros y acrecentando el precio se llamó *auctio*» *(Cov.)*.

[257] Plaza madrileña, situada en el actual barrio de La Latina, en la que se celebraba mercado público para la venta de cereales, legumbres y otros productos. En el siglo XVII sería lugar donde se instalarían las ferias de Madrid y llegaría incluso, en el siglo XIX, a ser escenario de ejecuciones.

[258] En *P* «su»; corregimos según *V-Z, M1* y *M2*.

de respondones. Con este
humor, sea bueno o sea malo
—si he de hablar discretamente—,
estoy temblando de miedo;
pero, como a mí me deje   910
el revoltoso de alhajas[259]
libre mi dinero, llegue
y revuelva las maletas
una y cuatrocientas veces.
Mas ¿qué veo? ¡Vive Dios,   915
que en carbones lo convierte![260].
Duendecillo, duendecillo[261],
quienquiera que fuiste y eres,
el dinero que tú das
en lo que mandares vuelve,   920
mas lo que yo hurto, ¿por qué?

(Salen DON JUAN, DON LUIS *y* DON MANUEL.)*

DON JUAN.	¿De qué das voces?
DON LUIS.	¿Qué tienes?
DON MANUEL.	¿Qué te ha sucedido? Habla.
COSME.	¡Lindo desenfado es ese!

Si tienes por inquilino,   925
señor, en tu casa un duende[262],

---

[259] *alhajas:* «todo aquello que está destinado para el uso y adorno de una casa o de las personas» *(Aut.)*. El *revoltoso de alhajas* es uno de los modos cómicos de aludir al o a la duende.

[260] «Es habla del vulgo que los duendes solían dar noticia de algunos tesoros, y que los que callaban los hallaban ciertos; y los que no, vueltos carbón», Juan Rulfo, *Apotegmas*, ed. de Alberto Blecua, Sevilla, Fundación José Manuel Lara, 2006, pág. 202. Algo parecido teme Montoya en *Amar por señas*, de Tirso de Molina, que dice en la jornada segunda: «Temo, siendo maula, / que en carbón me la conviertan / los duendes de esta posada».

[261] *duende:* «algún espíritu de los que cayeron con Lucifer [...] estos suelen, dentro de las casas y en las montañas y en las cuevas, espantar con algunas aparencias, tomando cuerpos fantásticos; y por esta razón se dijeron trasgos» *(Cov.)*.

[262] Si unos versos antes Cosme había expresado ya su convicción de que había duende, ahora es la primera vez que se lo dice a alguien; en este caso, a los tres galanes que acuden a sus gritos.

	¿para qué nos recibiste	
	en ella? Un instante breve	
	que falté de aquí, la ropa	
	de tal modo y de tal suerte	930
	hallé que, toda esparcida,	
	una almoneda parece.	
DON JUAN.	¿Falta algo?	
COSME.	No falta nada.	
	El dinero solamente	
	que en esta bolsa tenía,	935
	que era mío, me convierte	
	en carbones.	
DON LUIS.	Sí, ya entiendo[263].	
DON MANUEL.	¡Qué necia burla previenes!	
	¡Qué fría y qué sin donaire!	
DON JUAN.	¡Qué mala y qué impertinente!	940
COSME.	¡No es burla esta, vive Dios!	
DON MANUEL.	Calla, que estás como sueles[264].	
COSME.	Es verdad, mas suelo estar	
	en mi juicio algunas veces.	
DON JUAN.	Quedaos con Dios y acostaos,	945
	don Manuel, sin que os desvele	
	el duende de la posada,	
	y aconsejalde[265] que intente	
	otras burlas al criado.	

(Vase.)

DON LUIS.	No en vano sois tan valiente	950
	como sois, si habéis de andar	
	desnuda la espada siempre	

---

[263] Expresa así Don Luis su incredulidad ante la reclamación del criado.

[264] O sea, según Don Manuel, borracho. Cosme lo admite —acaba de regresar de la *ermita* y tal vez su aliento lo delate— pero se defiende asegurando que no siempre está así.

[265] Por *aconsejadle,* metátesis (cambio de posición de consonantes) frecuente en el lenguaje de Calderón y de la época.

158

saliendo de los disgustos
en que este loco[266] os pusiere.

(Vase.)

DON MANUEL.   ¿Ves cuál me tratan por ti?   955
Todos por loco me tienen
porque te sufro. A cualquiera
parte que voy me suceden
mil desaires por tu causa.

COSME.   Ya estás solo y no he de hacerte   960
burla mano a mano yo,
porque solo en tercio puede
tirarse uno con su padre[267].
Dos mil demonios me lleven
si no es verdad que salí[268]   965
y esto[269], fuese quien se fuese,
hizo este estrago[270].

DON MANUEL.   ¿Con eso
ahora disculparte quieres
de la necedad? Recoge
esto que esparcido tienes   970
y entra a acostarme[271].

COSME.   Señor,
en una galera reme[272]...

---

[266] *loco:* «sujeto de poco juicio y asiento» *(Aut.).* Responde así Don Luis a la pretensión de Cosme de que a veces está en su juicio.

[267] Cosme recurre al lenguaje de las cartas: *mano a mano,* jugar uno contra otro, «estar a solas»; *en tercio,* «jugar entre tres»; *tirarse con alguien,* «entrar a jugar con él». Cosme llama a Don Manuel *su padre* en sentido metafórico, ya que le mantiene y protege.

[268] *P* dice «salió», pero es error obvio que corregimos con *V-Z, M1* y *M2.*

[269] Cosme, supersticiosamente asustado, llama *esto* al duende, trasgo o ser maléfico que, en su percepción, ha entrado en el cuarto.

[270] *estrago:* «ruina, daño y destrucción ocasionada de cualquiera causa en las cosas naturales y materiales» *(Aut.).* Que Cosme califique así el desorden de ropas y otros objetos revela su tendencia hiperbólica.

[271] Es decir, a ayudarlo a acostarse.

[272] Cosme inicia un segundo juramento (el primero empieza con «Dos mil demonios me lleven») que Don Manuel corta sin contemplaciones.

159

DON MANUEL. ¡Calla, calla o, vive Dios,
que la cabeza te quiebre!

(Vase)[273].

COSME. Pesárame con estremo   975
que lo tal me sucediese[274].
Ahora bien, va de envasar[275]
otra vez los adherentes[276]
de mis maletas. ¡Oh cielos,
quién la trompeta tuviese   980
del juicio de las alhajas[277],
porque a una voz solamente
viniesen todas!

(Sale DON MANUEL*)*[278].

DON MANUEL.   Alumbra,
Cosme.
COSME.   Pues ¿qué te sucede,
señor? ¿Has hallado acaso   985
allá dentro alguna gente?
DON MANUEL. Descubrí la cama, Cosme,
para acostarme y halléme
debajo de la toalla

---

[273] Don Manuel debe entrar por la puerta situada en el nicho lateral del fondo, que representa ahora una alcoba dentro de su cuarto.

[274] Alude a la quebradura de cabeza con que lo amenazaba Don Manuel.

[275] *envasar:* «guardar».

[276] *adherentes:* «metafóricamente, y las más veces usado en plural. Significa todos los requisitos que concurren a la composición de alguna obra» *(Aut.);* aquí, todos los enseres distribuidos por el cuarto. Usa la voz Tirso en *Por el sótano y el torno*, v. 733: «con los adherente todos / que requieren tales dueños».

[277] El criado juega irreverentemente con la trompeta del séptimo ángel que llamará en el juicio final a todos los hombres a presencia de Dios (Apocalipsis 11, 15-19). Ahora se trata de llamar a todas las alhajas a su presencia, ahorrándole a él el trabajo de tener que recogerlas.

[278] Ausente esta didascalia en *P*; la tomamos de *V-Z* y *M1*.

	de la cama este billete[279]	990
	cerrado. Y ya el sobrescrito
	me admira más.
COSME.	¿A quién viene?
DON MANUEL.	A mí, mas el modo extraño...
COSME.	¿Cómo dice?
DON MANUEL.	...me suspende.

(Lee.)

	«Nadie me abra[280], porque soy	995
	de don Manuel solamente».
COSME.	¡Plega[281] a Dios que no me creas
	por fuerza! No le abras...¡tente!
	...sin conjurarle primero[282].
DON MANUEL.	Cosme, lo que me suspende	1000
	es la novedad, no el miedo,
	que quien admira no teme[283].

(Lee.)

---

[279] Píndaro, en *Varia fortuna del soldado Píndaro*, t. II, pág. 22, después de escuchar un ruido no identificable, «vi encima de la colcha un villete cerrado y ligado con una pedreçuela, por donde colegí que le avían acomodado assí para, mediante el peso, mejor arrojarle desde la calle». En *La viuda valenciana* no hay intercambio de cartas porque el criado sirve de mensajero, pero el uso de billetes es frecuentísimo en las comedias urbanas de Tirso.

[280] Parece modificar el *Noli me tangere* que Jesús le dice a María Magdalena tras la resurrección (Juan 20, 17). Sebastián de Covarrubias había establecido como mote para su emblema 11 de la centuria II de los *Emblemas morales* el «Nadie me toque», aunque su desarrollo no tiene nada que ver ni con las palabras de Jesús ni con las de Doña Ángela.

[281] Forma arcaica por *plazca*, muy frecuente en el teatro aurisecular.

[282] Cosme propone que no se toque el papel sin pronunciar un exorcismo que lo libere de su posible poder diabólico. En *Varia fortuna del soldado Píndaro*, t. II, pág. 31, ante el segundo billete que encuentra en su cama, Píndaro especula «que tales sucessos se encaminavan por infernales y diabólicos medios».

[283] La *suspensión* y la *admiración* son reacciones muy buscadas y fomentadas en el teatro de Calderón. Para Don Manuel, la admiración excluye el temor, ya que se concentra en la observación con el fin de averiguar esas causas ignoradas.

	«Con cuidado me tiene vuestra salud, como a quien fue la causa de su riesgo. Y así, agradecida y lastimada[284], os suplico me aviséis della y os sirváis de mí, que para lo uno y lo otro habrá ocasión, dejando la respuesta donde hallasteis esta, advertido que el secreto importa, porque el día que lo sepa alguno de los amigos perderé yo el honor y la vida»[285].
COSME.	¡Estraño caso!
DON MANUEL.	¿Qué estraño?[286].
COSME.	¿Esto no te admira?
DON MANUEL.	No,

antes con esto llegó   1005
a mi vida el desengaño[287].

COSME.	¿Cómo?
DON MANUEL.	Bien claro se ve[288]

que aquella dama tapada

---

[284] *lastimada* no en el sentido físico, sino tal vez en de «agraviada», pero también en el afectivo, donde resuena un calificativo frecuente en *Don Quijote 1*, cap. 23, en que se habla del «lastimado Durandarte» y del «lastimado corazón» del primo de Belerma.

[285] Retoma aquí las mismas palabras que había utilizado al pedirle ayuda por primera vez (v. 105), insistiendo así en la dimensión dramática de su estado. Pero el acento aparentemente dramático no responde tanto a un peligro real —ausente en la comedia— como a un intento de seducir y manipular a Don Manuel. R. ter Horst, *Calderón: The Secular Plays*, págs. 73-74, señala que Don Manuel, «as a guest assailed by mysterious females is mightily reminiscent of the *Quijote*, of Maritornes at the inn, of the Princess Micomicona, but most of all of the series of females who harass Don Quijote at the ducal establishment». Y ese contexto es el más ajeno a ninguna posibilidad trágica.

[286] En *Varia fortuna del soldado Píndaro*, t. II, pág. 19, confiesa Píndaro tras su primer encuentro con la dama: «Con aquesto cessó, dexándome aturdido, corrido y mudo tan estraño acidente».

[287] Es el primer desengaño del galán, pero como se basa —y el público lo sabe— en un error, no puede sino provocar la hilaridad del auditorio.

[288] Frente a la respuesta que ya ha encontrado Cosme sobre quién puede haber entrado en la habitación, la mente racionalista y especuladora de Don Manuel sigue suponiendo identidades y relaciones para la dama tapada. No obstante, pues-

	que tan ciega y tan turbada	
	de don Luis huyendo fue	1010
	era su dama, supuesto,	
	Cosme, que no puede ser,	
	si es soltero, su mujer.	
	Y, dado por cierto esto,	
	¿qué dificultad tendrá	1015
	que en la casa de su amante	
	tenga ella mano bastante	
	para entrar?	

COSME.   Muy bien está
pensado, mas mi temor
pasa adelante. Confieso   1020
que es su dama y el suceso
te doy por bueno, señor;
pero ella, ¿cómo podía
desde la calle saber
lo que había de suceder   1025
para tener este día
ya prevenido el papel?

DON MANUEL.   Después de haberme pasado
pudo dárselo a un criado.

COSME.   Y, aunque se le diera, él   1030
¿cómo aquí ha de haberle puesto?
Porque ninguno aquí entró
desde que aquí quedé yo.

DON MANUEL.   Bien pudo ser antes esto.

COSME.   Sí, mas hallar trabucadas   1035
las maletas y la ropa
y el papel escrito topa
en más[289].

DON MANUEL.   Mira si cerradas
esas ventanas están.

---

to que el público sabe exactamente lo que ha sucedido, tanto la reacción emocio-
nal del criado como «las tentativas de valerse de la razón por parte de Don Manuel» provocan la risa del auditorio (J. Varey, «*La dama duende*», págs. 174-175).
[289] Es decir, consiste en algo más complicado.

COSME.	Y con aldabas y rejas.	1040
DON MANUEL.	Con mayor duda me dejas
	y mil sospechas me dan[290].
COSME.	¿De qué?
DON MANUEL.	No sabré explicallo[291].
COSME.	En efeto, ¿qué has de hacer?
DON MANUEL.	Escribir y responder	1045
	pretendo hasta averiguallo,
	con estilo que parezca
	que no ha hallado en mi valor
	ni admiración[292] ni temor,
	que no dudo que se ofrezca	1050
	una ocasión en que demos,
	viendo que papeles hay,
	con quien los lleva y los tray[293].
COSME.	¿Y de aquesto no daremos
	cuenta a los huéspedes?

---

[290] Tras la recepción del segundo mensaje, Píndaro explica: «me dexó aún más cuydadoso que la primera vez, por faltar en esta totalmente puerta, modo o camino con que facilitar aquel encanto, con que allanar la entrada del mensajero que le avía conducido; porque ni para una mosca se la dexávamos de noche en mi aposento» *(Varia fortuna del soldado Píndaro,* t. II, págs. 30-31).

[291] La respuesta se sitúa perfectamente en la mentalidad del galán, que se niega a aceptar soluciones fáciles y prefiere mantenerse en una ignorancia provisional a la espera del conocimiento respaldado por la razón y/o los sentidos.

[292] Como bien señala E. Honig, *Calderón and the Seizures of Honor,* Cambridge, Harvard University Press, 1972, pág. 29, la *admiratio,* a la que Alonso López Pinciano dedica notable espacio en la epístola quinta de su *Philosofía antigua poética,* se suma a la instrucción y el deleite en el arte desde una perspectiva neoaristotélica. La voz *admiración* es definida en *Autoridades* como «el acto de ver y atender una cosa no conocida y de causa ignorada con espanto o particular observación». En ella ocupa un lugar especial ese *espanto,* que el mismo diccionario describe como «terror, asombro, consternación y perturbación del ánimo, que causa inquietud y desasosiego, y altera los sentidos». López Pinciano afirmaba: «Y assí soy de parecer que el poeta sea en la inuención nueuo y raro; en la historia, admirable; y en la fábula, prodigioso y espantoso; porque la cosa nueua deleyta, y la admirable, más, y más la prodigiosa y espantosa» *(Philosofía antigua poética,* ed. de Alfredo Carballo Picazo, Madrid, CSIC, 1973, t. II, pág. 58). Más adelante Don Manuel exclamará: «¡Vive Dios que dudo y creo / una admiración tan nueva!» (vv. 2024-2025).

[293] Por *trae,* forma disimilada frecuente en el teatro aurisecular por razones de rima.

164

DON MANUEL.	No[294], 1055
	porque no tengo de hacer
	mal alguno a una mujer
	que así de mí se fió.
COSME.	Luego ya ofendes a quien
	su galán piensas[295].
DON MANUEL.	No tal, 1060
	pues sin hacerla a ella mal
	puedo yo proceder bien.
COSME.	No señor. Más hay aquí
	de lo que a ti te parece[296].
	Con cada discurso crece 1065
	mi sospecha.
DON MANUEL.	¿Cómo así?
COSME.	Ves aquí que van y vienen
	papeles y que jamás,
	aunque lo examines más,
	ciertos desengaños tienen. 1070
	¿Qué creerás?
DON MANUEL.	Que ingenio y arte[297]
	hay para entrar y salir,

<hr/>

[294] Al negarse a comentar la aparición de la carta de Doña Ángela con sus huéspedes —para lo cual, desde luego, tiene muy sólidas razones—, Don Manuel adopta una estrategia en la que el silencio, como señala A. E. Wiltrout, «Murder Victim», págs. 117-118, «proves his essential manhood while simultaneously forcing him in a passive, or apparently feminine, role in courtship».

[295] Cosme pone el dedo en la llaga, una llaga que ya apuntaba tras la primera aparición de Doña Ángela, pues, si había un marido tras ella, ¿con qué finalidad interviene? De ahí puede deducirse la tensión interior entre su caballerosidad hacia las damas, su sentido del honor varonil y su indiscutible interés hacia la desconocida.

[296] En el caso de Cosme parece evidente eso *más* de que habla: se trata de la presencia del duende.

[297] El ingenio y el arte pueden asociarse a la magia artificiosa que cita F. de Armas, *The Invisible Mistress*, págs. 149-150, y que Juan Ruiz de Alarcón define así: «La artificiosa consiste / en la industria o ligereza / del ingenio o de las manos, / obrando cosas con ellas / que engañen algún sentido / y que imposibles parezcan» (*La cueva de Salamanca*, jornada tercera). Por otra parte, en el binomio *ingenio y arte* se resume la poética clasicista, para la que *ingenio* es igual a *numen* o *inspiración,* y el *arte* equivale a la técnica o el estudio. Así, Cervantes escribe en

para cerrar, para abrir,
y que el cuarto tiene parte
por dónde. Y en duda tal   1075
el juicio podré perder
pero no, Cosme, creer
cosa sobrenatural[298].

COSME.   ¿No hay duendes?
DON MANUEL.   Nadie los vio.
COSME.   ¿Familiares?[299].
DON MANUEL.   Son quimeras.   1080
COSME.   ¿Brujas?[300].
DON MANUEL.   Menos.
COSME.   ¿Hechiceras?[301].
DON MANUEL.   ¡Qué error!
COSME.   ¿Hay súcubos?[302].
DON MANUEL.   No.
COSME.   ¿Encantadoras?
DON MANUEL.   Tampoco.
COSME.   ¿Mágicos?
DON MANUEL.   Es necedad.
COSME.   ¿Nigromantes?[303].
DON MANUEL.   Liviandad.   1085

---

el «Canto de Calíope», en *La Galatea,* ed. de J. B. Avalle-Arce, Madrid, Castalia, 1987, libro VI, pág. 453, refiriéndose a los hermanos Leonardo de Argensola: «Serán testigo desto dos hermanos, / dos luzeros, dos soles de poesía, / a quien el cielo con abiertas manos / dio quanto ingenio y arte dar podía».

[298] Este diálogo muestra la posición racionalista y escéptica de Don Manuel en oposición a la credulidad supersticiosa del criado.

[299] *familiar:* «el demonio que tiene trato con alguna persona y la comunica, acompaña y sirve de ordinario, el cual suelen tener en algún anillo u otra alhaja doméstica» *(Aut.).*

[300] *bruja:* «mujer perversa que se emplea en hacer hechizos y otras maldades con pacto con el demonio, y se cree o dice que vuela de noche» *(Aut.).*

[301] *hechicera:* «mujer que se concierta con el demonio y le toma por señor para realizar maldades».

[302] *súcubo:* «demonio que en el trato ilícito con los hombres toma forma de mujer o del paciente en el acto sodomítico» *(Aut.).*

[303] *nigromante:* «el que practica la nigromancia»; *nigromancia:* «arte abominable de ejecutar cosas extrañas y preternaturales por medio de la invocación del demonio y pacto con él» *(Aut.).*

COSME.	¿Energúmenos?[304].
DON MANUEL	¡Qué loco!
COSME.	¡Vive Dios, que te cogí!
	¿Diablos?
DON MANUEL.	Sin poder notorio.
COSME.	¿Hay almas de purgatorio?[305].
DON MANUEL.	¿Que me enamoren a mí?[306]. 1090
	¿Hay más necia bobería?
	Déjame, que estás cansado[307].
COSME.	En fin, ¿qué has determinado?
DON MANUEL.	Asistir de noche y día
	con cuidados singulares: 1095
	aquí el desengaño fundo[308].

---

[304] *energúmeno:* «persona que está espiritada o endemoniada» *(Aut.).*

[305] En la teología católica —y, por extensión, en las creencias populares de raíz católica— el purgatorio era espacio particular para la fase de purificación de las almas de quienes habían muerto sin pecado mortal. La novena a las ánimas benditas del purgatorio está todavía en vigor.

[306] Aquí alcanza su punto culminante el escepticismo calderoniano: aunque el dramaturgo no puede negar frontalmente la creencia en los diablos y en las almas del purgatorio, ideas que iban más allá de la simple negación de los duendes, brujos y hechiceras, tocando ya en las creencias religiosas dominantes, el contexto hace que su respuesta irónica y burlesca se sitúe en el marco de una negación total de ese tipo de creencias. Por eso, Cosme cree que ahí lo va a pillar, obligándolo a aceptar algo que le llevaría a aceptar todo lo anterior. Según Antonio Regalado, *Calderón. Los orígenes de la modernidad en la España del siglo de oro*, vol. 1, pág. 824, este diálogo «despliega toda la juguetona malicia de que era capaz el dramaturgo, precioso momento que revela las dimensiones del escepticismo y el racionalismo de Calderón». Recuérdese, sin embargo, que todavía en 1676, coexistiendo con el movimiento de los novatores, el capuchino fray Antonio de Fuentelapeña publicaba *El ente dilucidado: discurso único novísimo que muestra hay en naturaleza animales irracionales invisibles y cuáles sean*, publicado como *El ente dilucidado. Tratado de monstruos y fantasmas*, ed. de Javier Ruiz, Madrid, Editora Nacional, 1978, en el que analizaba minuciosa y muy escolásticamente las características de trasgos, fantasmas y otros seres invisibles al ojo humano. F. de Armas, *The Invisible Mistress*, pág. 142, considera que la actitud escéptica de Don Manuel puede trasladarse a su rechazo de un honor basado en la opinión, ya que esto sería «a social illusion».

[307] *cansado:* «molesto, porfiado e impertinente» *(Aut.).*

[308] El concepto de *desengaño* no tiene aquí nada que ver con su sentido frecuente en el barroco y que implica la descreencia en las posibilidades intelectuales del individuo para conocer la realidad. Por el contrario, Don Manuel basa su desengaño en la constante observación de la realidad, más en consonancia con la noción de *desengañar* que se relacionará con el espíritu científico y empirista.

	No creas que hay en el mundo	
	ni duendes ni familiares.	
COSME.	Pues yo en efeto presumo	
	que algún demonio[309] los tray,	1100
	que esto y más habrá donde hay	
	quien tome tabaco en humo[310].	

(Vanse.)

---

[309] Píndaro, en *Varia fortuna del soldado Píndaro,* t. II, pág. 19, expresa su sorpresa «por ver que aquel diablo o muger uviesse tan al vivo retratado mis más indignas y secretas acciones».

[310] O sea, donde se fuma tabaco. La forma socialmente más aceptable de tomar tabaco era en polvo, de ahí la expresión de *tomar un polvo*. El comentario de Cosme nos informa de la costumbre de alguno de los habitadores en casa de Don Juan —que fuman tabaco de hoja, también llamado *de humo*— y, al mismo tiempo, nos habla de su asociación con las creencias supersticiosas.

Segunda jornada

[CUADRO I]
[ESCENA EN CASA DE DON JUAN]

(Salen DOÑA ÁNGELA, DOÑA BEATRIZ *e* ISABEL.*)*

DOÑA BEATRIZ.	Notables cosas me cuentas.	
DOÑA ÁNGELA.	No te parezcan notables	
	hasta que sepas el fin.	1105
	¿En qué quedamos?	
DOÑA BEATRIZ.	Quedaste[311]	
	en que por el alacena	
	hasta su cuarto pasaste,	
	que es tan difícil de verse	
	como fue de abrirse fácil[312];	1110
	que le escribiste un papel	
	y que al otro día hallaste	
	la respuesta.	
DOÑA ÁNGELA.	Digo, pues,	
	que tan cortés y galante	

---

[311] Ahora es la amiga Doña Beatriz quien recapitula lo contado por Doña Ángela y resume algunas de sus acciones en la jornada anterior e incluso lo ocurrido entre las jornadas. Como recuerda J. Varey, *«La dama duende»*, pág. 175, durante el entreacto «el público habrá sido entretenido por un baile o entremés, y así es necesario recordarles lo que pasaba al final del acto precedente».

[312] He aquí otro caso de asonancia imperfecta *a-i* en lugar de *a-e*, pero frecuente en la época.

estilo no vi jamás,   1115
mezclando entre lo admirable
del suceso lo gracioso,
imitando los andantes
caballeros a quien[313] pasan
aventuras semejantes.   1120
El papel, Beatriz, es este.
Holgareme que te agrade.

(Lee Doña Ángela.)

«Fermosa dueña[314]: cualquier que
vos seáis la condolida[315] de este
afanado caballero y asaz piadosa
minoráis sus cuitas, ruégovos me
queráis fazer sabidor del follón[316]
mezquino o pagano malandrín[317]
que en este encanto vos amancilla,

---

[313] *quien* con valor plural es de uso frecuente en las letras del siglo de oro.

[314] Don Manuel ha imitado, como bien decía Doña Ángela, el modo de hablar (y escribir) de los caballeros andantes, pero incluyendo más arcaísmos de los que utilizó el propio Cervantes. Aunque esta misiva es en cierto sentido taracea quijotesca, debe recordarse la hermosa carta que en *Don Quijote 1*, cap. 25, el hidalgo le escribe a Dulcinea: «Soberana y alta señora: el ferido de punta de ausencia y el llagado de las telas del corazón, dulcísima Dulcinea del Toboso, te envía la salud que él no tiene. Si tu fermosura me desprecia, si tu valor no es en mi pro, si tus desdenes son en mi afincamiento, maguer que yo sea asaz de sufrido, mal podré sostenerme en esta cuita, que, además de ser fuerte, es muy duradera. Mi buen escudero Sancho te dará entera relación, ¡oh bella ingrata, amada enemiga mía!, del modo que por tu causa quedo. Si gustares de acorrerme, tuyo soy; y si no, haz lo que te viniere en gusto; que, con acabar mi vida, habré satisfecho a tu crueldad y a mi deseo. Tuyo hasta la muerte, El caballero de la Triste Figura». Aquí en concreto, «fermosa dueña» viene de *Don Quijote 1*, cap. 21. Según R. ter Horst, *Calderón: The Secular Plays*, pág. 74: «Manuel's cleverly archaic parody is an antidote to tragedy and characterizes its author as a shrewd and patient realist, in obvious contrast to the model of his style». F. Antonucci, «Prólogo», pág. XL, llama esta relación «intertextualidad paródica».

[315] En *Don Quijote 2*, cap. 29.

[316] En *Don Quijote 1*, cap. 9.

[317] En *Don Quijote 1*, cap. 45.

para que segunda vegada en vueso
nombre, sano ya de las pasadas fe-
ridas[318], entre en descomunal bata-
lla[319], maguer que finque en ella,
que non es la vida de más pro que
la muerte, tenudo a su deber un caballero. El dador de la luz vos
mampare, e a mí non olvide.
El caballero de la Dama Duende»[320].

DOÑA BEATRIZ. ¡Buen estilo, por mi vida,
y a propósito el lenguaje
del encanto y la aventura![321].   1125

DOÑA ÁNGELA. Cuando esperé que con graves
admiraciones viniera
el papel, vi semejante
desenfado[322], cuyo estilo
quise llevar adelante,   1130
y, respondiéndole así,
pasé...

ISABEL.   Detente, no pases,
que viene don Juan, tu hermano.

---

[318] En *Don Quijote 1,* caps. 3, 5.

[319] En *Don Quijote 1,* cap. 36.

[320] Nótese que aquí se «bautiza» con ese nombre, homónimo del título
de la comedia, a Doña Ángela. Y que el inventor de dicho nombre no es
otro que Don Manuel. Amadís de Gaula «había escogido el sobrenombre
de "el caballero de la Verde Espada" y que, a su vez, don Quijote utilizó
el de "el caballero de los Leones"» (Valbuena Briones, «Introducción»,
pág. 26).

[321] Con estas palabras exaltadas y sintéticas —encanto y aventura— Doña
Beatriz resume el aprecio que los libros de caballerías suscitaron entre el público de su tiempo. W. R. Blue, *The Development of Imagery,* pág. 36, comenta:
«Both women acknowledge that language and style serve particular functions,
reach particular goals. The chivalric, donquijotesque language of the letter is
perfect for an adventure with a "magician"».

[322] *desenfado:* «desahogo, despejo y desembarazo» *(Aut.).* Doña Ángela, por
razones que ella sabe, esperaba un Don Manuel serio y grave. Sin embargo, el
tono de su carta le demuestra, por un lado, que posee un sentido del humor
más que notable; por el otro, que está dispuesto a entrar en el juego al que ella
lo ha invitado.

Doña Ángela.	Vendrá muy firme y amante
	a agradecerte[323] la dicha 1135
	de verte, Beatriz, y hablarte
	en su casa.
Doña Beatriz.	No me pesa,
	si hemos de decir verdades[324].

(Sale Don Juan.)

Don Juan.	No hay mal que por bien no
	[venga[325],
	dicen adagios vulgares, 1140
	y en mí se ve, pues que vienen
	por mis bienes vuestros males.
	He sabido, Beatriz bella,
	que un pesar que vuestro padre
	con vos tuvo a nuestra casa 1145
	sin gusto y contento os trae.
	Pésame que hayan de ser
	lisonjeros y agradables,
	como para vos mis gustos,
	para mí vuestros pesares, 1150
	pues es fuerza que no sienta
	desdichas que han sido parte
	de veros, porque hoy amor
	diversos efetos hace,
	en vos de pena y en mí 1155
	de gloria[326], bien como el áspid

---

[323] *P* y los demás testimonios llevan «agradecerse», pero es error evidente que fue corregido en el siglo XIX por Hartzenbusch, corrección seguida por los editores modernos.

[324] A diferencia de su reacción ante las palabras amorosas de Don Luis, y como prueba de su respuesta entonces sobre el papel de las estrellas, la relación con Don Juan ha sido favorecida por los astros.

[325] Refrán de larga vida que Correas recogió en una forma algo menos concisa: «No hay mal que por bien no venga: catad para quién». Además, sirvió de título a una comedia de Juan Ruiz de Alarcón.

[326] Juega Don Juan con dos conceptos de la tradición petrarquista: la *gloria* y la *pena* entre las que oscilan los avatares del enamorado. El juego con esas y semejantes oposiciones *(pésames-parabienes, pesar-gusto)* va a caracterizar este diálogo amoroso.

de quien, si sale el veneno,
también la triaca sale[327].
Vos seáis muy bienvenida,
que, aunque es corto el hospedaje,   1160
bien se podrá hallar un sol[328]
en compañía de un ángel[329].

DOÑA BEATRIZ.   Pésames y parabienes
tan cortésmente mezclasteis
que no sé a qué responderos.   1165
Disgustada con mi padre
vengo, la culpa tuvisteis,
pues, aunque el galán no sabe,
sabe que por el balcón
hablé anoche[330] y, mientras pase   1170
el enojo, con mi prima[331]
quiere que esté, porque hace
de su virtud confianza[332].

---

[327] El *áspid* es «una especie de víbora cuyo veneno es tan eficaz y tan pronto que, si no es cortando al momento el miembro que ha mordido para que
no pase al corazón, no tiene remedio» *(Cov.); triaca* «medicamento eficacísimo
compuesto de muchos simples, y lo que es de admirar, los más dellos vene-
nosos, que remedia a los que están emponzoñados con cualquier género de
veneno. Díjose del nombre griego [...] bestia venenosa, y por excelencia la víbora, o por ser remedio contra las tales o porque de sus mesmas carnes se hace
esta composición» *(Cov.).*
[328] La dama como *sol* es metáfora petrarquista frecuentísima en el propio
Petrarca, en la lírica europea y en la dramaturgia de Calderón.
[329] El *sol* es, obviamente, Doña Beatriz; el *ángel* sin duda es Doña Ángela.
[330] Hablar por la reja o por el balcón es práctica muy frecuente en las damas del teatro barroco. Ya Cervantes había hecho que unos Músicos cantaran
en *Pedro de Urdemalas*, Madrid, Cátedra, 1986, ed. de Jenaro Talens y Nicho-
las Spadaccini, jornada I, vv. 958-961: «Niña, la que esperas / en reja o balcón,
/ advierte que viene / tu polido amor».
[331] En *La viuda valenciana*, Leonarda trata de engañar a Camilo enviando a
su criado junto a una prima suya: «Urbán, por algunos días / a mi prima ser-
virás / y por Valencia andarás / muy lejos de cosas mías. / Así que, cuando le
siga / ese hombre [Camilo], entenderá / que por ella viene y va» (vv. 2464-
2470). Es la «aguda sutileza» (v. 2463) que encuentra la dama para proteger su
fama: «Caiga esa mancha en mi prima / y líbrese mi opinión» (vv. 2476-2477).
[332] La «mala lectura» que hace el padre de Doña Beatriz de la virtud de
Doña Ángela parece evidente; y así, tratando de «encerrarla» con su prima, fa-

	Solo os diré, y esto baste,	
	que los disgustos estimo,	1175
	porque también en mí cause	
	amor diversos efetos,	
	bien como el sol cuando esparce	
	bellos rayos, que una flor	
	se marchita y otra nace,	1180
	hiere el amor en mi pecho	
	y es solo un rayo bastante	
	a que se muera el pesar	
	y nazca el gusto de hallarme	
	en vuestra casa, que ha sido	1185
	una esfera de diamante[333],	
	hermosa envidia de un sol	
	y capaz dosel de un ángel.	
DOÑA ÁNGELA.	Bien se ve que de ganancia	
	hoy andáis los dos amantes,	1190
	pues que me dais de barato[334]	
	tantos favores.	
DON JUAN.	¿No sabes,	
	hermana, lo que he pensado?	
	Que tú solo por vengarte	
	del cuidado que te da	1195
	mi huésped cuerda buscaste	

---

cilita la comunicación entre los amantes. Se construye de ese modo una situación irónica en cuanto se lleva a cabo directamente aquello que se pretende evitar, o sea, que Doña Beatriz se encuentre en la casa de su amante. Antonucci ha llamado la atención sobre el hecho de que tanto el padre de Doña Beatriz como los hermanos de Doña Ángela son incapaces de vigilar tan efectivamente a las damas como para impedirles que tengan contacto con sus enamorados (o aspirantes).

[333] La *esfera de diamante* debe aludir tanto a la casa en que vive Don Juan, y que alberga a un *ángel* (Doña Ángela) siendo envidia de un *sol* (Doña Beatriz), como a la *esfera* de la cosmología tolomaica modificada en la edad media, equivaliendo aquí a la novena esfera —el *crystallinum*— o la del primer motor, lo que justificaría de nuevo la envidia del sol y la presencia del ángel.

[334] Otra metáfora relativa al juego en el que los enamorados están ganando, por lo que, como era habitual, daban *de barato*, especie de propina, a quienes miraban o servían.

	huéspeda que a mí me ponga	
	en cuidado semejante[335].	
DOÑA ÁNGELA.	Dices bien, y yo lo he hecho	
	solo porque la regales.	1200
DON JUAN.	Yo me doy por muy contento	
	de la venganza.	
DOÑA BEATRIZ.	¿Qué haces,	
	don Juan? ¿Dónde vas?	
DON JUAN.	Beatriz,	
	a servirte, que dejarte	
	solo a ti por ti pudiera[336].	1205
DOÑA ÁNGELA.	Déjale ir.	
DON JUAN.	Dios os guarde.	

(Vase.)

DOÑA ÁNGELA.	Si cuidado con su huésped	
	me dio, y cuidado tan grande	
	que apenas sé de mi vida[337],	
	y él de la suya no sabe	1210
	viéndote a ti, con el mismo	
	cuidado he de desquitarme	
	porque de huésped a huésped	
	estemos los dos iguales.	

---

[335] Don Juan establece un inconsciente paralelismo (consciente, claro está, en Calderón) entre el estado afectivo de Doña Ángela y el propio. Así, el uso de la palabra *cuidado* con sentidos aparentemente diferentes («molestia» cuando se refiere a Don Manuel, «desvelo amoroso» cuando se refiere a Doña Beatriz) plantea abiertamente ese paralelismo, que solo encontrará su resolución en el cierre de la comedia. C. Bobes Naves, «Cómo está construida *La dama duende*», pág. 69, ha hablado de la técnica especular de la comedia y, por tanto, de la arquitectura circular de la misma.

[336] El sentido de sus palabras está claro, pero ¿adónde va a servirla, y en qué? No hay ninguna respuesta. Es lo que consideraríamos una salida necesaria pero no bien justificada.

[337] Doña Ángela prosigue el paralelismo apuntado; pero, continuando la reacción señalada por Isabel ante el retrato descubierto entre las cosas del huésped, confiesa aquí por primera vez el efecto que en sus afectos ha provocado Don Manuel.

175

DOÑA BEATRIZ.	El deseo de saber	1215
	tu suceso[338] fuera parte	
	solamente a no sentir	
	su ausencia.	
DOÑA ÁNGELA.	Por no cansarte,	
	papeles suyos y míos[339]	
	fueron y vinieron tales,	1220
	los suyos digo, que pueden	
	admitirse y celebrarse,	
	porque mezclando las veras	
	y las burlas no vi iguales	
	discursos[340].	
DOÑA BEATRIZ.	Y él en efeto,	1225
	¿qué es a lo que se persuade?	
DOÑA ÁNGELA.	A que debo de ser dama	
	de don Luis, juntando partes	
	de haberme escondido dél	
	y de tener otra llave[341]	1230
	del cuarto.	
DOÑA BEATRIZ.	Sola una cosa	
	dificultad se me hace.	
DOÑA ÁNGELA.	Di cuál es.	
DOÑA BEATRIZ.	¿Cómo este hombre,	
	viendo que hay quien lleva y trae	

---

[338] *suceso*: «el resultado de lo que está contando», en acepción que no registra ni Covarrubias ni *Autoridades*.

[339] También en *Varia fortuna del soldado Píndaro*, t. II, pág. 34, se intercambian cartas entre la dama y el soldado; resume Píndaro: «Con el pequeño alivio destos y otros villetes consolamos el tiempo que tardó nuestra vista, que no se dilató».

[340] Doña Ángela alude a los papeles que ambos se dejan sobre la almohada de la cama del galán, pero en número mayor del representado en escena. De ese intercambio prolongado de papeles no tenemos otra información que lo que Doña Ángela está diciendo en este momento. No obstante, hay que considerar que es a través de ellos —los papeles o cartas se constituyen en auténticos espacios de libertad no controlada por ninguna convención social— como sin duda ha proseguido el galanteo y proceso de seducción entre ambos. Por otra parte, Calderón priva al público del contenido de esos papeles con lo que aparta al espectador de su posición privilegiada ya que solo los personajes implicados saben o creen saber exactamente lo que en ellos se ha dicho.

[341] Al ignorar el secreto de la alacena, para Don Manuel la dama solo puede entrar por la puerta y para ello le hace falta una llave.

	papeles, no te ha espiado	1235
	y te ha cogido en el lance?[342].	
DOÑA ÁNGELA.	No está eso por prevenir,	
	porque tengo a sus umbrales	
	un hombre yo que me avisa[343]	
	de quién entra y de quién sale,	1240
	y así no pasa Isabel	
	hasta saber que no hay nadie.	
	Que ya ha sucedido, amiga,	
	un día entero quedarse	
	un criado para verlo	1245
	y haberle salido en balde	
	la diligencia y cuidado.	
	Y porque no se me pase	
	de la memoria, Isabel,	
	llévale[344] aquel azafate	1250
	en siendo tiempo.	
DOÑA BEATRIZ.	Otra duda:	
	¿cómo es posible que alabes	
	de tan entendido un hombre	
	que no ha dado en casos tales	
	en el secreto común[345]	1255
	de la alacena?	
DOÑA ÁNGELA.	¿Ahora sabes	
	lo del huevo de Juanelo[346],	
	que los ingenios más grandes	

---

[342] *lance:* «en la comedia son los sucesos que se van enlazando en el artificio de ella y forman el enredo o nudo, que tiene en suspensión al auditorio hasta que se deshace» *(Aut.).*

[343] En el v. 782 Isabel decía que Rodrigo la había informado de que Don Manuel y Cosme habían salido del cuarto, pero eso no quiere decir que el hombre a quien se refiere ahora Doña Ángela sea el criado de Don Luis. Aquí no se menciona a Rodrigo sino a *un criado* (v. 1245).

[344] En *P* es «llévate», que parece poco lógico; corregimos según *V-Z, M1* y *M2.*

[345] *común:* «vulgar, corriente».

[346] Anécdota conocida también como el huevo de Colón. Juanelo Turriano (1501-1585) fue famoso ingeniero, relojero y matemático italiano al servicio de Carlos V y Felipe II, para quienes diseñó máquinas e ingenios tan notables como el que debía servir para subir agua desde el río Tajo hasta la ciudad de Toledo, que al parecer funcionó hasta 1639.

	trabajaron en hacer	
	que en un bufete de jaspe	1260
	se tuviese en pie, y Juanelo	
	con solo llegar y darle	
	un golpecillo le tuvo?	
	Las grandes dificultades	
	hasta saberse lo son;	1265
	que, sabido, todo es fácil.	

DOÑA BEATRIZ. Otra pregunta.
DOÑA ÁNGELA.   Di cuál.
DOÑA BEATRIZ. De tan locos disparates[347],
                  ¿qué piensas sacar?
DOÑA ÁNGELA.   No sé.

	Dijérate que mostrarme	1270
	agradecida y pasar	
	mis penas y soledades[348],	
	si ya no fuera más que esto,	
	porque, necia e ignorante,	
	he llegado a tener celos	1275
	de ver que el retrato guarde	
	de una dama[349], y aun estoy	
	dispuesta a entrar y tomarle	
	en la primera ocasión,	
	y no sé cómo declare	1280

---

[347] *disparate:* «es lo mesmo que dislate [...] cosa despropositada, la cual no se hizo o dijo con el modo debido y con cierto fin» *(Cov.).* Aunque Doña Ángela ha insistido en el *necio* interés que la motiva, las palabras de Doña Beatriz son las que parecen juzgar más severamente lo que hace su prima. Por otra parte, *locos disparates* parece una magnífica descripción de lo que suele ser el teatro, y especialmente la comedia.

[348] Retoma aquí puntualmente Doña Ángela esa sensación de aislamiento y dolor que apuntaba en la primera jornada, realzando la caracterización compleja del personaje.

[349] Nótese el modo en que aquí surgen los celos de la dama: por la contemplación de un retrato hallado entre las cosas del huésped, con quien apenas ha cruzado unas palabras al principio además de intercambiar «misteriosamente» algunos papeles. El teatro de la *comedia nueva* escenifica efectivamente toda una casuística de los celos (de amor y de honor).

	que estoy ya determinada	
	a que me vea y me hable[350].	
Doña Beatriz.	¿Descubierta por quien eres?	
Doña Ángela.	¡Jesús, el cielo me guarde!	
	Ni él pienso yo que a un amigo	1285
	y huésped traición tan grande	
	hiciera[351], pues aun[352] pensar	
	que soy dama suya hace	
	escribirme temeroso,	
	cortés, turbado y cobarde[353];	1290
	y en efeto yo no tengo	
	de ponerme a ese desaire[354].	
Doña Beatriz.	Pues ¿cómo ha de verte?	
Doña Ángela.	Escucha	
	y sabrás la más notable	
	traza[355], sin que yo al peligro	1295

---

[350] Se va marcando así el proceso de evolución afectiva de Doña Ángela y, en consecuencia, de su predisposición a tomar decisiones que pueden afectar directamente su posición en la casa y en la sociedad. Según J. C. de Miguel, *«La dama duende»*, pág. 240, aquí se da un paso más, muy decisivo, «en el proceso de transgresión de cumplimiento de la plenitud de la relación a la que la empuja la pasión».

[351] Prosigue aquí Doña Ángela el tipo de discusión que habían tenido a finales de la jornada primera Cosme y Don Manuel. El criado, ante el rechazo de su amo a comentar la situación con Don Juan y Don Luis, le había dicho: «Luego ya ofendes a quien / su galán piensas» (vv. 1059-1060), a lo que Don Manuel había respondido: «No tal, / pues sin hacerla a ella mal / puedo yo proceder bien» (vv. 1060-1062).

[352] En *P* es «a pensar»; corregimos según *V-Z* y *M2*.

[353] Nótese que este será el único comentario que hará Doña Ángela sobre el tono y contenido de los papeles que han intercambiado ella y Don Manuel, y a los que el espectador/lector no tiene acceso. A juzgar por el único ejemplo que tenemos (a comienzos de esta jornada), en tono de broma inteligente y libresca, no parece ser esa la impresión que el público tiene de la escritura del galán. Por dicha razón resulta difícil imaginar el registro y tono de las palabras que Don Manuel puede haber escrito y que hayan creado en la dama esa sensación.

[354] El *desaire* de que Don Manuel la rechazara al enterarse de que era hermana de su amigo Don Juan.

[355] *traza*: «diseño que propone e idea el artífice para la fábrica de algún edificio u otra obra» *(Aut.)*. La *notable traza* consiste en «escribir» una «comedia» dentro de la comedia, de la que ella es la autora y cuyo protagonista (involuntario) será Don Manuel.

	de verme en su cuarto pase	
	y él venga sin saber dónde.	
ISABEL.	Pon otro hermano a la margen[356],	
	que viene don Luis.	
DOÑA ÁNGELA.	Después	
	lo sabrás.	
DOÑA BEATRIZ.	¡Qué desiguales	1300

son los influjos! ¡Que el cielo[357]
en igual mérito y partes[358]
ponga tantas diferencias
y tantas distancias halle,
que con un mismo deseo   1305
uno obligue y otro canse!
Vamos de aquí, que no quiero
que don Luis llegue a hablarme.

(Quiérese ir y sale DON LUIS.*)*

DON LUIS.	¿Por qué os ausentáis así?	
DOÑA BEATRIZ.	Solo porque vos llegasteis[359].	1310
DON LUIS.	La luz más hermosa y pura,	

de quien el sol la aprendió,
¿huye porque llego yo?
¿Soy la noche[360] por ventura?

---

[356] Otro comentario metateatral de Isabel: insinúa que, como si estuviera escribiendo una comedia *(La dama duende,* por ejemplo), debe apuntar la acotación al margen del papel de que sale Don Luis.

[357] Insiste Doña Beatriz en la postura expuesta ya en la jornada primera sobre la influencia de las estrellas en el amor y en los diferentes (y opuestos) afectos que suscita en los individuos.

[358] *partes:* «las prendas y dotes naturales que adornan a alguna persona» *(Aut.).* Según Doña Beatriz, los dos hermanos reúnen las mismas cualidades o atributos, aunque no menciona que el uno es mayorazgo y el otro segundón y, por tanto, pobretón.

[359] La franqueza de Doña Beatriz roza o cae dentro de la falta más absoluta de delicadeza, pero al menos el caballero no puede llamarse a engaño.

[360] Juego evidente con la puesta del sol (Beatriz) ante la llegada de la noche (Luis).

Pues perdone tu hermosura   1315
si atrevido y descortés[361]
en detenerte me ves,
que yo en esta contingencia
no quiero pedir licencia
porque tú no me la des;   1320
que, estimando tu rigor[362],
no quiere la suerte mía
que aun esto que es cortesía
tenga nombre de favor.
Ya sé que mi loco amor[363]   1325
en tus desprecios no alcanza
un átomo de esperanza,
pero yo, viendo tan fuerte
rigor, tengo de quererte
por solo tomar venganza.   1330
Mayor gloria me darás

---

[361] Vuelve a surgir el tema de la cortesía. Recuérdese que en la jornada primera Don Manuel había acusado a Don Luis de no ser precisamente un modelo de actitud cortés.

[362] *rigor:* «aspereza, dureza o acrimonia en el genio [...] Se toma también por la crueldad o exceso en el castigo, pena o reprensión» *(Aut.)*. Articula aquí Don Luis una actitud muy propia del amor cortés, con tintes más que evidentes de subjetividad masoquista: la aceptación voluntaria y alegre por parte del amador de los desplantes y muestras de rechazo de la dama. Si aquí Don Luis puede actuar como suplicante *(fenhedor)*, no parece avanzar hacia el estado de amante favorecido *(drut)*. Ese tipo de amante aparece, por ejemplo, en *La hija del aire 2*, donde Friso, en paralelismo antagónico con su hermano Lucas, es desdeñado por Astrea, lo que le hace decir: «Tan hallado estoy con ellos [los desdenes] / y por vuestros los estimo, / que con ellos no echo menos / el bien a que no me animo» (vv. 975-978); y un poco más adelante: «También vivo feliz yo, / pues padezco» (vv. 991-992), a lo que responde Astrea: «Si imagino / que mi desprecio estimáis, / ni aun desprecios tendréis / míos» (vv. 992-994).

[363] *loco amor* es concepto que aparece en el *Libro de buen amor* —donde parece valer por amor desordenado, vano y deshonesto— y en *La Celestina.* En esta última el loco amor alude al amor por lo material (carne o riquezas), pero también el amor desordenado y apasionado que no podía diferenciarse de la lujuria (deseo carnal obsesivo) y próximo a o manifestación de la locura *(amor hereos)*, encarnado por Calisto. No obstante, Don Luis parece calificar su amor de *loco* solamente por no tener esperanza.

                    cuando más pena me ofrezcas,
                    pues cuando más me aborrezcas
                    tengo de quererte más[364].
                    Si desto quejosa estás,   1335
                    porque con solo un querer
                    los dos vengamos a ser
                    entre el placer y el pesar
                    estremos, aprende a amar
                    o enséñame a aborrecer.   1340
                    Enséñame tú rigores,
                    yo te enseñaré finezas;
                    enséñame tú asperezas,
                    yo te enseñaré favores;
                    tú desprecios y yo amores,   1345
                    tú olvido y yo firme fe,
                    aunque es mejor, porque dé
                    gloria al amor, siendo dios,
                    que olvides tú por los dos,
                    que yo por los dos querré.   1350
DOÑA BEATRIZ.   Tan cortésmente os quejáis
                    que, aunque agradecer quisiera
                    vuestras penas, no lo hiciera
                    solo porque las digáis[365].
DON LUIS.   Como tan mal me tratáis,   1355
                    el idioma del desdén
                    aprendí[366].

---

[364] Se reitera en estos versos la posición de Don Luis, según el código del amor cortés, de su condición de suplicante o aspirante a gozar los favores de la dama.

[365] *agradecer:* «recompensar [...] satisfacer» *(Aut.); pena:* «cuidado, sentimiento, congoja y desazón grande» *(Aut.).* La dama desempeña también su papel en esta relación «amorosa», negándole al amante cualquier gratificación para que siga mostrando su dolor y su deseo.

[366] El problema de Don Luis es que, a pesar de recurrir a valores e imágenes propias del amor cortés, su relación con Doña Beatriz no es en absoluto semejante a la de los trovadores, por lo que no hay en su relación con la amada ningún progreso que conduzca al apetecido bien, sino que se trata de articular poéticamente lo que las estrellas, según decía Doña Beatriz, han decidido de otra manera.

DOÑA BEATRIZ.	Pues ese es bien
	que sigáis, que en caso tal
	hará soledad[367] el mal
	a quien le dice tan bien.	1360

(Detiénela.)

DON LUIS.	Oye[368] si acaso te vengas
	y padezcamos los dos.
DOÑA BEATRIZ.	No he de escucharos. ¡Por Dios,
	amiga, que le detengas!

(Vase.)

DOÑA ÁNGELA.	¡Que tan poco valor tengas	1365
	que esto quieras oír y ver![369].
DON LUIS.	¡Ay, hermana! ¿Qué he de hacer?
DOÑA ÁNGELA.	Dar tus penas al olvido,
	que querer aborrecido
	es morir y no querer.	1370

(Vase con ISABEL.)

| DON LUIS. | Quejoso, ¿cómo podré |
| | olvidarla, que es error? |

---

[367] *hará soledad:* probablemente, Doña Beatriz indica en tono irónico que quien habla tan bien el idioma del desdén (o sea, del mal) sufrirá mucha soledad; *soledad:* «falta de aquella persona de cariño o que puede tener influjo en el alivio y consuelo» *(Aut.).*

[368] Tanto Valbuena como Antonucci han abandonado *P* y aceptado la lectura de *V-Z, M1* y *M2,* dejando el verso así: «Oye, si en eso te vengas», pero no logra darle más sentido al subjuntivo que sigue. En realidad, si *oye* es, como dice *Autoridades,* «especie de interjección que denota enfado y suele servir de amenaza», la eliminación de la coma ayuda a comprender el sentido de lo que dice Don Luis: «Cuidado no te vengues y salgamos perdiendo ambos». Esa fue la opción de Rey Hazas y Sevilla Arroyo.

[369] Completamente fuera del paradigma del amor cortés, y por tanto leyendo las palabras de Beatriz en su sentido literal, Doña Ángela solo ve la «bajeza» de la actitud de su hermano ante el contundente rechazo de Doña Beatriz, de ahí su reacción de incredulidad y reproche.

Dila que me haga un favor[370]
y obligado olvidaré,
ofendido no, porque   1375
el más prudente, el más sabio,
da su sentimiento al labio;
si olvidarse el favor suele[371]
es porque el favor no duele
de la suerte que el agravio.   1380

(Sale RODRIGO.)

RODRIGO[372].   ¿De dónde vienes?
DON LUIS   No sé.
RODRIGO.   Triste parece que estás.
                     ¿La causa no me dirás?
DON LUIS.   Con doña Beatriz hablé.
RODRIGO.   No digas más, ya se ve   1385
                     en ti lo que respondió,
                     pero ¿dónde está?, que yo
                     no la he visto.

---

[370] Valbuena Briones señalaba en su edición que el parlamento anterior de Don Luis mostraba la debilidad de su carácter, rasgo que había sido puesto de relieve por el director José Luis Alonso dándole al personaje un toque cómico. No obstante, es aquí cuando Don Luis, al pedirle a su hermana —que ya ha abandonado el tablado, es decir, pidiéndoselo a una ausencia— que intervenga para que la dama le haga un favor a fin de obligarle con él y no dejarle ofendido, realmente muestra su falta de carácter: Don Luis no sabe actuar ni como amador del amor cortés ni como amante de comedia.

[371] Resuena en estas palabras algún refrán como el de «Quien hace favores, contra sí los pone».

[372] Así es como aparecen estos versos en *P* y demás testimonios. Sin embargo, tal vez deberían corregirse así: «DON LUIS.—¿De dónde vienes? RODRIGO.—No sé. / Triste parece que estás. / ¿La causa no me dirás? DON LUIS.—Con doña Beatriz hablé». Puesto que es Rodrigo quien llega, la pregunta «¿De dónde vienes?» debería hacérsela su amo, y no a la inversa. Otra explicación plausible que justificaría la atribución aceptada de los versos radica en el posible desplazamiento de Don Luis por la sala de paso; lo cual, sumado a su estado anímico, tal vez le ha desorientado hasta el punto de ignorar efectivamente dónde se encuentra.

184

Don Luis.   La tirana[373]
                          es huéspeda de mi hermana
                          unos días, porque no   1390
                          me falte un enfado así
                          de un huésped, que cada día
                          mis hermanos a porfía
                          se conjuran contra mí[374],
                          pues cualquiera tiene aquí   1395
                          uno que pesar me dé:
                          de don Manuel, ya se ve,
                          y de Beatriz, pues los cielos
                          me traen a casa mis celos[375]
                          porque sin ellos no esté.   1400
Rodrigo.   Mira que don Manuel puede
                          oírte, que viene allí.

               (Sale Don Manuel.)

Don Manuel.   (Sólo en el mundo por mí
                          tan gran prodigio sucede[376].

---

[373] *tirana* como calificativo para la amada cuando esta no parece mostrarse amable a las solicitudes del galán es fórmula frecuente en la lírica y el teatro de la época. Así, por ejemplo, Don Fernando, en *Ganar amigos,* de Juan Ruiz de Alarcón, *Obras completas,* México, Fondo de Cultura Económica, 1979, ed. de Agustín Millares Carlo, t. II, jornada II, vv. 1529-1532, le dice a Doña Flor: «¡Quédate por siempre, ingrata, / liviana, aleve, fingida, / mudable, tirana, fiera, / tigre hircana y sierpe libia!».

[374] A las inclinaciones masoquistas se le añaden aquí al parecer otras de carácter paranoico. Don Luis se siente perseguido por sus hermanos en el hecho de que ambos han traído un huésped a la casa, y ambos huéspedes le causan enfado por razones diversas.

[375] Escribe Cervantes en *Los trabajos de Persiles y Sigismunda,* lib. III, cap. 19, en boca de Auristela: «pero aquello que dicen que se llama amor, que es una vehemente pasión del ánimo, como dicen, ya que no dé celos, puede dar temores que lleguen a quitar la vida, del cual temor a mí me parece que no puede estar libre el amor en ninguna manera». Don Luis atribuye —de un modo desplazado— a las estrellas tanto el amor que siente hacia Doña Beatriz como la presencia de la dama en su casa y, en consecuencia, los celos.

[376] *prodigio:* «suceso extraño que excede a los límites regulares de la naturaleza» *(Aut.).* Don Manuel, ante su incapacidad para desentrañar el misterio que envuelven los mensajes y detalles de «la dama duende», empieza a mostrar su creciente confusión. No obstante, sus dudas se sitúan en lo terrenal y descifrable.

¿Qué haré, cielos, con que quede   1405
desengañado, y saber[377]
de una vez si esta mujer
de don Luis dama ha sido
o cómo mano ha tenido
y cautela para hacer   1410
tantos engaños?)

DON LUIS.   Señor
don Manuel.

DON MANUEL.   Señor don Luis.

DON LUIS.   ¿De dónde bueno venís?

DON MANUEL.   De palacio.

DON LUIS.   Grande error
el mío fue en preguntar   1415
a quien pretensiones[378] tiene
dónde va ni dónde viene,
porque es fuerza que ha de dar
cualquiera línea en palacio
como centro de su esfera[379].   1420

DON MANUEL.   Si sólo a palacio fuera,
estuviera más de espacio[380],

---

[377] Camilo, en *La viuda valenciana*, vv. 1019-1020, siente el mismo deseo: «Yo he de saber lo que es esto, / aunque me cueste la vida».

[378] *pretensión*: «solicitación para adquirir o lograr alguna cosa que se desea, para lo cual se hacen las diligencias convenientes» *(Aut.)*. En el caso de Don Manuel, ese gobierno con que se le ha premiado (v. 84).

[379] La expresión, con significación teológica cristiana, aparece en el soneto XXXII, de Francisco de Aldana, donde escribe: «¡Oh, de la luz de Dios reina vestida, / do en carnes se abrevió perecedera / El que después, cual centro de su esfera, / salió sin della ser línea ofendida!» (vv. 5-9). Obviamente aquí se trata de Cristo en una interpretación de carácter neoplatónico. También utiliza la expresión san Juan de la Cruz en su Declaración del poema «Noche oscura» porque «el amor es asimilado al fuego, que siempre sube hacia arriba, con apetito de engolfarse en el centro de su esfera» (lib. II, cap. 20). En la literatura profana también habrá circunstancias, realidades o personas que se convertirán en *centro de la esfera* de numerosos personajes. Menón, en *La hija del aire 1*, vv. 1305-1307, le dice al rey Nino: «Hasta llegar a tus plantas, / que son mi centro y esfera, / violento diré que estuve». El *centro de la esfera* de un pretendiente no puede ser otro lugar que el palacio real, porque es ahí donde el rey (o alguno de sus secretarios) puede satisfacer las expectativas del que pretende.

[380] *estar de espacio*: «estar con flema y sin precipitación».

	pero mi afán inmortal[381]	
	mayor término ha pedido.	
	Su majestad ha salido	1425
	esta tarde al Escurial[382]	
	y es fuerza esta noche ir	
	con mis despachos[383] allá,	
	que de importancia será.	
DON LUIS.	Si ayudaros a servir	1430
	puedo en algo, ya sabéis	
	que soy en cualquier suceso[384]	
	vuestro.	
DON MANUEL.	Las manos os beso[385]	
	por la merced que me hacéis.	
DON LUIS.	Ved que no es lisonja esto.	1435
DON MANUEL.	Ya veo, que es voluntad	
	de mi aumento.	

---

[381] *afán:* «el trabajo demasiado, fatiga, congoja o prisa con que se hace, desea o solicita alguna cos» *(Aut.); inmortal:* «metafóricamente se aplica a las cosas que no tienen vida y vale cosa que no ha de tener fin o cabo» *(Aut.).* En otros términos, Don Manuel se refiere a su interminable pretensión, que todavía requiere más tiempo ahora que debe desplazarse a El Escorial, donde se encuentra la corte. Antonucci ve en estas palabras una «queja implícita contra las lentitudes burocráticas». Si, como sostiene F. de Armas, «"Por una hora": tiempo bélico y amoroso en *La dama duende*», pág. 116, n.3, «El tercer acto comienza al día siguiente cuando vuelve don Manuel del Escorial», no parece que haya perdido demasiado tiempo con lentitudes burocráticas. El protagonista de *Varia fortuna del soldado Píndaro,* t. II, pág. 12, afirma: «Quien piensa conservarse y executar su voluntad enteramente no puede hazer grandes progressos en la Corte. Es una dura cárcel, en la qual, al entrar, es menester dexar las armas; quiero decir, la libertad, el gusto y el reposo, sin tener otra actión que esperanza u paciencia [...] Nunca, aunque siembre mucho, verá lograda su cosecha, si el importuno sufrimiento y dissimulación cavilosa no acompaña a sus obras».

[382] El Escorial era desde que lo hiciera construir Felipe II uno de los sitios reales a los que se desplazaba la corte en determinadas temporadas del año.

[383] *despacho:* «cédula, título o comisión que se da a uno para algún empleo o negocio» *(Aut.).* Se refiere Don Manuel a los documentos que le serán precisos para avanzar en el proceso de su nombramiento para ese gobierno mencionado en la jornada I (v. 84).

[384] *suceso:* «acaecimiento» *(Cov.).*

[385] *besar las manos:* «locución expresiva del obsequio, atención, amistad, cariño, amor y afecto que a uno se tiene» *(Aut.).*

DON LUIS.   Así es verdad.
                 (Porque negocies más presto)[386].
DON MANUEL.   Pero a un galán cortesano
                 tanto como vos no es justo   1440
                 divertirle de su gusto[387],
                 porque yo tengo por llano
                 que estaréis entretenido[388],
                 y gran desacuerdo fuera
                 que ausentaros pretendiera[389].   1445
DON LUIS.   Aunque hubiérades[390] oído
                 lo que con Rodrigo hablaba,
                 no respondierais así.
DON MANUEL.   Luego, ¿bien he dicho?
DON LUIS.   Sí,
                 que, aunque es verdad que lloraba   1450
                 de una hermosura el rigor,
                 a la firme voluntad
                 le hace tanta soledad[391]
                 el desdén como el favor.

---

[386] Relacionado con las quejas que le ha expresado a Rodrigo sobre la presencia de Don Manuel y Doña Beatriz en su casa, este *aparte* —señalado como tal en *P*— indica claramente que su deseo es que el huésped parta lo antes posible. Puede verse en este comentario un rasgo de hipocresía, pero sobre todo de comicidad.

[387] *divertir:* «apartar, distraer la atención de alguna persona para que no discurra ni piense en aquellas cosas a que la tenía aplicada» *(Aut.).* Teniendo en cuenta que Don Manuel había llamado la atención sobre la descortesía de Don Luis y que piensa que la «dama duende» es la de este, puede verse en estas palabras un cierto tono irónico.

[388] Obviamente, supone que lo estará con la dama; *entretener:* «divertir y recrear el ánimo, dar algún solaz y gusto» *(Aut.).*

[389] Nótese el uso de *pretender* que juega con el sentido de aspirar a un empleo o cargo —para lo que ha ido Don Manuel a Madrid— y el de aspirar a que Don Luis deje la ciudad —donde, según Don Manuel— tiene amoríos.

[390] Forma arcaica por *hubierais.*

[391] Continuando lo dicho en el v. 1359, donde Doña Beatriz sostenía que quien habla tan bien el idioma del desdén sufrirá mucha soledad, aquí el sentido de estos versos debe ser: «la persona de firme voluntad sufrirá soledad tanto con el desdén como con el favor». Vuelve Don Luis a su idea de que al amante constante lo fortalece en su amor tanto el favor como el desdén. El problema es que, como se verá por los versos que siguen, parece que Don Luis se refiere a la dama tapada, pero en realidad está hablando de Doña Beatriz.

DON MANUEL.	¡Qué desvalido os pintáis!	1455
DON LUIS.	Amo una grande hermosura	
	sin estrella y sin ventura[392].	
DON MANUEL.	¿Conmigo disimuláis	
	agora?	
DON LUIS.	¡Pluguiera[393] al cielo!	
	Mas tan infeliz nací	1460
	que huye esta beldad de mí	
	como de la noche el velo	
	de la hermosa luz del día	
	a cuyos rayos me quemo[394].	
	¿Queréis ver con cuánto estremo	1465
	es la triste suerte mía?	
	Pues, porque no la siguiera	
	amante y celoso yo,	
	a una persona pidió	
	que mis pasos detuviera.	1470
	Ved si hay rigores más fieros,	
	pues todos suelen buscar	
	terceros para alcanzar,	
	y ella huye por terceros[395].	

(Vase él y RODRIGO.)

| DON MANUEL. | ¿Qué más se ha de declarar? | 1475 |
| | ¿Mujer que su vista huyó | |

---

[392] Sin estrella y sin ventura el amor, no la grande hermosura.

[393] *pluguiera:* forma arcaica por *placiera* o *placiese.*

[394] Elabora Don Luis la misma comparación que había expresado en los vv. 1311-1314, cuando le preguntaba a Doña Beatriz si era él acaso noche para que ella, luz del sol, se marchara.

[395] Juega Don Luis con la función de las terceras o alcahuetas, es decir, con figuras como la de Trotaconventos o Celestina. Recuérdese el elogio sarcástico de Don Quijote al oficio de alcahuete en *Don Quijote 1,* cap. 22: «Porque no es así como quiera el oficio de alcahuete, que es oficio de discretos y necesarísimo en la república bien ordenada, y que no le debía ejercer sino gente muy bien nacida; y aun había de haber veedor y examinador de los tales, como le hay de los demás oficios». En oposición a ellas —que acercan a los amantes—, Doña Ángela ha servido de tercera para alejarlo de Doña Beatriz.

y a otra persona pidió
que le llegase a estorbar?
Por mí lo dice y por ella[396].
Ya por lo menos vencí   1480
una duda, pues ya vi
que, aunque es verdad que es aquella,
no es[397] su dama, porque él
despreciado no viviera
si en su casa la tuviera.   1485
Ya es mi duda más cruel:
si no es su dama ni vive
en su casa, ¿cómo así
escribe y responde? Aquí
muere un engaño y concibe   1490
otro engaño. ¿Qué he de hacer,
que soy en mis opiniones
confusión de confusiones?[398].
¡Válgate Dios por mujer![399].

---

[396] La mentalidad especulativa de Don Manuel sigue indagando en las causas que explican la actitud de la dama duende, pero no llega a acertar en sus
conjeturas.

[397] Valbuena Briones prefiere la lectura de *M1* y *M2* «era» en vez de «es» de
P, pero sin justificación.

[398] Parece imitar Calderón la construcción de superlativos hebreos del estilo *cantar de los cantares, rey de reyes* o *vanidad de vanidades*. La misma expresión
en *El médico de su honra*, v. 2334. Allí Doña Mencía y aquí Don Manuel revelan con esas palabras la incapacidad en que se encuentran para hallar una mínima explicación lógica que satisfaga su necesidad de certidumbre y, por tanto, en la mayor de las confusiones. Calderón otorga una profunda intensidad
a reacciones comunes a otros autores; así, por ejemplo, Don Melchor, en *La
celosa de sí misma*, vv. 2936-2937, ante la duda que provoca la visión de dos damas enlutadas que pretenden ser la misma, exclama: «¿Qué extrañas / confusiones me persiguen?». En 1688 Joseph Penso de la Vega publicaría el primer
estudio sobre el funcionamiento de los mercados financieros bajo el título de
Confusión de confusiones.

[399] En *La vida es sueño*, v. 2014, exclama Astolfo: «¡Válgate Dios por Rosaura!», expresando enojo hacia ella por su aparición inexplicada en Polonia y
por la situación en que con ello lo coloca. La exclamación, presente en *Don
Quijote 2*, cap. 24, donde Sancho dice, refiriéndose a su amo: «¡Válgate Dios
por señor!», es muy frecuente en el teatro de la época y la usan Juan Ruiz de
Alarcón, en *Los favores del mundo*, o Lope de Vega en *Las bizarrías de Belisa*.

190

(*Sale* COSME.)

COSME.　　　Señor, ¿qué hay de duende? ¿Acaso　1495
　　　　　　hasle visto por acá?[400]
　　　　　　Que de saber que no está
　　　　　　allá me holgaré...

DON MANUEL.　　　　　　　Habla paso[401].

COSME.　　　...que tengo mucho que hacer
　　　　　　en nuestro cuarto y no puedo　1500
　　　　　　entrar.

DON MANUEL.　　　Pues ¿qué tienes?

COSME.　　　　　　　　　Miedo.

DON MANUEL.　　¿Miedo un hombre ha de tener?

COSME.　　　No le ha de tener, señor,
　　　　　　pero ve aquí que le tiene[402]
　　　　　　porque al suceso conviene.　1505

DON MANUEL.　　Deja aquese necio humor
　　　　　　y lleva luz[403], porque tengo
　　　　　　que disponer y[404] escribir,
　　　　　　y esta noche he de salir
　　　　　　de Madrid.

COSME.　　　　　　　A eso me atengo,　1510
　　　　　　pues dices con eso aquí
　　　　　　que tienes miedo al suceso.

---

[400] Lectura de *V-Z, M1* y *M2* frente a «aquí» en *P,* necesaria para la rima.

[401] *paso:* «usado como adverbio, vale lo mismo que blandamente, quedo» (*Aut.*).

[402] Si el hidalgo no debe tener miedo, o al menos mostrarlo, el criado (a pesar de que antes se le llamó *hidalgo*) no se identifica con ese código de conducta y reconoce lo que le parece natural en la situación. Compárese con la comedia burlesca *Céfalo y Pocris,* en la jornada primera: «—GIGANTE: Si sois caballeros, ¿cómo / teméis? —CÉFALO: Por la misma causa / que tenemos que perder / muchísimo en nuestras casas. / —ROSICLER: Y estamos sin herederos; / y así este temor nos guarda / las vidas» (pág. 15).

[403] Puesto que las representaciones teatrales tenían lugar durante el día, los efectos asociados a la luz se ponían de relieve mediante signos u objetos claramente perceptibles por el público y de alto valor semiótico.

[404] Lectura de todos los testimonios excepto *P,* donde aparece «de disponer de escribir».

DON MANUEL.	Antes te he dicho con eso	
	que no hago caso de ti,	
	pues de otras cosas me acuerdo	1515
	que son diferentes; cuando	
	en estas me estás hablando	
	el tiempo en efeto pierdo.	
	En tanto que me despido	
	de don Juan, ten luz.	

(Vase.)

COSME.	Sí haré,	1520
	luz al duende[405] llevaré,	
	que es hora que sea servido	
	y no esté a escuras. Aquí	
	ha de haber una cerilla,	
	en aquella lamparilla	1525
	que está murmurando allí;	
	encenderla agora puedo.	
	¡Oh, qué prevenido soy!	
	Y entre estas y estotras[406] voy	
	titiritando de miedo.	1530

[CUADRO II]
[ESCENA EN EL CUARTO DE DON MANUEL]

(Vase y sale ISABEL *por la alacena con un azafate cubierto.)*

ISABEL.	Fuera están, que así el criado	
	me lo dijo. Agora[407] es tiempo	

---

[405] Para Cosme, el cuarto de Don Manuel se ha convertido en el cuarto del duende.

[406] Anticipa con esta expresión vacía —«mientras tanto»— lo que serán más abajo sus cuatro razones.

[407] Pese a que *P* lleva «ahora», su presencia ahí no es coherente con el uso de *agora* como trisílabo. Corregimos según *V, M1* y *M2*.

de poner este azafate
de ropa blanca en el puesto
señalado. ¡Ay de mí, triste,   1535
que como es de noche tengo
con la grande obscuridad[408]
de mí misma asombro y miedo!
¡Válgame Dios, que temblando
estoy! El duende primero   1540
soy que se encomienda a Dios.
No hallo el bufete... ¿Qué es esto?
Con la turbación y espanto
perdí de la sala el tiento[409].
No sé dónde estoy ni hallo   1545
la mesa... ¿Qué he de hacer,
                          [cielos?[410].

Si no acertase a salir
y me hallasen aquí dentro,
dábamos con todo el caso
al traste. Gran temor tengo,   1550
y más agora que abrir
la puerta del cuarto siento
y trae luz el que la abre.
Aquí dio fin el suceso,

---

[408] Se supone, pues, que el cuarto está a oscuras. Según hemos dicho, la representación se hacía con luz solar, de modo que son las palabras y algunos elementos de valor semiótico (vela, linterna) los que diferencian lo oscuro de lo diáfano. Como recuerda J. Varey, «*La dama duende*», pág. 177: «Los *Reglamentos de teatros* de 1608 estipulan que "las representaciones se empiecen los seis meses desde 1.º de octubre a las dos y los otros seis a las cuatro de la tarde, de suerte que se acaben una hora antes de que anochezca" [...] En 1641 los reglamentos insisten en que "se comience la comedia en los cuatro meses de invierno a las dos de la tarde, y los cuatro de primavera a las tres y los cuatro de verano a las cuatro, de modo que se salga dellas siempre de día claro"».
[409] *tiento*: «tentar con la mano [...] el que está a escuras» *(Cov.)*. Nótese la importancia que tiene y va a tener en esta comedia el *tiento* por las varias situaciones en que los personajes se van a encontrar a oscuras.
[410] En la misma tesitura se encuentran otros personajes, y lanzan la misma exclamación, como Astolfo, en *La vida es sueño*, v. 1647; o Juan, en *Mañanas de abril y mayo,* v. 1913; pero también Carlos en *El galán fantasma* o Cintia *En la vida todo es verdad y todo mentira.*

que ya ni puedo esconderme 1555
ni volver a salir puedo.

(Sale COSME *con luz.)*

COSME.   Duende mi señor, si acaso
obligan los rendimientos
a los duendes bien nacidos,
humildemente le ruego 1560
que no se acuerde de mí
en sus muchos embelecos,
y esto por cuatro razones[411]:
la primera, yo me entiendo[412];

(Va andando y ISABEL *detrás dél huyendo de que no la vea)*[413].

la segunda, usted lo sabe; 1565
la tercera, por aquello
de que al buen entendedor[414]...
la cuarta, por estos versos:
«Señor Dama Duende,
duélase de mí, 1570

---

[411] Calderón imita aquí a Cervantes en su entremés «El juez de los divorcios», en *Entremeses,* Madrid, Castalia, 1970, ed. de Eugenio Asensio, pág. 69, cuando el cirujano quiere explicarle al juez las cuatro causas por las que se quiere divorciar de Aldonza, su mujer: «La primera, porque no la puedo ver más que a todos los diablos; la segunda, por lo que ella se sabe; la tercera, por lo que yo me callo; la cuarta, porque no me lleven los demonios, cuando desta vida vaya, si he de durar en su compañía hasta mi muerte». Volverá a lo mismo en *Céfalo y Pocris,* donde, en la segunda jornada, preguntado el Rey por el Gigante que qué quejas tenía, aquel responde: «Es la primera / esta, la segunda la otra / y la tercera es aquella» (pág. 45).

[412] Expresión que debía emplearse para interrumpir una aclaración como si quien hablaba se volviera a su propio interior para justificar su silencio. Es muletilla muy usada en el teatro de la época. José de Cañizares llegaría a escribir una obra titulada *Yo me entiendo y Dios me entiende.*

[413] La suposición de que están a oscuras es lo que confiere a este juego de teatro su carácter cómico.

[414] No termina el refrán «Al buen entendedor pocas palabras bastan». En síntesis, las tres primeras razones le eximen de cualquier explicación ulterior.

	que soy niño y solo,	
	y nunca en tal me vi»[415].	
ISABEL.	(Ya con la luz he cobrado	
	el tino del aposento,	
	y él no me ha visto. Si aquí	1575
	se la mato[416], será cierto	
	que mientras la va a encender	
	salir a mi cuarto puedo,	
	que cuando sienta el ruido	
	no me verá por lo menos,	1580
	y a dos daños el menor)[417].	
COSME.	¡Qué gran músico es el miedo![418].	
ISABEL.	(Esto ha de ser de esta suerte.)	

(Dale un porrazo y mátale la luz.)

| COSME. | *¡Verbo caro... fiteor Deo*[419], | |
| | que me han muerto! | |

---

[415] Versión a lo cómico del muy popular cantar que dice: «Señor Gómez Arias, / doleos de mí; / soy muchacha y niña / y nunca en tal me vi». Cervantes, por ejemplo, lo utiliza en su entremés *El viejo celoso*. Además, Luis Vélez de Guevara y más tarde Calderón escribirían sendas comedias sobre *La niña de Gómez Arias*. El mismo Calderón volverá a él, con ligeras variaciones, en *A tu prójimo como a ti*, *Luis Pérez el Gallego*, *Apolo y Climene*, *Hado y divisa de Leonido y Marfisa* y *La fiera, el rayo y la piedra*. El cantar rompe la métrica del parlamento.

[416] Obviamente, la luz.

[417] La idea está en Cicerón, *De officiis*, lib. III, 102: *Primum minima de malis?* Forma parte del refranero español como «Del mal el menos». Tirso de Molina tituló una de sus comedias *Del mal el menos, y averígüelo Vargas*.

[418] Se refiere a que ha sido para tratar de ahuyentar su propio miedo que ha entonado el cantarcillo popular sobre la niña de Gómez Arias; o tal vez a que el miedo le hace castañetear los dientes o las rodillas.

[419] Valbuena Briones apunta muy acertadamente que lo que parece el comienzo de un conjuro protector basándose en una versión de Juan 1, 14: «Et Verbum caro factum est, et habitavit in nobis» (que después se incorporaría al rezo del *angelus)*, se convierte, tras recibir el porrazo de Isabel, en una versión también incompleta del comienzo del «Confiteor Deo Omnipotenti». Según Valbuena Briones, «Introducción», pág. 33, para el fraile Martín de Castañega, el *Verbum caro factum est* eran «palabras muy eficaces en estos casos». Por el contrario, *Confiteor Deo* es «oración que se reza en peligro de muerte y que tiene, según Ciruelo, saludable influencia con los endemoniados».

ISABEL.   (Ahora podré   1585
                    escaparme.)

(Al querer huir ISABEL, *sale* DON MANUEL.)

DON MANUEL.   ¿Qué es aquesto?
                    Cosme, ¿cómo estás sin luz?
COSME.   Como a los dos nos ha muerto
                    la luz el duende de un soplo[420],
                    y a mí de un golpe.
DON MANUEL.   Tu miedo   1590
                    te hará creer esas cosas.
COSME.   Bien a mi costa las creo.
ISABEL.   (¡Oh, si la puerta topase!)
DON MANUEL.   ¿Quién está aquí?

(Topa ISABEL *con* DON MANUEL *y él la tiene del azafate.)*

ISABEL.   (Peor es esto,
                    que con el amo he encontrado.)   1595
DON MANUEL.   Trae luz, Cosme, que ya tengo
                    a quien es.
COSME.   Pues no le sueltes.
DON MANUEL.   No haré. Ve por ella presto.
COSME.   Tenle bien.

          (Vase.)

ISABEL.   (Del azafate
                    asió. En sus manos le dejo.   1600
                    Hallé la alacena. ¡Adiós!)

(Vase y él tiene el azafate.)

---

420 Tanto Valbuena como Antonucci aceptan la lectura de *M1* y dejan este
verso así: «el duende: la luz de un soplo». Sin embargo, la lectura de *P* es perfectamente comprensible y lógica, pues el duende les ha matado la luz a los
dos de un soplo, y solo a Cosme lo ha matado de un golpe.

DON MANUEL.	Quienquiera que es se esté quedo
	hasta que traigan la luz,
	porque si no, ¡vive el cielo!,
	que le dé de puñaladas. 1605
	Pero solo abrazo el viento
	y topo solo una cosa
	de ropa y de poco peso.
	¿Qué será? ¡Válgame Dios,
	que en más confusión me ha puesto! 1610

(Sale COSME *con luz.)*

COSME.	¡Téngase el duende a la luz!
	Pues ¿qué es dél?, ¿no estaba preso?,
	¿qué se hizo?, ¿dónde está?,
	¿qué es esto, señor?
DON MANUEL.	No acierto
	a responder. Esta ropa 1615
	me ha dejado y se fue huyendo.
COSME.	¿Y qué dices deste lance?
	Aun bien que[421] agora tú mesmo
	dijiste que le tenías
	y se te fue por el viento[422]. 1620
DON MANUEL.	Diré que aquesta persona,
	que con arte y con ingenio[423]
	entra y sale aquí, esta noche
	estaba encerrada dentro,
	que para poder salir 1625
	te mató la luz y luego
	me dejó a mí el azafate
	y se me ha escapado huyendo[424].

---

[421] *aun bien que:* «por fortuna, menos mal que», aquí en sentido irónico.

[422] Del mismo modo que aumenta la confusión de Don Manuel, Cosme va pinchando a su amo para que confiese que algo fuera del alcance de la comprensión racional está teniendo lugar ante ellos.

[423] Don Manuel regresa a la misma explicación que ya se había dado en v. 1071.

[424] La capacidad de explicación racional que muestra Don Manuel contradice en cierta medida su sensación de confusión señalada antes, ya que intuye perfectamente lo que puede haber sucedido.

COSME.	¿Por dónde?
DON MANUEL.	Por esa puerta.
COSME.	Harásme que pierda el seso, 1630
	¡vive Dios!, que yo le vi
	a los últimos reflejos
	que la pavesa dejó
	de la luz que me había muerto.
DON MANUEL.	¿Qué forma tenía?
COSME.	Era un fraile[425] 1635
	tamañito[426] y tenía puesto
	un cucurucho tamaño[427],
	que por estas señas creo
	que era duende capuchino[428].
DON MANUEL.	¡Qué de cosas hace el miedo! 1640
	Alumbra aquí y lo que trujo
	el frailecito veremos.
	Ten este azafate tú.
COSME.	¿Yo azafates del infierno?
DON MANUEL.	Tenle, pues.
COSME.	Tengo las manos 1645
	sucias, señor, con el sebo
	de la vela y mancharé
	el tafetán[429] que cubierto
	le tiene; mejor será
	que le pongas en el suelo. 1650

---

[425] Formaba parte de las supersticiones relacionadas con los duendes la de suponer a algunos de ellos vestidos de fraile y ser particularmente feos. Fray Antonio de Fuentelapeña, en *El ente dilucidado*, ed. de Javier Ruiz, Madrid, Editora Nacional, 1978, pág. 343, rebate en el punto 722 lo siguiente: «Instarás lo primero: estos duendes tienen figura de religioso, como lo deponen algunos que los han visto y lo opina el vulgo; *sed sic est*, que figura de religioso parece que arguye ser de hombre».

[426] *tamañito:* «pequeñito».

[427] *cucurucho:* «figura cónica en papel o cartón». Explica *Autoridades* que los de cartón «largos como de una vara o mayores [sirven] para capirotes de disciplinantes o penitentes». En oposición al fraile, pequeñito, el cucurucho era *tamaño,* o sea, aquí «grande».

[428] En el hábito de los frailes capuchinos —y de ahí su nombre— pendía «hacia la espalda un capucho puntiagudo para cubrir la cabeza» *(Aut.).*

[429] *tafetán:* «tela de seda muy unida, que cruje» *(Aut.).*

| DON MANUEL. | Ropa blanca es y un papel. |
| | Veamos si el fraile es discreto. |

(Lee.)

«En el poco tiempo que ha que vi-
vís en esta casa no se ha podido hacer más ropa[430]; como se fuere haciendo, se irá llevando. A lo que decís del amigo, persuadido a que soy
dama de don Luis, os aseguro que
no solo lo soy[431], pero que no puedo serlo. Y esto dejo para la vista,
que será presto. Dios os guarde».
Bautizado está este duende[432],
pues de Dios se acuerda.

COSME.	¿Veslo
	como hay[433] duende religioso?	1655
DON MANUEL.	Muy tarde es. Ve componiendo
	las maletas y cojines
	y en una bolsa pon estos

(Dale unos papeles.)

papeles, que son el todo
a que vamos, que yo intento   1660

---

[430] El modo que tiene Doña Ángela de *regalar* a Don Manuel no consiste solo en arreglarle, plancharle o lavarle la ropa, sino también en hacerle ropa blanca.

[431] La ausencia del segundo adverbio negativo («no sólo *no* lo soy») es propia del lenguaje de Calderón. Antonucci señala construcciones parecidas en *En la vida todo es verdad y todo mentira, No hay cosa como callar, Agradecer y no amar, Mujer, llora y vencerás* o *Basta callar*.

[432] Recoge aquí burlonamente Don Manuel otra creencia supersticiosa cual era que los niños no bautizados se convertían en duendes. Antonucci apunta la posible relación con los «diablos bautizados» que se mencionan en el entremés de Cervantes «La cueva de Salamanca», donde el Estudiante replica a Cristina: «¡Gentil novedad! ¿Adónde diablos hay diablos bautizados o para qué se han de bautizar los diablos?».

[433] Antonucci cree errata este *hay* de *P*, y opta por «es», que se encuentra en *V-Z*, pero la lección de *P* tiene pleno sentido.

en tanto dejar respuesta
a mi duende.

(Pónelos sobre una silla y DON MANUEL *escribe.)*

COSME.	Aquí los quiero,
	para que no se me olviden
	y estén a mano, ponerlos[434]
	mientras me detengo un rato 1665
	solamente a decir esto:
	¿has creído ya que hay duendes?
DON MANUEL.	¡Qué disparate tan necio!
COSME.	¿Esto es disparate? ¿Ves
	tú mismo tantos efetos, 1670
	como venirse a tus manos
	un regalo por el viento,
	y aún dudas? Pero bien haces
	si a ti te va bien con eso,
	mas déjame a mí, que yo, 1675
	que peor partido tengo,
	lo crea.
DON MANUEL.	¿De qué manera?
COSME.	Desta manera lo pruebo.
	Si nos revuelven la ropa,
	te ríes mucho de verlo 1680
	y yo soy quien la compone,
	que no es trabajo pequeño;
	si a ti te dejan papeles
	y se[435] llevan dos conceptos[436],
	a mí me dejan carbones 1685
	y se llevan mi dinero;
	si traen dulces, tú te huelgas
	como un padre de comerlos

---

[434] Duplicación del objeto directo, ya expresado en el v. 1662.

[435] En *P* se lee «te llevan», pero para el paralelismo con «y se llevan mi dinero» corregimos según *V-Z* y *M1*.

[436] Resume Cosme en estos dos versos el intercambio de mensajes *(conceptos)* que ha tenido lugar entre su amo y la dama duende.

y yo ayuno como un puto[437],
pues ni los toco ni veo;   1690
si a ti te dan las camisas,
las valonas[438] y pañuelos,
a mí los sustos me dan
de escucharlo y de saberlo;
si, cuando los dos venimos   1695
aquí casi a un mismo tiempo,
te dan a ti un azafate
tan aseado y compuesto,
a mí me da un mojicón[439]
en aquestos pestorejos[440]   1700
tan descomunal y grande
que me hace escupir los sesos.
Para ti solo, señor,
es el gusto y el provecho,
para mí el susto y el daño;   1705
y tiene el duende en efeto
para ti mano de lana,
para mí mano de hierro[441].

---

[437] No está documentada la expresión *ayunar como un puto*, pero si *padre* significara —en realidad, *padre de mancebía*— como apunta Antonucci, «dueño de burdel», se establece una cierta contraposición y paralelismo entre el holgarse de Don Manuel y el ayunar del criado.

[438] *valona:* «adorno que se ponía al cuello, por lo regular unido al cabezón de la camisa, el cual consistía en una tira angosta de lienzo fino que caía sobre la espalda y hombros, y por la parte de adelante era larga hasta la mitad del pecho» *(Aut.).* Por su menor complicación y coste, vinieron a sustituir a las lechuguillas como resultado de la pragmática antisuntuaria de febrero de 1623. Como escribe J. Deleito y Piñuela, *La mujer, la casa y la moda,* pág. 213: «La pragmática de 1623, suprimiendo los cuellos de los hombres y reemplazándolos por valonas, a uso francés, empezó a cumplirse el 1 de marzo de 1623». Recuérdese el retrato de Felipe IV, cazador, de Velázquez, pintado hacia 1634-36 y que se halla en el museo del Prado.

[439] *mojicón:* «el golpe que se da a puño cerrado, por otro nombre puñada» *(Cov.).*

[440] *pestorejo:* «parte posterior del pescuezo, carnuda y fuerte» *(Aut.).* El uso del plural se explica por considerar que hay un pestorejo detrás de cada oreja.

[441] En *La burgalesa de Lerma,* de Lope de Vega, jornada I, vv. 418-427, la criada Lucía le dice a Doña Clavela: «Y si los pinta la gente / con una mano de hierro / y otra de estopa, ¿no es yerro / decir que no es diferente? / Cuan-

Pues déjame que lo crea,
que se apura el sufrimiento[442]   1710
queriendo negarle a un hombre
lo que está pasando y viendo[443].

Don Manuel.   Haz las maletas y vamos,
que allá en el cuarto te espero
de don Juan.

Cosme.   Pues ¿qué hay que hacer,   1715
si allá vestido de negro[444]
has de andar, y esto se hace
con tomar un herreruelo?[445].

Don Manuel.   Deja cerrado y la llave
lleva, que, si en este tiempo   1720
hiciera falta, otra tiene
don Juan. (Confuso me ausento
por no llevar ya sabido
esto que ha de ser tan presto;
pero uno[446] importa al honor   1725
de mi casa y de mi aumento,
y otro solamente a un gusto,
y así, entre los dos estremos,

---

do sospecha se siente, / da con la mano de estopa, / mas cuando en casa se
topa / averiguando el encierro, / da con la mano de hierro / y quiebra hue-
sos y ropa». Fray Antonio de Fuentelapeña, en *El ente dilucidado,* punto 936,
pág. 416, escribe: «Instarás lo primero: de los duendes se dice que tienen una
mano de estopa y otra de hierro. Luego etc. Respondo que dicha locución
es metafórica».

   [442] *apurarle a uno el sufrimiento:* «apretarle y estrecharle demasiadamente, y
en cierto modo molestarle, para que prorrumpa y se inquiete» *(Aut.).*

   [443] En este caso, Cosme contrapone su experiencia vivida a los argumentos
de Don Manuel.

   [444] El negro era el color dominante en las ropas de los caballeros que se mo-
vían en la corte ya desde tiempos de Felipe II, que había impuesto el negro
como quintaesencia de la elegancia. En los corrales, el negro suponía que la
acción trascurría en el interior de la casa o en la corte.

   [445] *herreruelo:* «capa algo larga con solo cuello, sin capilla» *(Aut.).* Cosme
da por supuesto que todo herreruelo es negro. En *Don Quijote 1,* cap. 29, el
cura «vistióle [a Cardenio] un capotillo pardo que él traía y diole un herreruelo negro».

   [446] *P* lleva «no importa» en claro error; corregimos según *V-Z, M1* y *M2.*

202

> donde el honor es lo más
> todo lo demás es menos)[447]. 1730

(Vanse.)

[CUADRO III]
[ESCENA EN EL CUARTO DE DOÑA ÁNGELA]

(Salen DOÑA ÁNGELA, DOÑA BEATRIZ *y* ISABEL.)

DOÑA ÁNGELA.	¿Eso te ha sucedido?
ISABEL.	Ya todo el embeleco[448] vi perdido,
	porque, si allí me viera,
	fuerza, señora, fuera
	el descubrirse todo, 1735
	pero en efeto me escapé del modo
	que te dije.
DOÑA ÁNGELA.	Fue estraño
	suceso.
DOÑA BEATRIZ.	Y ha de dar fuerza al engaño,
	sin haber visto gente,
	ver que dé un azafate y que se
	[ausente. 1740
DOÑA ÁNGELA.	Si tras desto consigo
	que me vea del modo que te digo,

---

[447] Don Manuel contrapone aquí el gusto por saber cuándo y cómo verá a la dama al honor, en este caso encarnado en su ascenso social gracias al gobierno prometido y al consiguiente aumento de su casa. Estos dos últimos versos, según documenta Antonucci, se repiten con ligeras variaciones en *Cada uno para sí* y *Amor, honor y poder*. Para J. Iturralde, *«La dama duende»*, pág. 57, en estos versos se manifiesta que «la presencia de doña Ángela en [sus] habitaciones se convierte en un motivo de obsesión [...] ya que la lógica no le sirve para desentrañar el misterio».

[448] *embeleco:* «engaño o mentira con que alguno nos engaña divirtiéndonos y haciéndonos suspender el discurso por la multitud de cosas que enreda y promete» *(Cov.).*

	no dudo de que pierda	
	el juicio[449].	

DOÑA BEATRIZ.　　　　La atención más grave y cuerda
es fuerza que se espante,　　　　　　　　　　1745
Ángela, con suceso semejante[450],
porque querer llamalle
sin saber dónde viene y que se halle
luego con una dama
tan hermosa, tan rica y de tal fama　　1750
sin que sepa quién es ni dónde vive
—que esto es lo que tu ingenio le[451]
　　　　　　　　　　　　[apercibe—
y haya, tapado y ciego,
de volver a salir y dudar luego,
¿a quién no ha de admirar?

DOÑA ÁNGELA.　　　　　　　　Todo advertido 1755
está ya, y por estar tú aquí no ha sido
hoy la noche primera
que ha de venir a verme.

DOÑA BEATRIZ.　　　　　　　　¿No supiera
yo callar el suceso
de tu amor?

---

[449] Es lo que le sucede a Don Martín en *Don Gil de las calzas verdes* con la aparición de un Don Gil que acaba siendo múltiples Giles. Exclama Don Martín: «¿Hay confusión semejante? / ¡Que este don Gil me persiga / invisible cada instante / y que por más que le siga / nunca le encuentre delante!» (vv. 2011-2015); y un poco después: «Don Gil de las calzas verdes / ha de quitarme el sentido. / Ninguno me había creer / sino que se disfrazó / para obligarme a perder / algún demonio» (vv. 2034-2039); *perder el juicio*: «enajenarse de la razón» *(Cov.);* «frase que, además del sentido recto, se usa para ponderar la extrañeza o harmonía que hace alguna cosa» *(Aut.).* Camilo, en *La viuda valenciana,* vv. 954-955, cuando es informado por Urbán de las condiciones que impone la dama, comenta: «Juro por la fe de hidalgo / que me hacéis perder el seso». En *Varia fortuna del soldado Píndaro,* t. II, pág. 19, Píndaro, después de haber escuchado a la dama la primera vez, confiesa: «y assí pensé, cuydando en esto, perder el juycio».

[450] Doña Beatriz describe aquí la *traza* que Doña Ángela ha inventado (la trama de su comedia) para que Don Manuel pueda verla y hablarle.

[451] En *P* se lee «te apercibe», claro error que corregimos según *V-Z, M1* y *M2*.

DOÑA ÁNGELA.   Que no, prima, no es por eso,   1760
                                sino que, estando en casa
                                tú, como a mis hermanos les abrasa
                                tu amor, no salen della[452]
                                adorando los rayos de tu estrella[453],
                                y fuera aventurarme,   1765
                                no ausentándose ellos, empeñarme.

(Sale DON LUIS *al paño)*[454].

DON LUIS.   (¡Oh cielos, quién pudiera
                                disimular su afecto! ¡Quién pusiera
                                límite al pensamiento,
                                freno a la voz y ley al sentimiento!   1770
                                Pero ya que conmigo
                                tan poco puedo que esto no
                                                         [consigo[455],
                                desde aquí he de ensayarme
                              a vencer mi pasión y reportarme.)
DOÑA BEATRIZ.   Yo diré de qué suerte   1775
                              se podrá disponer para no hacerte
                              mal tercio[456] y para hallarme
                              aquí, porque sintiera el ausentarme
                              sin que el efeto viera
                              que deseo[457].

---

[452] Este detalle explica las circunstancias que, cuando Doña Beatriz no está albergada con ella, le hacen posible a la dama salir tapada de casa. Suponer que es solo Don Juan el responsable de «descuido» hacia Doña Ángela no tiene en consideración este factor.

[453] Como ya se ha visto en otros lugares, tal estrella no es otra que el sol.

[454] El actor, en lugar de salir abiertamente al tablado, se mostraba —ostensiblemente para el público— tras una cortina de las que cubrían los dos nichos laterales del fondo, colocándose así más cerca del público, a quien con frecuencia se dirigen sus comentarios. De ese modo, Don Luis podrá escuchar el diálogo que tiene lugar entre las mujeres y, lógicamente, malinterpretar sus palabras.

[455] Otro comentario de este personaje que realza su carácter cómico.

[456] *hacer mal tercio:* «frase con que se explica que a alguno se le estorba o hace daño en pretensión o cosa semejante» *(Aut.).*

[457] Atrapada en la intriga que entre Isabel y Doña Ángela han ido organizando, Doña Beatriz está dispuesta a participar con algún nuevo elemento en

Doña Ángela.	Pues di de qué manera. 1780
Don Luis.	(¿Qué es lo que las dos tratan, que de su mismo aliento se recatan?)
Doña Beatriz.	Las dos publicaremos que mi padre envió por mí y [haremos la deshecha[458] con modos 1785 que, teniéndome ya por ida todos, vuelva a quedarme en casa...
Don Luis.	(¿Qué es esto, cielos, que en mi [agravio[459] pasa?)
Doña Beatriz.	...y, oculta con secreto, sin estorbos podré ver el efeto... 1790
Don Luis.	(¿Qué es esto, cielo injusto?)[460].
Doña Beatriz.	...que ha de ser para mí de tanto [gusto.
Doña Ángela.	Y luego, ¿qué diremos de verte aquí otra vez?
Doña Beatriz.	Pues ¿no tendremos —¡qué mal eso te admira!— 1795 ingenio para hacer otra mentira?[461].

---

la estrategia femenina para manipular a Don Manuel y no perderse el espectáculo que se está planificando.

[458] *deshecha:* «disimulo, fingimiento y arte con que se finge y disfraza alguna cosa» *(Aut.).*

[459] La obsesiva fijación de Don Luis en su honor —o la paranoia que a él asocia, pues todo se le hacen amenazas a su honor— surge aquí ante la conversación privada de las damas. Según B. K. Mujica, «Tragic Elements», pág. 320: «Like other Calderonian honor heroes, don Luis collects circumstantial evidence with the hope that it will give him a reason for taking vengenance». En realidad, la paranoia de los celos de honor se une a los celos de amor que le provoca suponer que Doña Beatriz conspira contra él para ver a escondidas a Don Juan, pero no hay que olvidar que esta comedia no es un drama de honor.

[460] La misma exclamación en L. de Góngora, «Fábula de Píramo y Tisbe», v. 310, y también en boca de Marcelo en *Las firmezas de Isabela,* v.1666. La exclamación de Don Luis se explica por la interpretación —errónea— que está haciendo de las palabras de Beatriz.

[461] Podría deducirse de aquí que las mujeres son fáciles inventoras de mentiras gracias a su sorprendente y creativo ingenio. Camilo le dice a Leonarda en *La viuda valenciana,* vv. 2897-2898: «que quien hizo aquel engaño / otros muchos sabrá hacer».

DON LUIS.	(Sí tendréis. ¡Que esto escucho!
	Con nuevas penas y tormentos
	[lucho.)
DOÑA BEATRIZ.	Con esto, sin testigos y en secreto,
	deste notable amor veré el efeto, 1800
	pues, estando escondida
	yo y estando la casa recogida⁴⁶²,
	sin escándalo⁴⁶³ arguyo
	que pasar pueda de su cuarto al tuyo.
DON LUIS.	(Bien claramente infiero 1805
	—cobarde vivo y atrevido muero—
	su intención⁴⁶⁴. Más dichoso,
	mi hermano la merece. ¡Estoy
	[celoso!
	A darle se prefiere
	la ocasión que desea, y así quiere 1810
	que de su cuarto pase
	sin que nadie lo sepa ¡y yo me
	[abrase!
	Y porque sin testigos
	se logren, ¡oh enemigos!,
	mintiendo mi sospecha, 1815
	quiere hacer conmigo la deshecha.
	Pues si esto es así, cielo,
	para el estorbo de su amor apelo
	y, cuando esté escondida,
	buscando otra ocasión, con atrevida 1820
	resolución veré toda la casa
	hasta hallarla, que el fuego que me
	[abrasa

---

⁴⁶² Parecen resonar en estas palabras las de san Juan de la Cruz, «Noche oscura»: «¡Oh dichosa ventura! / A oscuras y en celada / estando ya mi casa sosegada. / En la noche dichosa, / en secreto, que nadie me veía...» (liras 2-3).

⁴⁶³ *escándalo:* «tropiezo, embarazo, estorbo, tropezadero, trampa» *(Cov.).*

⁴⁶⁴ Si Don Manuel trata de salir de su confusión averiguando lo que deba ser la realidad, Don Luis comete aquí un nuevo error de interpretación al no tratar siquiera de confrontar lo que escucha con las personas que están hablando delante de él.

                                  ya no tiene otro medio,
                                  que el estorbar[465] es último remedio
                                  de un celoso. ¡Valedme, santos
                                                        [cielos[466], 1825
                                  que, abrasado de amor, muero de
                                                                [celos!)

        (Vase.)

DOÑA ÁNGELA.   Está bien prevenido
                                  y mañana diremos que te has ido.

        (Sale DON JUAN.)

DON JUAN.   ¡Hermana! ¡Beatriz bella!
DOÑA BEATRIZ.   Ya te echábamos menos[467].
DON JUAN.   Si mi estrella 1830
                                  tantas dichas mejora
                                  que me eche menos vuestro sol,
                                                              [señora,
                                  de mí mismo envidioso
                                  tendré mi mismo bien por
                                                         [sospechoso,
                                  que posible no ha sido   1835
                                  que os haya merecido
                                  mi amor ese cuidado,
                                  y así, de mí envidioso y envidiado[468],

---

    [465] En *Amor por señas,* de Tirso, confiesa Armesinda en la jornada tercera:
«De celos estoy perdida; / mas no logrará, si puedo, / los lances de tanto enredo. / ¿Yo burlada? ¿Ella querida? / Haré que el duque castigue / arrojos de
amor tan loco; / que en competencias, no es poco / estorbar quien no consigue».
    [466] B. K. Mujica, «Tragic Elements», pág. 321, ve en esta exclamación la con-
tradicción entre un catolicismo mecánico y una conducta ajena por completo a
la ética cristiana. Ella lo emparenta con Don Gutierre, en *El médico de su honra,*
saltando por encima de la diferencia de género. Aquí Don Luis acentúa el enredo y sin duda hace esperar mayor confusión cómica al espectador/lector.
    [467] *echar menos* es portuguesismo, forma habitual hasta el siglo XVIII por
«echar de menos o echar en falta».
    [468] Recuerda sin duda a fray Luis de León en la décima que comienza
«Aquí la envidia y mentira», v. 10, «ni envidiado ni envidioso».

	tendré en tan dulce abismo[469]	
	yo lástima y envidia de mí mismo[470].	1840
DOÑA BEATRIZ.	Contradecir no quiero	
	argumento[471], don Juan, tan lisonjero,	
	que quien ha dilatado	
	tanto el venirme a ver y me ha	
	[olvidado,	
	¿quién duda que estaría	1845
	bien divertido? Sí, y allí tendría	
	envidia a su ventura	
	y lástima perdiendo la hermosura	
	que tanto le divierte.	
	Luego claro se prueba desta suerte	1850
	con cierto silogismo[472]	
	la lástima y envidia de sí mismo.	
DON JUAN.	Si no fuera ofenderme y ofenderos,	
	intentara, Beatriz, satisfaceros	
	con deciros que he estado	1855
	con don Manuel, mi huésped,	
	[ocupado	
	agora en su partida,	
	porque se fue esta noche.	

[469] *abismo:* «es todo aquello que por su profundidad y grandeza no lo puede comprehender nuestro entendimiento» *(Cov.),* pero también «se llama el infierno, lugar de los condenados» *(Cov.).*

[470] Escribe Cervantes en *La Galatea,* Madrid, Castalia, 1987, ed. de Juan Bautista Avalle-Arce, lib. I, pág. 71: «Antes tenía lástima y envidia a Erastro: lástima, en ver que al fin amava, y en parte donde era impossible coger el fruto de sus desseos; embidia, por parescerle que quiçá no era tal su entendimiento que diesse lugar al alma a que sintiesse los desdenes o favores de Galatea, de suerte, o que los unos le acabassen, o los otros lo enloqueciessen». La dualidad *lástima y envidia* va a ser tema elaborado también por Doña Beatriz en su siguiente réplica.

[471] *argumento:* «la materia de que trata alguna cosa que llamamos hipótesis [...] también sinifica el tema y el propósito de algún discurso» *(Cov.).*

[472] *silogismo:* «argumento que consta de tres proposiciones artificiosamente dispuestas. Las dos primeras se llaman premisas y la tercera consecuencia, porque se sigue o infiere de ellas» *(Aut.).* La primera sería que el no haber acudido junto a ella implica que estaba bien entretenido; la segunda sería que, en esa situación, tendría envidia de la suerte disfrutada y lástima de perderla; de donde se deduce que no tiene ninguna lástima ni envidia de sí mismo en relación a Doña Beatriz.

DOÑA ÁNGELA.	¡Ay de mi vida!
DON JUAN.	¿De qué, hermana, es el susto?
DOÑA ÁNGELA.	Sobresalta un placer como un [disgusto[473]. 1860
DON JUAN.	Pésame que no sea placer cumplido el que tu pecho vea, pues volverá mañana.
DOÑA ÁNGELA.	(Vuelva a vivir una esperanza vana)[474]. Ya yo me había espantado 1865 que tan de paso nos venía el [enfado[475], que fue siempre importuno.
DON JUAN.	Yo no sospecho que te dé ninguno, sino que tú y don Luis mostráis [disgusto por ser cosa en que yo he tenido [gusto[476]. 1870
DOÑA ÁNGELA.	No quiero responderte, aunque tengo bien qué, y es por no [hacerte mal juego siendo agora tercero de tu amor, pues nadie [ignora que ejerce amor las flores de [fullero[477] 1875

---

[473] Doña Ángela juega ahora con la reacción afectiva que han provocado las palabras de su hermano, o sea, la noticia de que Don Manuel se ha ido. Astrea, en *La hija del aire 2*, vv. 1744-1746, dice: «Sí, / que haber lágrimas oí / de placer y de pesar».

[474] Este verso aparece indicado como *aparte* en *P*. La dama califica todavía de *vana* su esperanza porque no tiene ninguna prueba o certeza de que la relación con el huésped esté siguiendo el curso deseado.

[475] O sea, «me había espantado de que el enfado (la visita) durase tan poco».

[476] El hermano mayor adopta aquí una actitud algo parecida —aunque en menor grado— a la de Don Luis en cuanto a contemplar paranoicamente lo que cree ataques de sus hermanos. Por otra parte, no interpreta bien o infravalora el evidente apoyo que tiene en Doña Ángela en cuanto a sus amores con Doña Beatriz.

[477] *flor de fullero:* «entre los fulleros significa la trampa y engaño que se hace en el juego» *(Aut.)*.

210

mano a mano mejor que con
                    [tercero[478].
Vente, Isabel, conmigo.
(Que aquesta noche misma a traer
                    [me obligo
el retrato, pues puedo
pasar con más espacio y menos
                    [miedo. 1880
Tenme tú prevenida
una luz y en qué pueda ir escondida,
porque no ha de tener contra mi
                    [fama[479]
quien me escribe retrato de otra
                    [dama.)

(Vanse.)

DOÑA BEATRIZ.   No creo que te debo   1885
                    tantas finezas[480].
DON JUAN.   Los quilates pruebo
                    de mi fe[481], porque es mucha,
                    en un discurso.
DOÑA BEATRIZ.   Dile.

---

[478] Retoma aquí Doña Ángela las mismas expresiones tomadas del juego de naipes que antes había usado Cosme, es decir, jugar a solas es mejor que con una tercera persona. Así, le echa en cara al hermano el papel que ella está desempeñando como tercera en sus amores. Sobre la imagen del amor fullero puede verse Jean-Pierre Étienvre, *Márgenes literarios del juego. Una poética del naipe, siglos XVI-XVII*, Londres, Tamesis, 1990. págs. 18-22.

[479] O sea, «en perjuicio de mi opinión». Nótese la controlada manifestación de sus evidentes celos. En *La viuda valenciana*, vv. 2049-2091, Leonarda ve en la calle a Camilo y su enamorada Celia, dando origen a sus celos, como apostilla la criada: «Mas [son] celos me parece. / En mi vida lo pensara, / que por tales aventuras, / dama que se goza a escuras / fuera con celos tan clara» (vv. 2143-2147). Como consecuencia, Leonarda llega a aceptar casarse con Rosano.

[480] *fineza*: «en término cortesano, cierta galantería y hecho de hombre de valor y de honrado término» *(Cov.)*. Doña Beatriz no parece convencida de que las galanterías de Don Juan le estén realmente dirigidas a ella.

[481] En *P* se lee «en su fe», clara errata; corregimos según *L*.

211

DON JUAN.   Atiende, escucha[482].
                    Bella Beatriz, mi fe es tan verdadera,
                    mi amor tan firme, mi afición tan
                                                [rara,   1890
                    que, aunque yo no quererte deseara,
                    contra mi mismo afecto te quisiera.
                    Estímate mi vida de manera
                    que, a poder olvidarte, te olvidara[483],
                    porque después por elección te
                                                [amara;   1895
                    fuera gusto mi amor y no ley fuera.
                    Quien quiere a una mujer, porque
                                                [no puede
                    olvidalla, no obliga con querella
                    pues nada el albedrío la concede.
                    Yo no puedo olvidarte, Beatriz bella,   1900
                    y siento el ver que tan ufana quede
                    con la vitoria de tu amor mi estrella.
DOÑA BEATRIZ.   Si la elección se debe al albedrío
                    y la fuerza al impulso de una estrella,
                    voluntad más segura será aquella   1905
                    que no viva sujeta a un desvarío[484].
                    Y así de tus finezas desconfío,

---

[482] Don Juan y Doña Beatriz intercambian aquí dos sonetos de amor en los que ambos juegan con dos elementos ya apuntados en parlamentos anteriores: la influencia de las estrellas y el papel del libre albedrío en la correspondencia amorosa. Mientras el caballero acepta que su amor está determinado por las estrellas, la dama confiesa que ningún amor puede superar al que hace compatibles el influjo de las estrellas y la libertad personal. J. Varey, *«La dama duende»*, pág. 178, escribe que en estos sonetos los amantes «se descubren un amor recíproco basado en el libre albedrío». Véase Margaret R. Greer, «The (Self)Representation of Control in *La dama duende»*, en *The Golden Age Comedia: Text, Theory and Performance*, ed. de Charles Ganelin y H. Mancing, West-Lafayette, Purdue University Press, 1994, págs. 87-106; esp. págs. 89-90.

[483] El poder olvidarla implicaría que había podido liberarse del poder de las estrellas, lo cual abriría las puertas a poder amarla por elección.

[484] En la palabra *desvarío* ve M. R. Greer una clara fuente de ambigüedad en el soneto de Doña Beatriz, ya que *desvarío* en principio debe aplicarse al albedrío, pero metafóricamente también podría atribuírsele al impulso de la estrella.

212

pues mi fe, que imposibles atropella,
si viera a mi albedrío andar sin ella,
negara, ¡vive el cielo!, que era mío.   1910
Pues aquel breve instante que gastara
en olvidar para volver a amarte
sintiera que mi afecto me faltara.
Y huélgome de ver[485] que no soy
                                         [parte
para olvidarte[486], pues que no te
                                         [amara   1915
el rato que tratara de olvidarte.

[CUADRO IV]
[ESCENA ENTRE EL EXTERIOR
Y EL CUARTO DE DON MANUEL]

(Vanse y sale DON MANUEL *tras* COSME, *que viene huyendo.)*

DON MANUEL.   ¡Vive Dios!, si no mirara...
COSME.   Por eso miras.
DON MANUEL.   ...que fuera
                     infamia mía[487], que hiciera
                     un desatino.

---

[485] El «huélgome de ver» de la dama se contrapone al «y siento el ver» (v.
1901) del galán; lo que quiere decir que ambos están determinados por las estrellas, pero el hombre parece sentirlo —solo para dejar abierta la posibilidad
de amar por libre elección— y la dama alegrarse.
[486] Holgarse de no ser parte para olvidarlo equivale a decir que nada puede
hacer la dama para olvidar a su amado, lo cual parece deshacer la ambigüedad
y dejar la decisión del amor en manos de las estrellas. La diferencia entre la
dama y el galán reside en que, como dice M. R. Greer, «The (Self)Representa-
tion», pág. 89, mientras él lo lamenta como un defecto, ella lo valora como
una seguridad en la constancia.
[487] Don Manuel, enfadado, persigue a Cosme por los motivos que explica-
rá a continuación. La *infamia* sería atacar a su criado, un inferior, con quien las
reglas del desafío no permitían a los hidalgos cruzar su acero. Por el contrario,
golpearlos con las manos (bofetones, empujones y otras formas de abuso físico) sí eran aceptables.

COSME.	Repara	1920
	en que te he servido bien,	
	y un descuido no está en mano	
	de un católico cristiano[488].	
DON MANUEL.	¿Quién ha de sufrirte, quién,	
	si lo que más importó	1925
	y lo que más te he encargado	
	es lo que más se ha olvidado?[489].	
COSME.	Pues por eso se olvidó,	
	por ser lo que me importaba,	
	que, si importante no fuera,	1930
	en olvidarse ¿qué hiciera?	
	¡Viven los cielos!, que estaba	
	tan cuidadoso en traer	
	los papeles, que por eso	
	los puse aparte, y confieso	1935
	que el cuidado vino a ser	
	el mismo que me dañó,	
	pues si aparte no estuvieran	
	con los demás se vinieran.	
DON MANUEL.	Harto es que se te acordó	1940
	en la mitad del camino[490].	
COSME.	Un gran cuidado llevaba	
	sin saber qué le causaba,	
	que le juzgué a desatino	

---

[488] Valbuena Briones, en *Comedias de capa y espada*, t. II, pág. 71, anota: «Hemos de advertir que el chiste era muy atrevido. Parece ser que alude a la actitud de ciertos católicos cristianos que no se permitían equivocaciones». Antonucci sugiere que el comentario de Cosme puede aludir a que «ser capaz de evitar cualquier descuido supondría calidades más que humanas y haría sospechar un pacto con el diablo». No debe olvidarse que con «católico cristiano» Cosme se refiere a cualquier persona en general, ya que para él el individuo es por antonomasia católico cristiano.

[489] El retorno inopinado de un personaje a la casa por haber olvidado unos papeles es un recurso dramático que Calderón utiliza también en *No hay cosa como callar*, *El maestro de danzar*, *Cada uno para sí* o *Primero soy yo*.

[490] Si se tiene en cuenta que la distancia entre Madrid y El Escorial era de unas nueve leguas, la ida hasta mitad del camino y la vuelta deberían ser casi nueve leguas. A una media de entre 8-10 km. por hora, el viaje habría debido durar casi nueve horas.

	hasta que en el caso di	1945
	y supe que era el cuidado	
	el habérseme olvidado	
	los papeles.	
DON MANUEL.	Di que allí[491]	
	el mozo espere teniendo	
	las mulas, porque también	1950
	llegar con ruido no es bien,	
	despertando a quien durmiendo	
	está ya, pues puedo entrar,	
	supuesto que llave tengo,	
	y el despacho por quien[492] vengo	1955
	sin ser sentido sacar.	
COSME.	Ya el mozo queda advertido[493];	
	mas considera, señor,	
	que sin luz[494] es grande error	
	querer hallarlos, y el ruido	1960
	excusarse no es posible	
	porque, si luz no nos dan	

---

[491] Don Manuel y Cosme están a la entrada de su cuarto y el amo indica un lugar algo apartado —fuera del tablado sin duda— donde el mozo debe aguardarles con las mulas.

[492] *quien* aplicado a objetos y cosas era uso corriente en las letras del siglo de oro.

[493] En la representación Cosme ha debido abandonar un momento el tablado para regresar después de cumplir el encargo de su amo.

[494] La oscuridad (y la luz) siguen siendo elementos centrales en la acción dramática y sobre todo favorecen las situaciones cómicas. Aquí es Cosme el que reclama la luz para poder ver —o sea, para no encontrarse con el temido duende y localizar los papeles— pero en la comedia en general la luz se relaciona con la búsqueda de la verdad, es decir, con una luz natural que le permite al sujeto encontrar respuestas, conocer, saber. Esa preocupación es dominante en *La dama duende,* donde averiguar la identidad de la dama y/o del duende, así como conocer la vía de acceso hasta el cuarto del galán, son motivaciones constantes de la acción dramática y del carácter cómico de la obra. Como señala W. R. Blue, *The Development of Imagery,* pág. 44, «Metaphorically, Manuel always seeks the light as he constantly searches for an explanation, a rational explanation, for the mysteries that surround him in a cloak of confusion and darkness». El mismo crítico ha subrayado «the iteration of the verb *saber* which, in one form or another, occurs 71 times in the play» (pág. 39).

	en el cuarto de don Juan,	
	¿cómo hemos de ver?	
Don Manuel.	¡Terrible	
	es tu enfado![495]. ¿Agora quieres	1965
	que le alborote y le llame?	
	Pues ¿no sabrás —dime, infame,	
	que causa de todo eres—	
	por el tiento dónde fue	
	donde quedaron?	
Cosme.	No es esa	1970
	la duda, que yo a la mesa	
	donde sé que los dejé	
	iré a ciegas.	
Don Manuel.	Abre presto.	
Cosme.	Lo que a mi temor responde	
	es que no sabré yo adónde	1975
	el duende los habrá puesto,	
	porque ¿qué cosa he dejado	
	que haya vuelto a hallarla yo	
	en la parte que quedó?	
Don Manuel.	Si los hubiere mudado,	1980
	luz entonces pediremos;	
	pero hasta verlo[496] no es bien	
	que alborotemos a quien	
	buen hospedaje debemos.	

(Vanse y salen por la alacena Doña Ángela *y* Isabel.*)*

| Doña Ángela. | Isabel, pues recogida[497] | 1985 |
| | está la casa y es dueño | |

---

[495] Aquí, «la porfía del importuno» *(Cov.)*.

[496] Don Manuel está jugando con su convicción profunda de que el duende de nada puede haber tocado y las presunciones supersticiosas del criado; de ahí que irónicamente anuncie que hasta verlo —pero ¿cómo verlo sin luz?— no pedirá que le proporcionen la luz.

[497] *recogerse:* «retirarse a dormir o descansar» *(Aut.)*.

	de los sentidos el sueño,	
	ladrón de la media vida[498],	
	y sé que el huésped se ha ido,	
	robarle el retrato quiero	1990
	que vi en el lance primero[499].	

ISABEL.   Entra quedo y no hagas ruido.

DOÑA ÁNGELA.   Cierra tú por allá fuera[500]
                                    y hasta venirme a avisar
                                    no saldré yo por no dar   1995
                                    en más riesgo.

ISABEL.   Aquí me espera.

(Vase ISABEL, *cierra la alacena y salen[501], como a escuras,*
DON MANUEL *y* COSME.)

COSME.   Ya está abierto.

DON MANUEL.   Pisa quedo,
                                    que si aquí sienten rumor
                                    será alboroto mayor.

COSME.   ¿Creerásme que tengo miedo?   2000
                                    Este duende bien pudiera
                                    tenernos luz encendida.

DOÑA ÁNGELA.   La luz que truje escondida,
                                    porque de aquesta manera

---

[498] Más allá (o al margen) de la metáfora de *la vida como sueño,* o de la imagen *somnis imago mortis,* lo que formula aquí Doña Ángela es la idea de que el hombre pasa la mitad de su tiempo durmiendo, idea que se articula en numerosos lugares de la escritura barroca. La misma expresión utiliza Calderón, entre otros lugares, en su auto *La piel de Gedeón,* donde Madián le dice a Amalec: «Ese prestado homicida, / que, con nombre de reposo, / no hay sentido que no impida, / ladrón de la media vida, / me ocupaba pavoroso...».

[499] Se refiere, obviamente, a la primera ocasión en que ambas entraron al cuarto de Don Manuel.

[500] Lo que le ordena Doña Ángela es que, una vez instalada la alacena en su lugar, vuelva a poner aquellos clavos en falso de que había hablado en la jornada primera (vv. 613-614), con lo que ella permanece encerrada en el cuarto de Don Manuel, a menos que Isabel le abra desde el otro lado.

[501] Don Manuel y Cosme deben salir al tablado por la puerta del cuarto que da a la calle, y que debía ocupar el otro nicho lateral (el primero estaba ocupado por la alacena).

217

	no se viese, es tiempo ya	2005
	de descubrir[502].	

(Ellos están apartados y ella saca una luz de una linterna que trae cubierta.)

COSME.	Nunca ha andado	
	el duende tan bien mandado.	
	¡Qué presto la luz nos da!	
	Considera agora aquí	
	si te quiere bien el duende	2010
	pues que para ti la enciende	
	y la apaga para mí[503].	
DON MANUEL.	¡Válgame el cielo! Ya es	
	esto sobrenatural[504],	
	que traer con prisa tal	2015
	luz no es obra humana.	
COSME.	¿Ves	
	como a confesar viniste	
	que es verdad?	
DON MANUEL.	¡De mármol soy!	
	Por volverme atrás estoy.	
COSME.	Mortal eres, ya temiste.	2020
DOÑA ÁNGELA.	Hacia aquí la mesa veo	
	y con papeles está.	
COSME.	Hacia la mesa se va.	
DON MANUEL.	¡Vive Dios, que dudo y creo	
	una admiración tan nueva!	2025

---

[502] En este lance el juego de teatro consiste en que se supone el aposento a oscuras, o sea, que Don Manuel y Cosme ven a Doña Ángela pero esta no los ve a ellos, por eso habla sin saber que está siendo oída. Tanto los parlamentos de la dama como los de los hombres podrían indicarse como *apartes,* puesto que se supone que ni Doña Ángela los oye a ellos ni ellos escuchan a la dama.

[503] Recuerda Cosme lo que le sucedió en vv. 1589-1591.

[504] Es la primera ocasión en que Don Manuel acepta que lo que está sucediendo ante sus ojos *parece* no responder a causas naturales. Asimismo, será la primera vez que muestre alguna señal de temor cuando reconozca estar para volverse atrás.

COSME.	¿Ves como nos va guiando
	a lo que vamos buscando[505]
	sin que veamos quién la lleva?

(Saca la luz de la linterna, pónela en un candelero que habrá en la mesa[506] y toma una silla y siéntase de espaldas a los dos.)

DOÑA ÁNGELA.	Pongo aquí la luz[507] y agora	
	la escribanía veré.	2030
DON MANUEL.	Aguarda, que a los reflejos	
	de la luz todo se ve	
	y no vi en toda mi vida	
	tan soberana mujer[508].	
	¡Válgame el cielo!, ¿qué es esto?	2035
	Hidras a mi parecer	
	son los prodigios, pues de uno	
	nacen mil[509]. ¡Cielos!, ¿qué haré?	
COSME.	De espacio lo va tomando...	
	silla arrastra.	

---

[505] Seguimos la corrección de Valbuena Briones, tomada de *M2*, en lugar de «lo que venimos buscando», que aparece en *P*.

[506] La mesa se encontraba en el nicho central, como uno de los signos identificadores —lo mismo que la silla, el candelero (o la cama solamente mencionada)— de la alcoba de Don Manuel.

[507] Joseph G. Fucilla, «*La dama duende*», pág. 30, señala el parentesco de esta escena con *La viuda valenciana*, vv. 1825-1832, así como su vinculación a Bandello y, más allá, al mito de Psique y Amor. En realidad, Camilo le pide a Floro: «Ponme en una lanterna una bujía» (v. 2827), la lleva y más adelante, cuando ya está con Leonarda, «*Descubre la luz*».

[508] *soberano*: «lo que es alto, extremado y singular» (*Aut.*). Se refiere, como aclara más abajo, a la extremada y singular belleza de la dama.

[509] En el estado de sorpresa y admiración en que se encuentra Don Manuel, la variedad y cantidad de prodigios le hace pensar en la Hidra de Lerna, ser policéfalo cuyo número de cabezas variaba, según la fuente, entre 5 y 10.000. Hércules, en su segundo trabajo, comprobó al tratar de matarla que por cada cabeza que cortaba le nacían dos. Según Covarrubias, «los poetas fingieron haber en la laguna infernal dicha Lerna esta serpiente, y tener en su cuerpo muchas cabezas, con tal calidad y naturaleza que, cortándole una, le vuelven a nacer de nuevo otras». Las *mil* de que habla Don Manuel es hipérbole que expresa a la perfección su incredulidad.

DON MANUEL.	Imagen es	2040
	de la más rara beldad	
	que el soberano pincel[510]	
	ha obrado.	
COSME.	Así es verdad	
	porque solo la hizo Él[511].	
DON MANUEL.	Más que la luz resplandecen	2045
	sus ojos.	
COSME.	Lo cierto es	
	que son sus ojos luceros	
	del cielo de Lucifer[512].	
DON MANUEL.	Cada cabello es un rayo	
	del sol.	
COSME.	Hurtáronlos dél[513].	2050
DON MANUEL.	Una estrella es cada rizo.	
COSME.	Sí será, porque también	
	se las trujeron acá,	
	o una parte de las tres[514].	

---

[510] El pincel divino, o sea, que Dios ha creado. Los comentarios de Don Manuel, que se aplican a la imagen humana que observa, son traducidos por Cosme a su código basado en la idea de que es un duende.

[511] Puesto que Cosme, en su convicción de que la dama es *duende* y, por tanto, ser diabólico, coincide con Don Manuel, aunque por razones diferentes, en que Doña Ángela es obra del soberano pincel, este artículo determinado se refiere a Dios, creador también de los diablos.

[512] Cosme asocia al duende con los demonios y en concreto con Lucifer. Sin embargo, fray Antonio de Fuentelapeña lo niega en *El ente dilucidado,* punto 552, pág. 279: «Que tampoco sean demonios, como lo suponen los autores, se prueba así. Lo primero porque no parece verisímil que la perversidad y malignidad de los demonios se ocupe en ejercicios tan ociosos, bobos e inútiles como hacen los duendes...». El nombre de Lucifer, confundido con Satanás en textos bíblicos, proviene del latín *lux* y *fero,* o sea, «portador de luz».

[513] Cierta tradición quiere que Lucifer, querubín que se rebeló contra Dios y fue expulsado por el arcángel Miguel, al caer acarreó su luz, que Cosme ve fijada en los cabellos del duende.

[514] En Apocalipsis 12.4 se lee: «Su cola arrastró la tercera parte de las estrellas del cielo y las arrojó sobre la tierra», pero se refiere a ciertas señales simbólicas encarnadas en la mujer y el dragón. Como el comentario alude al dragón, de ahí que aquí se vincule a Lucifer. Valbuena Briones, «Introducción», pág. 35, supone que el gracioso «habla de las tres partes del mundo sobrenatural, que son gloria, purgatorio e infierno».

DON MANUEL.	No vi más rara hermosura.	2055
COSME.	No dijeras eso a fe	
	si el pie la vieras, porque estos	
	son malditos por el pie[515].	
DON MANUEL.	Un asombro de belleza,	
	un ángel hermoso es[516].	2060
COSME.	Es verdad, pero patudo.	
DON MANUEL.	¿Qué es esto, qué querrá hacer	
	con mis papeles?	
COSME.	Yo apuesto	
	que querrá mirar y ver	
	los que buscas porque aquí	2065
	tengamos menos que hacer,	
	que es duende muy servicial.	
DON MANUEL.	¡Válgame el cielo!, ¿qué haré?	
	Nunca me he visto cobarde	
	sino sola aquesta vez[517].	2070
COSME.	Yo sí, muchas.	
DON MANUEL.	Y, calzado	
	de prisión de hielo el pie[518],	
	tengo el cabello erizado	

---

[515] Al demonio se le conocía popularmente como ángel patudo o Patillas. La iconografía lo representa con pata de cabra y pezuña hendida.

[516] En *La viuda valenciana*, vv. 59-60, Julia le dice a Leonarda: «y que eres ángel del cielo / en hermosura y en vida»; más adelante es el propio Camilo, que nunca la ha visto, quien asegura: «yo te digo que la mía / es algún ángel sin duda» (vv. 1957-1958). Cuando Píndaro, en su primera entrevista, cree que la dama se ha desvanecido y llama a la criada, esta trae una vela que le permite verla: «hizo patente el más raro y hermoso simulacro que pudo delinear la fábrica de Apeles» *(Varia fortuna del soldado Píndaro,* t. II, pág. 28), y un poco después la califica de «bello portento» (pág. 29). En *La viuda valenciana,* vv. 2084-2085, es la criada Julia quien afirma: «Por la vista entra el amor, / que por las manos no puede». Para H.-J. Neuschäfer, «Revendications des senses», pág. 113, «l'amour devient maintenant réciproque parce que Manuel est subjugué para la beauté d'Angela».

[517] La excepcionalidad del momento, expresada en el «solo aquesta vez», aparece también, entre otros lugares, en *No hay burlas con el amor,* jornada segunda, donde Moscatel dice: «Cordero en brazos de Inés / el hombre le vio mil veces, / pero sola aquesta vez / es el abrazado el hombre / y el cordero el que lo ve».

[518] O sea, incapaz de mover el pie, de andar.

y cada suspiro es
para mi pecho un puñal,   2075
para mi cuello un cordel.
Mas ¿yo he de tener temor?
¡Vive el cielo, que he de ver
si sé vencer un encanto![519].

(Llega y ásela.)

Ángel, demonio o mujer[520],   2080
a fe que no has de librarte
de mis manos esta vez.
DOÑA ÁNGELA.   (¡Ay, infelice de mí!
Fingida su ausencia fue.
¡Más ha sabido que yo!)   2085
COSME.   De parte de Dios —aquí es
Troya del diablo[521]— nos di...

---

[519] Ante el billete que le envía Leonarda aclarando que ella no es su vieja prima, Camilo se pregunta: «¿Hay cosa igual? Aquesta es hechicera / o yo he perdido, Floro, el juicio. / ¿Con esto sale ahora nuevamente? / ¿Quiere enredarme con encantos nuevos?» *(La viuda valenciana,* vv. 2819-2822).

[520] Sugiriendo esas tres posibilidades, pero después de haber asido a la dama, las dudas de Don Manuel se van a disipar. Se trata de la primera ocasión en que Don Manuel puede ver de cerca el rostro de Doña Ángela, aunque debe recordarse que se supone la escena casi a oscuras y con la sola luz de una vela. Esta visión trimembre le ha permitido a C. Larson, «*La dama duende»,* págs. 33-50, presentar el lado diabólico de la dama como compuesto de su capacidad simuladora, su rebeldía a las normas, su curiosidad y su deseo amoroso; el lado angélico, por el contrario, estaría formado por su sumisión como mujer amada y su preocupación por el amante. La asociación mujer-demonio había recibido una consagración notable en fray Luis de León y *La perfecta casada.* En el cap. 12 cita a san Cipriano: «Las manos ponen en el mismo Dios, cuando lo que Él formó lo procuran ellas [las mujeres] reformar y desfigurar. Como si no supiesen que es obra de Dios todo lo que nace, y del demonio todo lo que se muda de su natural [...] No podrás ver a Dios, pues no traes los ojos que Dios hizo en ti, sino los que inficionó el demonio; tú le has seguido; los ojos pintados y relumbrantes de la serpiente has en ti remedado; figurástele dél y arderás juntamente con él». Lope de Vega, en *La viuda valenciana,* hace que Camilo exclame: «¿Y qué sé yo si pensando / que abrazo algún ángel bello / a un demonio enlazo el cuello / que ascuras anda volando / porque es indigno de vello?» (vv. 1061-1065).

[521] Al mencionar el nombre de Dios, cree Cosme que va a ser Troya para el diablo, o sea, la pérdida o derrota total de ese diablo en forma de mujer que tiene delante.

DOÑA ÁNGELA.	(Mas yo disimularé.)	
COSME.	...quién eres y qué nos quieres.	
DOÑA ÁNGELA.	Generoso don Manuel[522]	2090
	Enríquez, a quien está	
	guardado un inmenso bien[523],	
	no me toques, no me llegues,	
	que llegarás a perder	
	la mayor dicha que el cielo	2095
	te previno por merced	
	del hado, que te apadrina	
	por decretos de su ley[524].	
	Yo te escribí aquesta tarde	
	en el último papel	2100
	que nos veríamos presto	
	y, anteviendo[525], aquesto fue.	
	Y pues cumplí mi palabra,	
	supuesto que ya me ves	
	en la más humana forma	2105
	que he podido elegir[526], ve	
	en paz y déjame aquí,	
	porque aún cumplido no es	

[522] Doña Ángela parece utilizar aquí un lenguaje distante y como poseído por el don de la adivinación o el encanto. Nótese que, aunque ha sido el criado quien ha hecho las preguntas, ella le responde al galán.

[523] Urbán trata de convencer a Camilo en *La viuda valenciana*, vv. 966-970: «Si no os falta habilidad, / valor, gusto y voluntad, / que el interés lo atropella, / gozáis la cosa más bella / que tiene aquesta ciudad». Según J. Iturralde, «*La dama duende*», pág. 57, este inmenso bien «no es sino el amor de la propia doña Ángela, quien se presenta a sí misma como regalo, como un don precioso que el galán puede poseer y disfrutar».

[524] Doña Ángela quiere convencer a Don Manuel de que lo que le vaya a suceder con ella —o con ese duende en forma de hermosa dama— está decidido por los hados, con lo que parece sugerir el mismo tipo de relación de que hablan Doña Beatriz y Don Juan.

[525] *antever:* «ver con anticipación alguna cosa, prevenirla antes que suceda» *(Aut.)*.

[526] Doña Ángela sigue, en efecto, lo que supone cree Don Manuel, confundiéndolo con el supersticioso de su criado. Así, debe adoptar un tono y actitud como de encarnación de algún duende, pues quiere convencerlo de que es un duende que ha sabido y querido adoptar forma de mujer.

el tiempo en que mis sucesos
has de alcanzar y saber. 2110
Mañana los sabrás todos
y mira que a nadie des
parte desto si no quieres
una gran suerte perder.
Ve en paz.

COSME.   Pues que con la paz 2115
nos convida, señor, ¿qué
esperamos?

DON MANUEL.   (¡Vive Dios,
que corrido[527] de temer
vanos asombros estoy!
Y, puesto que no los cree 2120
mi valor, he de apurar[528]
todo el caso de una vez.)
Mujer, quienquiera que seas
—que no tengo de creer
que eres otra cosa nunca[529]— 2125
¡vive Dios, que he de saber
quién eres, cómo has entrado
aquí, con qué fin y a qué!
Sin esperar a mañana
esta dicha gozaré; 2130
si demonio, por demonio,
y, si mujer, por mujer[530],

---

[527] *corrido:* «el confuso y afrentado» *(Cov.).*

[528] *valor:* «se toma asimismo por ánimo y aliento que desprecia el miedo y temor en las empresas o resoluciones» *(Aut.); apurar el caso:* «desmarañarle y aclararle sin que haya en él duda ni cosa incierta» *(Cov.).*

[529] Ahora la postura racionalista y sensacionista (creer en lo que toca y ve, o sea, en lo que le dicen sus sentidos) vuelve a imponerse.

[530] Quiere Don Manuel realizar ya la «gran suerte» de que le ha hablado la dama (v. 2114), bien sea descubriendo que es demonio, bien confirmando que es mujer; en otras palabras, se trata para él de resolver sus dudas y satisfacer su razón. F. de Armas, *The Invisible Mistress,* pág. 153, ve en esta frase la decisión de Don Manuel de estar dispuesto a seducir a la dama y gozar físicamente de ella (lo mismo que J. C. de Miguel, *«La dama duende»,* pág. 244). Sin embargo, parece más bien tratarse del goce del saber y, con él, de superar las dudas que le han asaltado.

224

que a mi esfuerzo no le da
qué recelar ni temer
tu amenaza cuando fueras   2135
demonio, aunque yo bien sé
que, teniendo cuerpo tú[531],
demonio no puedes ser
sino mujer[532].

COSME.   Todo es uno[533].

DOÑA ÁNGELA.   No me toques, que a perder   2140
echas una dicha.

COSME.   Dice
el señor diablo muy bien;
no la toques, pues no ha sido
arpa, laúd ni rabel[534].

DON MANUEL.   Si eres espíritu[535], agora   2145
con la espada lo veré,

---

[531] Nótese que Don Manuel no habla de que sea *duende*, sino diablo. En efecto, los diablos, como los ángeles, se tenían por seres incorpóreos. Por el contrario, fray Antonio de Fuentelapeña, punto 552, págs. 278-279, llega a la conclusión opuesta: «dichos duendes son animales corpóreos [pues] no son ángeles, ni buenos ni malos, no son ánimas separadas ni ánimas unidas a cuerpo u hombres».

[532] Hasta aquí llega el límite del conocimiento que Don Manuel puede alcanzar: la realidad del ser mujer. La identidad es una construcción social que no puede desvelarse ni por los razonamientos ni por los sentidos; a ella se accede, no por revelación (con las connotaciones religiosas que la palabra implica), sino por la afirmación/confesión del individuo.

[533] La identificación mujer-diablo es muy frecuente en la literatura de la época, e incluso en la de todos los tiempos. Así lo hace, por ejemplo, Tirso de Molina, *La celosa de sí misma*, vv. 842-843: «¿Ángel, y de negro, / con uñas? Llámole diablo», dice Ventura refiriéndose a Doña Magdalena. También Álvaro Cubillo de Aragón en *Las muñecas de Marcela*, jornada II, v. 1499, donde Beltrán afirma: «Esta mujer es demonio». Téngase presente que desde la publicación del *Malleus maleficarum* (1487), obra de los dominicos Heinrich Kramer y Jacob Sprenger, en la parte primera se difunde la idea de que las mujeres, por su supuesta naturaleza más débil e intelecto inferior, son más propensas a la tentación del demonio que los hombres, lo que las sitúa en una fácil proximidad.

[534] *rabel*: «instrumento músico pastoril. Es pequeño, de hechura como la del laúd. Compónese de tres cuerdas solas que se tocan con arco y forman un sonido muy alto y agudo» *(Aut.)*.

[535] A pesar de lo que parecía ser su certeza respecto a tratarse de mujer, Don Manuel no parece tenerlas todas consigo y prefiere seguir buscando confirmación.

	pues aunque te hiera aquí	
	no ha de poderte ofender.	
DOÑA ÁNGELA.	¡Ay de mí! Detén la espada,	
	sangriento el brazo[536] detén,	2150
	que no es bien que des la muerte	
	a una infelice mujer.	
	Yo confieso que lo soy[537]	
	y, aunque es delito el querer[538],	
	no delito que merezca	2155
	morir mal por querer bien.	
	No manches, pues, no desdores	
	con mi sangre el rosicler[539]	
	de ese acero.	
DON MANUEL.	Di, ¿quién eres?	
DOÑA ÁNGELA.	Fuerza el decirlo ha de ser,	2160
	porque no puedo llevar	
	tan al fin como pensé	
	este amor, este deseo,	
	esta verdad y esta fe.	
	Pero estamos a peligro,	2165
	si nos oyen o nos ven,	
	de la muerte, porque soy	
	mucho más de lo que ves[540];	
	y así es fuerza, por quitar	
	estorbos que puede haber,	2170
	cerrar, señor, esa puerta	

---

[536] El calificativo *sangriento*, más que describir el brazo, parece premonición de lo que sucedería si hendiera la espada en ella.

[537] *fui* en *P*; Valbuena y Antonucci corrigen el error según los demás testimonios.

[538] Se trata de la primera ocasión en que Doña Ángela verbaliza sus sentimientos hacia Don Manuel y define su pasión como *amor* (B. K. Mujica, «Tragic Elements», pág. 312).

[539] *rosicler:* «el color encendido y luciente, parecido a la rosa encarnada» *(Aut.)*.

[540] Parece resonar aquí la muy repetida afirmación en boca de personajes de comedia «soy quien soy». Pero Doña Ángela está, a pesar de todo, representando el papel de alguien que no es. La dama trata de convencer a Don Manuel, pero no sin cierta ambigüedad, ya que «mucho más de lo que ves» puede aludir tanto a su carácter demoníaco como a su elevada posición social.

	y aun la del portal también[541]	
	porque no puedan ver luz	
	si acaso vienen a ver	
	quién anda aquí.	
DON MANUEL.	Alumbra, Cosme.	2175
	Cerremos las puertas. ¿Ves	
	como es mujer y no duende?	
COSME.	¿Yo no lo dije también?[542].	

(Vanse los dos.)

DOÑA ÁNGELA.	Cerrada estoy por defuera.	
	Ya, cielos, fuerza ha de ser	2180
	decir la verdad, supuesto	
	que me ha cerrado Isabel	
	y que el huésped me ha cogido	
	aquí.	

(Sale ISABEL *a la alacena.)*

ISABEL.	¡Ce[543], señora, ce!,	
	tu hermano por ti pregunta.	2185
DOÑA ÁNGELA.	¡Bien sucede! Echa el cancel[544]	
	de la alacena. ¡Ay, amor,	
	la duda se queda en pie![545].	

---

[541] Como señala Antonucci, eso quiere decir que hay una puerta para el cuarto de Don Manuel y entre esta y la calle hay todavía otra puerta (aquí el portal). Esta segunda no aparece en escena, circunstancia que se da con mucha frecuencia en las comedias de capa y espada de Calderón.

[542] El gracioso, que no debe caracterizarse por la coherencia de sus opiniones, no tiene el menor reparo en afirmar lo contrario de lo que ha estado diciendo hasta ahora.

[543] *Ce:* la voz que usa Isabel para llamar —aquí y más adelante— es aféresis de *ucé,* contracción popular de *vuesamerced.*

[544] Con *cancel* alude a los clavos en falso con los que se cerraba la alacena desde la parte del interior de la casa y no desde el cuarto de Don Manuel.

[545] La duda que va a acompañar a Don Manuel será a lo largo de la obra la identidad de la dama duende; aquí, sin embargo, parece referirse a la incertidumbre sobre el amor que ella espera de Don Manuel.

(Vanse y cierran la alacena, y vuelven a salir Don Manuel *y* Cosme.*)*

Don Manuel.	Ya están cerradas las puertas.
	Proseguid, señora, haced 2190
	relación[546]... Pero, ¿qué es esto?,
	¿dónde está?
Cosme.	¿Pues yo qué sé?
Don Manuel.	¿Si se ha entrado en el alcoba?
	Ve delante.
Cosme.	Yendo a pie
	es, señor, descortesía 2195
	ir yo delante[547].
Don Manuel.	Veré
	todo el cuarto. Suelta digo[548].

(Tome la luz.)

Cosme.	Digo que suelto.
Don Manuel.	Cruel
	es mi suerte.
Cosme.	Aun bien que[549] agora
	por la puerta no se fue. 2200
Don Manuel.	Pues ¿por dónde pudo irse?
Cosme.	Eso no alcanzo yo. ¿Ves
	—siempre te lo he dicho yo—
	como es diablo y no mujer?[550].
Don Manuel.	¡Vive Dios!, que he de mirar 2205
	todo este cuarto hasta ver
	si debajo de los cuadros

---

[546] *hacer relación:* «narración o informe de alguna cosa que sucedió» *(Aut.).*

[547] Quiere decir que si él fuera llevando las riendas del caballo de su amo, podría ir delante de él. Así, obviamente, excusa su miedo.

[548] Este comentario u orden de Don Manuel expresa que desde que entran al cuarto Cosme, todavía muerto de miedo, ha estado agarrado a su amo.

[549] *aun bien que:* «menos mal que».

[550] Cosme vuelve a mostrar su desenfado al afirmar lo contrario de lo que había dicho antes (v. 2178).

	rota está alguna pared,	
	si encubren estas alfombras	
	alguna cueva y también	2210
	las bovedillas del techo[551].	
COSME.	Solamente aquí se ve	
	esta alacena.	
DON MANUEL.	Por ella	
	no hay que dudar ni temer,	
	siempre compuesta[552] de vidrios.	2215
	A mirar lo demás ven.	
COSME.	Yo no soy nada mirón.	
DON MANUEL.	Pues no tengo de creer	
	que es fantástica su forma	
	puesto que llegó a temer	2220
	la muerte.	
COSME.	También llegó	
	a adivinar y saber	
	que a solo verla esta noche	
	habíamos de volver.	
DON MANUEL.	Como sombra se mostró,	2225
	fantástica su luz fue,	

---

[551] Escribe J. M. Ruano de la Haza, *Los teatros comerciales del siglo XVII*, pág. 361: «Es la convención que permite a Calderón aludir en *La dama duende* a las bovedillas que efectivamente existían en el techo del "vestuario" de los corrales madrileños y que en la representación forman parte del aposento de don Manuel». F. de Armas, «Céspedes y Meneses», pág. 602 (también en *The Invisible Mistress*, pág. 134) supone que hay aquí una referencia al pasadizo que le permite a Píndaro pasar del aposento de la dama, situado en el piso superior, al suyo propio. Ambas cosas podrían no ser incompatibles. En un comentario metateatral de Ortiz, gracioso de *En Madrid y en una casa*, alude a todos los recursos escénicos que habían puesto en circulación las comedias de capa y espada: «Donde hay sótanos amantes, / galán fantasma, amor duende, / tornos, casas con dos puertas, / tabiques disimulados, / hurtarán de los tablados tramoyas que sequen ciertas / esperanzas ya perdidas» (citado en F. de Armas, «*En Madrid y en una casa:* un palimpsesto de amantes invisibles», en *Actas del IX Congreso de la Asociación Internacional de Hispanistas*, coord. por Sebastian Neumeister, Frankfurt, Vervuert, 1989, t. I, pág. 345).

[552] *compuesta, componer:* «adornar, ataviar o engalanar alguna cosa» *(Aut.),* o sea, *adornada* de vidrios. Cascardi, *The limits of illusion*, pág. 29, interpreta la palabra como *hecha de* y eso le permite hablar de que «the glass is ambivalent; it conceals and reveals at the same time».

                              pero como cosa humana
                              se dejó tocar y ver,
                              como mortal se temió,
                              receló como mujer,   2230
                              como ilusión se deshizo,
                              como fantasma se fue;
                              si doy la rienda al discurso[553],
                              no sé, ¡vive Dios!, no sé
                              ni qué tengo de dudar   2235
                              ni qué tengo de creer[554].
COSME.   Yo sí.
DON MANUEL.   ¿Qué?
COSME.   Que es mujer-diablo[555],
                              pues que novedad no es
                              —pues la mujer es demonio
                              todo el año— que una vez   2240
                              por desquitarse de tantas
                              sea el demonio mujer[556].

          (Vanse.)

---

[553] Es decir, si estimula o da libre curso a su razonamiento.

[554] El discurso en esta ocasión no llega a proporcionarle ninguna certidumbre, ya que tampoco los sentidos se la proporcionan: la dama ha escapado sin que encuentre por dónde ni cómo; en su recapitulación los factores que refuerzan la idea de que es mujer aparecen equilibrados por los que la presentan como duende.

[555] Este diálogo recuerda el de don Quijote y Sancho a propósito de la bacía o yelmo de Mambrino *(Don Quijote 1,* caps. 21, 44-45). Como señala Kuehne, «Los planos de la realidad aparente», pág. 44, la solución del *baciyelmo,* entre la credulidad y el escepticismo, es la que acepta Cosme con la *mujer-diablo.*

[556] Juego de palabras que retoma la idea de que el diablo y la mujer todo es uno (v. 2139).

Tercera jornada

[CUADRO I]
[ESCENA EN EL CUARTO DE DOÑA ÁNGELA[557]]

(Sale DON MANUEL *como a escuras, guiándole* ISABEL)[558].

ISABEL.	Espérame en esta sala; luego saldrá a verte aquí mi señora.	

(Vase como cerrando.)

DON MANUEL.	No está mala la tramoya[559]. ¿Cerró? Sí[560].	2245

---

[557] Escribe J. M. Ruano de la Haza, *Teatros comerciales*, pág. 403: «Para los cuadros que suceden en el aposento de doña Ángela (solamente dos de ellos) se necesitan dos puertas y una antepuerta [...] que es la cortina cerrada del espacio central. Una de las puertas es claramente la misma utilizada en los cuadros que tienen lugar en el aposento de don Manuel; la otra es con toda probabilidad la cortina que tapaba la alacena de vidrios del cuarto de don Manuel durante estos dos cuadros». Debido a la aparición y desaparición de personajes en los diferentes cuadros, eso es particularmente cierto en esta jornada.

[558] Esta acotación aparece en *P*.

[559] *tramoya*: «enredo hecho con ardid y maña» *(Aut.)*. *Tramoya* es equivalente a *industria* o *invención*. En *La viuda valenciana*, v. 794, Urbán exclama: «¡Brava industria vas trazando»; y, más adelante, Julia pregunta: «¿Quién te dijo esta invención?» (v. 798).

[560] Esta respuesta, que en la versión de Valencia corresponde a Cosme, muestra el proceso de refundición a que Calderón sometió la tercera jornada. Lo que aquí se presenta casi como un monólogo del personaje —con preguntas y respuestas— era allí un diálogo.

¿Qué pena[561] a mi pena iguala?
Yo volví del Escurial,
y este encanto peregrino,
este pasmo[562] celestial   2250
que a traerme la luz vino
y me deja[563] en duda igual,
me tiene escrito un papel
diciendo muy tierna en él:
«Si os atrevéis a venir   2255
a verme, habéis de salir
esta noche, sin[564] aquel
criado que os acompaña.
Dos hombres esperarán
en el cimenterio —¡estraña   2260
parte!— de San Sebastián[565],
y una silla»[566]. Y no me engaña.

---

[561] *pena:* «dificultad, trabajo» *(Aut.).*

[562] *pasmo:* «objeto que ocasiona la admiración grande o suspensión de la razón y el discurso» *(Aut.).*

[563] Tanto Valbuena como Antonucci acogen la lección de *M1,* que convierte *deja* en *dejó,* pero no considero necesaria la corrección. Don Manuel habla desde la sensación del presente.

[564] Siguiendo a Valbuena y Antonucci, y ante la incongruencia de la preposición, optamos por la lectura de *M1* y *M2,* que cambian *con* por *sin* para darle lógica al lance. Como puede verse en la versión de Valencia (que va en esta edición incluida al final), es solo en la versión de *P* donde el amo se separa del criado, con lo que Calderón «introduce un elemento nuevo en el código de la comedia de capa y espada, y es una característica común a otras comedias que pertenecen a la primera época de la producción dramática calderoniana» (Antonucci).

[565] Se trata del que existía junto a la iglesia del mismo nombre, construida en el siglo XVI en la calle de Atocha. En ese cementerio solían ser enterrados los comediantes y en la iglesia de San Sebastián se constituyó la cofradía de los comediantes, bajo la advocación de la virgen del Silencio o de la Novena, en 1631.

[566] *silla de manos:* «asiento hecho de madera en una caja cubierta en óvalo con diminución hacia bajo, forrada por dedentro y por la parte de fuera de alguna piel o tela. Tiene una puerta a la parte anterior [...] Se le ponen dos varas fuertes y largas que sirven para llevarla los silleteros con unos correones por los hombros» *(Aut.).* Covarrubias remite a *toldillo,* o «silla de manos cubierta». Véase J. Deleito y Piñuela, *La mujer, la casa y la moda,* págs. 248-251, donde se habla de literas y sillas de mano. El que los mozos de silla fueran «redomados

En ella entré y discurrí
hasta que el tino perdí[567],
y al fin a un portal de horror[568]   2265
lleno, de sombra y temor[569],
solo y a escuras salí[570].
Aquí llegó una mujer
—al oír y al parecer—
y a escuras y por el tiento   2270
de aposento en aposento
sin oír, hablar, ni ver

---

pillos» (pág. 251) tal vez explique en parte las vueltas que le dan a Don Manuel. Según señala F. de Armas, «Céspedes y Meneses», pág. 601, el mismo recurso —billete y silla— es utilizado por Gonzalo de Céspedes y Meneses. Y
en efecto, en *Varia fortuna del soldado Píndaro*, t. II, pág. 23, en la primera carta que le envía la dama, ya emplaza a Píndaro: «Esta noche hallaréis en los por-
tales de San Pablo una silla de manos, entraos en ella y sin ningún recelo de-
xaos traer de quien estuviere en su guardia, librando en mí vuestra segura vuelta». Y prosigue: «fui al puesto señalado, donde, hallando la silla, dos esclavos
boçales y un anciano escudero, aunque se me encubrió, atropellé con todo
y me entregué a su arbitrio» (pág. 24). Joseph G. Fucilla, *«La dama duende»*,
pág. 29, sin embargo, había señalado el parentesco con *La viuda valenciana*, de Lope de Vega, donde Leonarda le dice a Urbán que hable con Camilo y que le diga: «que hoy la podrá gozar / como hoy le quiera esperar
/ del Real dentro en la puente»; y, más adelante: «con máscara irás; / y
para que nada note, / le pondrás un capirote, / con que a casa le traerás. /
Entrarás a escuras, y cuando / se haya de ir, vuelto a poner, / ¿a quién podrá conocer?» (vv. 780-793). Sin embargo, aquí es Urbán quien acompaña
andando a Camilo.

[567] Pierde el tino porque no puede controlar el camino que sigue; algo parecido le sucede a Píndaro cuando sube a la silla: «Cerráronla en sentándome,
y no dexando ventana ni resquicio por do entrasse una mosca, caminaron
conmigo un grande espacio» *(Varia fortuna del soldado Píndaro*, t. II, pág. 24).

[568] Nótese la breve descripción de un lugar misterioso y horrible como
punto de destino del paseo que, por iniciativa de Doña Ángela, ha seguido el
galán.

[569] Antonucci opta por la lectura de *M2*, «lleno de asombro y temor», pero
la corrección de *P* nos parece innecesaria.

[570] Píndaro, en *Varia fortuna del soldado Píndaro*, t. II, pág. 24, cuenta el viaje que le lleva a la casa de la dama y dice «al cabo, sintiendo que paravan y
abrían, me levanté, y tomando al escudero por la mano, en escuras tinieblas,
me fue guiando una escalera arriba que, por las bueltas y angostura, juzgué ser
caracol».

me guió[571]. Pero ya veo
luz, por el resquicio es
de una puerta[572]. Tu deseo   2275
lograste, amor, pues ya ves
la dama. Aventuras leo[573].

(Acecha.)

¡Qué casa tan alhajada![574].
¡Qué mujeres tan lucidas!
¡Qué sala tan adornada!   2280

---

[571] Relata así Don Manuel el trayecto que le han hecho seguir desde que volvió a entrar en la casa de Don Juan hasta que lo dejaron en el cuarto de Doña Ángela. La descripción de su viaje soñado recuerda sin duda al de don Quijote sobre Clavileño en *Don Quijote 2*, caps. 40 y 41.

[572] Píndaro, «oyendo abrir una pequeña puerta, alertando la vista, miré por ella entrar una reverenda muger, que con tocas de dueña y una luz en la mano [...] la puso en un bufete y se bolvió a salir» *(Varia fortuna del soldado Píndaro*, t. II, pág. 24).

[573] En ciertos documentos *(V-Z)* Don Manuel clarifica: «Aventuras leo / de Esplandián y Amadís, / del Febo y de Belianís». En *La viuda valenciana* Camilo se ve a sí mismo como un caballero encantado y Leonarda lo compara con Amadís, vv. 1929-1931: «Es justo saber el nombre / de un más que Amadís, de un hombre / que ama por tal estilo». Se llamaban *aventuras* los diversos pasos en los libros de caballerías, pero también don Quijote vive por y en las aventuras que imagina, inventa o le fabrican. En *Don Quijote 1*, cap. 16, Sancho se queja: «no ha sino un mes que andamos buscando las aventuras, y hasta ahora no hemos topado con ninguna que lo sea».

[574] En *Varia fortuna del soldado Píndaro*, t. II, pág. 24, en la primera visita que Píndaro hace a la dama, siente «la fragancia y olor del aposento, los bordados adornos que atentavan mis manos en sillas y paredes»; pero más adelante recuerda «la ostentación y adorno de su casa, las ricas colgaduras, los bordados tapetes» (pág. 31). Leonarda comprueba, antes de que llegue Camilo a su primer encuentro, en *La viuda valenciana:* «Las telas y terciopelos / no sé si están bien colgados» (vv. 1211-1212); y más adelante dice el galán: «¡Bravas telas y brocados! / ¡Bravos cuadros y pinturas!» (vv. 1347-1348). Ángel Valbuena Briones escribía en la Nota preliminar a *La dama duende,* en *Obras completas,* Madrid, Aguilar, 1955, t. II, pág. 234: «Comprender la corte como algo maravilloso en la que toman vida las cosas más peregrinas y fantásticas, haciendo de ella un teatro de idealidades y una sede del engaño, es la misma postura cervantina de los entremeses y las novelas ejemplares». A. Schizzano Mandel, «El fantasma de *La dama duende*», pág. 645, señala cómo al final de ese recorrido por espacios oscuros se llega a la luz: «Presenciamos un rito mágico».

¡Qué damas tan bien prendidas![575].
¡Qué beldad tan estremada!

(Salen todas las mujeres con toallas y conservas[576] y agua y, haciendo reverencias[577] todas, sale DOÑA ÁNGELA *ricamente vestida)*[578].

DOÑA ÁNGELA.	(Pues presumen que eres ida	
	a tu casa mis hermanos,	
	quedándote aquí escondida,	2285
	los recelos serán vanos	
	porque, una vez recogida,	
	ya no habrá que temer nada.)	
DOÑA BEATRIZ.	(¿Y qué ha de ser mi papel?)	
DOÑA ÁNGELA.	(Agora el de mi criada;	2290
	luego el de ver retirada	
	lo que me pasa con él.)	
	¿Estaréis muy disgustado	
	de esperarme?	

---

[575] *prendida*: «adornada, ataviada y engalanada» *(Aut.).*

[576] *conserva*: «cualquier fruta que se adereza con azúcar o miel, *a conservando*, porque se conserva y se guarda» *(Cov.).* A Píndaro le ofrecen en su visita «varios dulces, confituras, conservas y aromáticos vinos» *(Varia fortuna del soldado Píndaro*, t. II, pág. 24). Lope de Vega es más escueto en *La viuda valenciana* y Leonarda ordena: «tráigante aquí / un poco de colación / con que amanse el corazón» (vv. 1383-1385).

[577] Píndaro, en *Varia fortuna del soldado Píndaro,* t. II, pág. 24, ve a «una reverenda muger, que con tocas de dueña y una luz en la mano, haziendo una profunda reverencia, la puso en el bufete».

[578] Habría que añadir, como se clarifica más adelante, que Doña Ángela sale «encubierta» (v. 2377), o sea con el rostro tapado (¿tal vez con una máscara o con el velo con que se tapaba al comienzo?). En *Varia fortuna del soldado Píndaro,* t. II, págs. 24-25, Píndaro ve «la dueña entrar acompañada de un resplandor hermoso, un vulto de muger, cuyo gentil donayre ni me dexaron discernir los visos relumbrantes de sus preciosas ropas». Camilo exclama al ver a Leonarda: «¡Qué bello cuerpo tenéis! / ¡Qué traje y rico vestido!» (vv. 1343-1344). Valbuena Briones, «Introducción», pág. 36, indica que aquí «la realidad parece trasformarse en una fantasía de las mil y una noches». Y, como señala F. de Armas, *«En Madrid y en una casa»,* pág. 346, «la magia no es más que la hábil manipulación de contextos literarios».

DON MANUEL.   No, señora[579],
                    que quien espera al aurora   2295
                    bien sabe que su cuidado
                    en la sombras sepultado
                    de la noche obscura y fría
                    ha de tener; y así hacía
                    gusto el pesar que pasaba,   2300
                    pues cuanto más se alargaba
                    tanto más llamaba al día,
                    si bien no era menester
                    pasar noche tan obscura
                    si el sol[580] de vuestra hermosura   2305
                    me había de amanecer,
                    que, para resplandecer
                    vos, soberano arrebol[581],
                    la sombra ni el tornasol[582]
                    de la noche no os había   2310
                    de estorbar, que sois el día
                    que amanece sin[583] el sol.

---

[579] En estas décimas Don Manuel va a desarrollar el tema de la amada como luz todopoderosa del sol, más allá del amanecer (en contraste con la oscuridad en que se supone trascurre la acción). Comp. con Don Melchor, en Tirso de Molina, *La celosa de sí misma*, vv. 3807-2814: «¡Oh hermosa señora mía! / ¿Cuándo ha de romper el alba / los crepúsculos oscuros, / de ese sol nubes avaras? / ¿Cuándo dirá mi ventura, / después de noche tan larga, / que el cielo corrió cortinas / y amaneció la mañana?». Véase W. R. Blue, *The Development of Imagery*, págs. 43-44, donde sitúa estos versos en el contexto de las imágenes de oscuridad y claridad que utiliza recurrentemente el personaje.

[580] Ya se ha señalado el papel del *sol* en relación a Doña Beatriz. La metáfora es demasiado frecuente en toda la lírica y el teatro del siglo de oro, pero recuérdese que también la utiliza Lope en *La viuda valenciana*, vv. 659-660, refiriéndose a Leonarda, donde dice su criado Urbán: «Por el coche del sol iba, / para que al sol nos andemos», jugando con imagen de la dama como sol y el sol del día.

[581] Covarrubias define el *arrebol* como «la color roja y subida [de] las nubes en su puesta del sol, heridas con sus rayos».

[582] *tornasol*: «hay cierta tela de seda y lana deste nombre, por tener diversos visos puesta al sol» *(Cov.)*. Antonucci lo define aquí como «color violeta oscuro, apenas matizado por algún otro asomo de luz».

[583] Antonucci toma la lección de *V-Z* y *M1*, *sobre*, pero no parece necesaria esa corrección de *P*, en lo que coincidimos con Valbuena Briones y Rey Hazas y Sevilla Arroyo. La dama, al igual que han dicho otros galanes en la obra, es sol que amanece sin necesidad de que amanezca el día.

Huye la noche, señora,
y pasa a la dulce salva[584]
de los pájaros el alba[585]   2315
que ilumina mas no dora;
después del[586] alba la aurora,
de rayos y luz escasa,
dora mas no abrasa; pasa
la aurora y tras su arrebol   2320
pasa el sol, y solo el sol
dora, ilumina y abrasa.
El alba para brillar
quiso a la noche seguir;
la aurora para lucir   2325
al alba quiso imitar;
el sol, deidad singular,
a la aurora desafía;
vos al sol; luego la fría
noche no era menester   2330
si podéis amanecer
sol del sol después del día.

DOÑA ÁNGELA.   Aunque agradecer debiera
discurso tan cortesano,
quejarme quiero, no en vano,   2335
de ofensa tan lisonjera,
pues, no siendo esta la esfera
a cuyo noble ardimiento
fatigas padece el viento[587]

---

[584] *salva:* «por extensión significa también el canto y música que las aves hacen cuando empieza a amanecer» *(Aut.).*

[585] Verso ausente en *P* pero presente en *V-Z* y *M1,* de donde lo tomamos para completar la décima.

[586] *V-Z* y *M1* incluyen correctamente la preposición contraída frente a «el» de *P.*

[587] Quiere decir Doña Ángela que su casa no es (o no puede compararse con) la esfera del sol (imagen que Don Manuel ha repetido varias veces), a la que se le atribuía la generación de los vientos gracias a su extremo calor y que, con su agitación, provocaba los trabajos del viento. Sin embargo, según la creencia popular, basada en la cosmología tolemaica, los vientos se producían en la región del aire, situada entre la tierra y la luna. Piénsese en el episodio de Clavileño, *Don Quijote 2,* cap. 41.

sino un albergue piadoso, 2340
os viene a hacer sospechoso
el mismo encarecimiento.
No soy alba, pues la risa[588]
me falta en contento tanto,
ni aurora, pues que mi llanto[589] 2345
de mi dolor no os avisa;
no soy sol, pues no divisa
mi luz la verdad que adoro,
y así lo que soy ignoro[590],
que solo sé que no soy 2350
alba, aurora o sol, pues hoy
ni alumbro, río, ni lloro[591].
Y así os ruego que digáis,
señor don Manuel, de mí
que una mujer soy y fui 2355
a quien vos solo obligáis
al estremo que miráis[592].

---

[588] La *risa del alba* era tópico lexicalizado en la lírica y el teatro del siglo de oro, pudiéndose encontrar en Hurtado de Mendoza, Lope de Vega, Polo de Medina, Tirso de Molina y muchos otros.

[589] También el *llanto de la aurora* (así o en diversas variantes) era tópico frecuente que Calderón utiliza a profusión aunque se encuentra en Polo de Medina y tantos otros poetas y dramaturgos de la época.

[590] Retoma aquí Doña Ángela una de las afirmaciones del comienzo de la obra y en la que se resume a la perfección el problema existencial que la embarga: su falta de identidad. Así, frente al frecuente «soy quien soy», la dama asume —siquiera en esta representación que tiene lugar ante el galán— la precariedad de su yo. Compárese con Semíramis, *La hija del aire 1*, vv. 1737-1740, que le responde a Nino: «Ni sé quién soy ni es posible / decírtelo, porque tengo / aprisionada la voz / en la cárcel del silencio».

[591] Doña Ángela es quien va a efectuar la recolección de los elementos poéticos diseminados por Don Manuel —en realidad, tres lugares comunes que nada dicen de su persona—, negándolos (la *risa* del alba, el *llanto* de la aurora y la *lumbre* del sol) y contraponiéndolos a una realidad personal mucho menos halagüeña de lo que ha pretendido el caballero.

[592] La única realidad que quiere aceptar y reconocer ahora Doña Ángela es la presencia/mirada de Don Manuel y la capacidad que este tiene de *obligarla*, es decir, de «adquirirse y atraer la voluntad o benevolencia de otro» *(Aut.)*. Según A. J. Cascardi, *The limits of illusion*, pág. 33, «the turning point in Angela's

DON MANUEL.	Muy poco debe de ser,
	pues, aunque me llego a ver
	aquí, os pudiera argüir 2360
	que tengo más que sentir⁵⁹³,
	señora, que agradecer,
	y así me doy por sentido.
DOÑA ÁNGELA.	¿Vos de mí sentido?
DON MANUEL.	Sí,
	pues que no fiáis de mí⁵⁹⁴ 2365
	quién sois.
DOÑA ÁNGELA.	Solamente os pido
	que eso no mandéis, que ha sido
	imposible de contar.
	Si queréis venirme a hablar⁵⁹⁵,
	con condición ha de ser 2370
	que no lo habéis de saber
	ni lo habéis de preguntar⁵⁹⁶,
	porque para con vos hoy
	una enigma a ser me ofrezco,
	que ni soy lo que parezco 2375

---

development comes when she discovers her reliance on someone other than herself. She comes to realize that she exists in a social world and that her actions affect others». Sin embargo, solo en la escena final revelará Doña Ángela su identidad.

⁵⁹³ *sentirse*: «formar queja o tener sentimiento de alguna cosa» *(Aut.)*.

⁵⁹⁴ También Píndaro, en *Varia fortuna del soldado Píndaro*, t. II, págs. 26-27, le pide a la dama: «fuerça es que me ayáis de admitir con mayor confiança».

⁵⁹⁵ Las condiciones que quiere imponer Doña Ángela a las visitas de Don Manuel recuerdan sin duda las que le establece Leonarda a Camilo en *La viuda valenciana*. Situación parecida crea la dama en *Varia fortuna del soldado Píndaro*, t. II, pág.25: «que ni vos conocéis a quien avéis vnido, ni menos la ocasión que os induce y provoca».

⁵⁹⁶ Parte del mito de Psique y Cupido es ignorar la identidad del amante, de Cupido en el mito, de la dama en las versiones de Lope, Céspedes y Meneses o Calderón. En *La viuda valenciana*, vv. 948-950, Camilo le pregunta a Urbán, enviado por Leonarda: «¿No pudiera yo servilla, / y hablalla, vella y oílla, / y saber cómo se llama?», a lo que el criado responde: «No habemos de hablar en eso; / que en queriendo saber algo, / queda perdido el suceso» (vv. 951-953). Y confirma después: «Esa es la ley del concierto» (v. 979).

ni parezco lo que soy[597].
Mientras encubierta estoy[598]
podréis verme y podré veros,
porque, si a satisfaceros
llegáis y quién soy sabéis,   2380
vos quererme no querréis
aunque yo quiera quereros[599].
Pincel que lo muerto informa[600]

---

[597] El enigma (o la enigma, que en Calderón alternan los dos géneros gramaticales) aparece asociado en la mitología a la Esfinge, que habría aprendido de las musas a formular acertijos. Doña Ángela es quien está exponiendo aquí un acertijo («ni soy lo que parezco / ni parezco lo que soy») que Don Manuel no va a saber resolver. El problema de la situación es que la dama no puede declarar su identidad sin desencadenar un conflicto casi irresoluble para el honor de sus hermanos y de su galán. En *La viuda valenciana*, vv. 1402-1406, Leonarda le dice al galán: «Camilo, no os aflijáis / de verme esconder así; / que hay partes, señor, en mí / que vos ahora ignoráis»; Ventura, gracioso de *La celosa de sí misma*, v. 1432, llama a Doña Magdalena «una mujer enigma».

[598] La dama parece olvidar que en el cuarto de Don Manuel este tuvo ocasión de verle la cara y que, en caso de encuentro fuera de la oscuridad, él podría reconocerla. Leonarda, en *La viuda valenciana*, recibe a Camilo enmascarada: «Dame la máscara, presto, / y toma la tuya» (vv. 1260-1261), le dice a Julia.

[599] Doña Ángela da por supuesto que, si Don Manuel supiera que ella es la hermana de su amigo Don Juan, no querrá quererla. En esa suposición entran en juego problemas de honor, de rituales sociales en el proceso de contraer matrimonio (y de pedir la mano de la dama), etc. Como escriben Rey Hazas y Sevilla Arroyo, «Introducción», pág. XXVII, el galán «la habría pospuesto a su honor primordial, o lo que es lo mismo, a su deber de honrar la amistad debida a su hermano Juan, a su obligación sagrada de evitar una deshonra al amigo a cualquier precio, incluido el de su propio amor».

[600] En la «Deposición a favor de los profesores de la pintura», texto que expresa el apoyo de Calderón en 8 de julio de 1677 a los artesanos pintores en su lucha por convertirse oficial y legalmente en artistas, afirmaba el dramaturgo: «que por la natural inclinación que siempre tuvo a la Pintura, solicitó saber lo que de ella habían sentido los antiguos escritores, que la admiraron de más cerca; y como para entrar en el conocimiento de cualquiera supuesto es la primera puerta su definición, halló que la más significativa era ser la Pintura un casi remedo de las obras de Dios y emulación de la Naturaleza, pues no crió el Poder cosa que ella no imite, ni engendró la Providencia cosa que no retrate; y dejando para adelante el humano milagro de que en una lisa tabla representen sus primores, con los claros y obscuros de sus sombras y luces, lo cóncavo y lo llano, lo cercano y lo distante, lo áspero y lo leve, lo fértil y lo inculto, lo fluctuoso y lo sereno, hizo segundo reparo en que trascendiendo sus

tal vez[601] un cuadro previene
que una forma a una luz tiene   2385
y a otra luz tiene otra forma[602].
Amor, que es pintor, conforma
dos luces que en mí tenéis;
si hoy a aquesta luz me veis
y por eso me estimáis,   2390
cuando a otra luz me veáis
quizá me aborreceréis[603].
Lo que deciros me importa
es en cuanto a haber creído
que de don Luis dama he sido,   2395

---

relieves de lo visible a no visible, no contenta con sacar parecida la exterior su-
perficie de todo el Universo, elevó sus diseños a la interior pasión del ánimo;
pues en la posición de las facciones del hombre (racional mundo pequeño) llegó su destreza aun a copiarle el alma, significando en la variedad de sus sem-
blantes ya lo severo, ya lo apacible, ya lo risueño, ya lo lastimado, ya lo ira-
cundo, ya lo compasivo; de suerte que, retratado en el rostro, el corazón nos
demuestra en sus afectos, aun más parecido el corazón que el rostro»
<http://www.cervantesvirtual.com/servlet/SirveObras/mcp/12371622000125
951865846/p0000001.htm>. En *La viuda valenciana*, vv. 890-892, el enamorado Valerio se presenta en casa de Leonarda para tratar de venderle un papel:
«El *Adonis* del Tiziano, / que tuvo divina mano / y peregrino pincel»; y otros
papeles de Rafael de Urbinas, Martín de Vos, pintor flamenco, o de Federico
Zuccaro, pintor italiano (vv. 899-902).

[601] En el sentido de «a veces».

[602] *luz*: «en la pintura es aquel punto o centro de donde se ilumina toda la
historia o pintura que se hace» *(Aut.).* Doña Ángela habla de *dos luces* diferentes (muy distinto de la frase proverbial *a dos luces*, «ambiguamente, con confusión»), en el sentido de las dos posibles imágenes que Don Manuel puede
hacerse de ella: la que le está ofreciendo ahora, relacionada con la dama duende, y la de hermana de su amigo Don Juan. Lo que plantea Calderón es un
problema de perspectiva subjetiva, muy relacionado con las experimentacio-
nes pictóricas del barroco. Antonucci (pág. 235) trae a colación los «"cuadros
con secreto" o anamorfosis: grabados, dibujos o pinturas que, mirados de frente, mostraban una imagen y, mirados de lado, con el ojo muy pegado a la su-
perficie, revelaban otra imagen distinta». Puede verse B. Nelson, «The Marriage of Art and Honor: Anamorphosis and Control in Calderón's *La dama
duende*».

[603] Comp. *La viuda valenciana*, vv. 1102-1109, donde Camilo dice: «Los
ojos hacen gozar; / que aquel ver causa el hallar / suavidad en los amores, /
el conocer y el tratar. / Que por lo contrario, el ciego, / como yo a esa dama
llego, / es en el deleite igual / a cualquier bruto animal».

	y esta sospecha reporta	
	mi juramento y la acorta.	
DON MANUEL.	Pues ¿qué, señora, os moviera	
	a encubriros dél?	
DOÑA ÁNGELA.	Pudiera	
	ser tan principal mujer	2400
	que tuviera qué perder	
	si don Luis me conociera[604].	
DON MANUEL.	Pues decidme solamente	
	cómo a mi casa[605] pasáis.	
DOÑA ÁNGELA.	Ni eso es tiempo que sepáis,	2405
	que es el mismo inconveniente.	
DOÑA BEATRIZ.	(Aquí entro yo lindamente)[606].	
	Ya el agua y dulce está aquí.	
	Vuexcelencia[607] mire si...	

(Lleguen todas con toallas, vidro[608] y algunas cajas)[609].

---

[604] Doña Ángela sigue mintiendo, o sea, fingiendo una posición y tratando de construir una imagen ante Don Manuel que cuadra más con el papel que ella misma quiere escribirse que con la realidad de su vida. Al mismo tiempo, le da pistas erróneas que no le permitirán localizar su identidad.

[605] Valbuena opta por la lectura de *M1* de *cuarto* en vez de *casa*, en *P*. Como Don Manuel cree encontrarse muy lejos de su casa y cuarto, es normal que use esa palabra.

[606] *lindamente:* «primorosa y acertadamente, con perfección» *(Aut.).*

[607] Por «vuestra excelencia»; *excelencia:* «tratamiento, título y cortesía que se da al que es grande de España» *(Aut.).* Es obvio que las damas tratan de confundir a Don Manuel respecto a la posición estamental de Doña Ángela. Y lo confunden. En su juego por hacerse pasar por persona de alta alcurnia Doña Ángela recuerda a Dorotea fingiéndose princesa Micomicona con la ayuda de Cardenio en *Don Quijote 1,* cap. 30; es triquiñuela que utiliza alguna otra dama calderoniana, como Doña Beatriz, en *Mañana será otro día.* En *Varia fortuna del soldado Píndaro,* t. II, pág. 15, la dama le dice a Píndaro: «Mi calidad y estado piden, señor, en su resguardo la misma confiança; y su conservación el recato y secreto que contradize en vos vuestro mismo deshorden». Más adelante Píndaro la califica de «muger principal» (pág. 26) y llega a identificarla como «prenda y muger de cierto gran señor título y estrangero [...] la llamavan en la Corte la bella mal casada» (pág. 46).

[608] Anticuado, por «vidrio» o conjunto de vasos.

[609] Se supone que son cajas que contienen las conservas o frutas confitadas.

DOÑA ÁNGELA.	¡Qué error y qué impertinencia!	2410
	Necia, ¿quién es excelencia?	
	¿Quieres engañar así	
	al señor don Manuel	
	para que con eso crea[610]	
	que yo gran señora sea?	2415
DOÑA BEATRIZ.	Advierte...	
DON MANUEL.	(De mi cruel	
	duda salí con aquel	
	descuido[611]; agora he creído	
	que una gran señora ha sido,	
	que, por serlo, se encubrió	2420
	y que con el oro vio[612]	
	su secreto conseguido.)	

(Llama dentro DON JUAN *y túrbanse todas.)*

DON JUAN.	Abre aquí, abre esta puerta[613].	
DOÑA ÁNGELA.	¡Ay cielos!, ¿qué ruido es este?	
ISABEL.	(¡Yo soy muerta!)	
DOÑA BEATRIZ.	(¡Helada estoy!)	2425
DON MANUEL.	(¿Aún no cesan mis crueles	
	fortunas?[614]. ¡Válgame el cielo!)	

---

[610] La reacción de enfado, perfectamente planificada, va a surtir el efecto deseado, a pesar de estar engañando con la verdad, como sugería Lope de Vega en su *Arte nuevo de hacer comedias*: «el engañar con la verdad es cosa / que ha parecido bien» (Madrid, Cátedra, 2006, ed. de Enrique García-Santo Tomás, vv. 319-320).

[611] Don Manuel cree tener ahora una respuesta a su gran duda: sabe (o cree saber) que tras la dama duende se oculta una gran señora. Eso, sin embargo, no satisface todas sus incertidumbres sobre la identidad de la dama.

[612] El galán ha tragado el anzuelo que las mujeres le han preparado y atribuye a las riquezas de la dama el éxito que ha tenido en preservar el secreto de su identidad.

[613] En *Varia fortuna del soldado Píndaro*, t. II, pág. 36, también se oyen «unos temerosos golpes que davan a las puertas del cuarto». Y, más adelante, se oyen «unas voces confusas y terribles que a la parte de afuera empeçaron a darse, interrumpió nuestra obra y, en lugar de aumentarla, aseguró nuestra gran turbación» (pág. 37). Al final, quien entra es la madre de la dama.

[614] *fortuna*: «lo que sucede acaso, sin poder ser prevenido» *(Cov.)*; el adjetivo *crueles* matiza esas *fortunas* en un sentido negativo.

DOÑA ÁNGELA.	Señor, mi esposo es aqueste[615].
DON MANUEL.	¿Qué he de hacer?
DOÑA ÁNGELA.	Fuerza es que os vais[616]

a esconderos a un retrete[617].   2430
Isabel, llévale tú
hasta que oculto le dejes
en aquel cuarto que sabes
apartado... Ya me entiendes[618].

ISABEL.   Vamos presto.

(Vase.)

DON JUAN.   ¿No acabáis   2435
de abrir la puerta?

DON MANUEL.   ¡Valedme,
cielos, que vida y honor
van jugados a una suerte![619].

(Vase.)

DON JUAN.   La puerta echaré en el suelo[620].

---

[615] La escenografía y texto que le han preparado a Don Manuel está abierto a improvisaciones, pero siempre dentro de la fundamental estrategia de ficción (o sea, de mentira) que caracteriza la *traza* de Doña Ángela. Ahora se trata de convencerlo de que quien llama es el esposo —para Don Manuel no puede tratarse de Don Luis, que sabe soltero—, con lo que las relaciones con la dama entrarían en una dinámica adulterina muy peligrosa.

[616] *vais* por «vayáis».

[617] *retrete:* «el aposento pequeño y recogido en la parte más secreta de la casa y más apartada» *(Cov.).* Píndaro se esconde, la primera vez que suenan voces y ruidos, «entre las cortinas de su cama» *(Varia fortuna del soldado Píndaro,* t. II, pág. 38).

[618] Aquí ese *ya me entiendes,* claramente cómplice, se refiere sin duda al cuarto de Don Manuel y al paso por la alacena.

[619] Valbuena toma la lectura de *M1, restados,* para corregir el *jugadas* de *P,* que es lo que deja Antonucci. Sin embargo, hay que corregir el género del participio. Si vida y honor van jugados es porque, de encontrarle el marido en el cuarto de la esposa, el combate hubiera sido inevitable. *suerte:* «acaso, accidente o fortuna» *(Aut.).*

[620] Nótese la violencia verbal que usa Don Juan en una situación aparentemente inocua.

244

DOÑA ÁNGELA.	Retírate tú, pues puedes,	2440
	en esa cuadra[621], Beatriz,	
	no te hallen aquí.	

(Sale DON JUAN.*)*

	¿Qué quieres	
	a estas horas en mi cuarto,	
	que así a alborotarnos vienes?	
DON JUAN.	Respóndeme tú primero,	2445
	Ángela, ¿qué traje[622] es ese?	
DOÑA ÁNGELA.	De mis penas y tristezas	
	es causa el mirarme siempre	
	llena de luto, y vestíme[623],	
	por ver si hay con qué me alegre,	2450
	estas galas.	
DON JUAN.	No lo dudo,	
	que tristezas de mujeres	
	bien con galas se remedian,	
	bien con joyas convalecen[624],	
	si bien me parece que es	2455
	un cuidado impertinente.	
DOÑA ÁNGELA.	¿Qué importa que así me vista	
	donde nadie llegue a verme?[625].	

---

[621] En esta situación se supone que Don Juan llama por una puerta, por la otra se han ido Don Manuel e Isabel y por la tercera —el nicho central— saldrá Doña Beatriz a la *cuadra* o habitación que acaba de mencionar Doña Ángela.

[622] Si se tiene presente el tipo de vestido que como viuda debía llevar normalmente Doña Ángela, es comprensible la sorpresa de Don Juan ante los ricos vestidos que usa su hermana y que esta sea la primera pregunta que le hace. E. Honig, «Flickers of Incest», pág. 102, interpretará que esos ropajes «inflamed his suppressed sexual passion».

[623] Opto, como Antonucci, por la lectura de *V, M1* y *M2*, en lugar del *vestirme* de *P,* que es errata.

[624] Verbaliza aquí el personaje una actitud paternalista que parece comprender el que las mujeres traten de superar su tristeza (o sus estados de ánimo difíciles) mediante el consumo de artículos de lujo y su uso.

[625] La mejor justificación de Doña Ángela radica en su total aislamiento (teórico) del mundo exterior.

DON JUAN.	Dime, ¿volviose Beatriz
	a su casa?
DOÑA ÁNGELA.	Y cuerdamente	2460
	su padre, por mejor medio,
	en paz su enojo convierte.
DON JUAN.	Yo no quise saber más,
	para ir a ver si pudiese
	verla y hablarla esta noche[626].	2465
	Quédate con Dios y advierte
	que ya no es tuyo ese traje[627].

(Vase.)

| DOÑA ÁNGELA. | Vaya Dios contigo y vete. |

(Sale DOÑA BEATRIZ.)

	Cierra esa puerta, Beatriz.
DOÑA BEATRIZ.	Bien hemos salido deste	2470
	susto. A buscarme tu hermano
	va.
DOÑA ÁNGELA.	Ya hasta que se sosiegue
	más la casa y don Manuel
	vuelva de su cuarto a verme,
	para ser menos sentidas	2475
	entremos a este retrete[628].

---

[626] Téngase presente que los amores de Don Juan y sus galanteos están teniendo lugar al parecer al margen de los cauces normales, o sea, sin el conocimiento del padre de Doña Beatriz.

[627] Don Juan parece sugerir que su hermana no tiene ya absolutamente ninguna posibilidad de abandonar el estado de viudez para volverse a casar. «La viuda honrada, su puerta cerrada» , o sea, «refrán que aconseja el recogimiento, retiro y recato en las viudas» *(Aut.)*. Según M. R. Greer, «The (Self)Representation», pág. 100, estas palabras de Don Juan pueden aludir a que el vestido, parte de la dote de la dama, «is back under his control now».

[628] Este *retrete* puede ser o bien el lugar por donde salió Isabel con Don Manuel (recuérdese que el cuarto del caballero no está junto al de Doña Ángela) o bien la *cuadra* donde se había escondido previamente Doña Beatriz y de la que acaba de salir.

| DOÑA BEATRIZ. | Si esto te sucede bien |
| | te llaman[629] *la dama duende.* |

[CUADRO II]
[ESCENA EN EL CUARTO DE DON MANUEL]

(Salen por el alacena DON MANUEL *y* ISABEL.)

ISABEL.	Aquí has de quedarte y mira	
	que no hagas ruido, que pueden[630]	2480
	sentirte.	
DON MANUEL.	Un mármol seré[631].	
ISABEL.	(Quieran los cielos que acierte	
	a cerrar, que estoy turbada.)	

(Vase.)

DON MANUEL.	¡Oh, a cuánto, cielos, se atreve	
	quien se atreve a entrar en parte	2485
	donde ni alcanza ni entiende	
	qué daños se le aperciben,	
	qué riesgos se le previenen!	
	Venme aquí a mí[632] en una casa	
	que dueño tan noble[633] tiene	2490
	—de excelencia por lo menos—,	
	lleno de asombros[634] crueles	

---

[629] Con el sentido de *te llamarán.*

[630] En *P* se lee «puedan» pero tiene que ser errata, por el sentido y por la rima; corregimos según Vera Tassis.

[631] En el v. 2018 Don Manuel exclamaba «¡De mármol soy!» ante la rapidez con que el *duende* traía la luz. Ahora es él quien promete ser como mármol para cumplir con las exigencias de la dama.

[632] Valbuena toma, sin razones suficientes, la lectura de *M1, así,* en lugar de la de *P,* que sigo lo mismo que Antonucci.

[633] *P* lleva «notable», lo que hace el verso hipermétrico; corregimos según *M1* y *M2.*

[634] *asombro:* «pasmo y admiración que ocasiona lo grande y peregrino de algún objeto u operación» *(Aut.).*

y tan lejos de la mía[635].
Pero, ¿qué es esto? Parece
que a esta parte alguna puerta   2495
abren; sí, y ha entrado gente.

(Sale COSME.*)*

COSME.   Gracias a Dios que esta noche
entrar podré libremente
en mi aposento sin miedo,
aunque sin luz[636] salga y entre,   2500
porque el duende, mi señor,
puesto que a mi amo tiene,
¿para qué me quiere a mí?
Pero para algo me quiere[637].

(Topa con DON MANUEL.*)*

          ¿Quién va?, ¿quién es?
DON MANUEL.   Calle, digo,   2505
quienquiera que es, si no quiere
que le mate a puñaladas.
COSME.   No hablaré más que un pariente
pobre en la casa del rico[638].

---

[635] Se acentúa así cómicamente la distancia psicológica entre el lugar donde el personaje se cree y la realidad.

[636] De nuevo la ausencia (teórica) de luz va a caracterizar el juego de teatro de esta secuencia.

[637] Este verso solo se comprende si *ya ha topado* con algo o alguien, o sea, con Don Manuel.

[638] Aunque parece reflejar alguna clase de refrán o dicho popular, no hemos localizado ninguno que presente parecidos suficientes: «Al pariente pobre nadie lo reconoce», «Eres más molesto que un pariente pobre» o «Un pariente pobre es siempre un pariente lejano». No obstante, tal vez Calderón recicla el refrán —glosado por Juan de Mal Lara— que utiliza el alférez Campuzano en la novela *El casamiento engañoso:* «espaciándome en casa como el yerno ruin en la del suegro rico» *(Novelas ejemplares,* ed. de Harry Sieber, Madrid, Cátedra, 1989, t. II, pág. 286).

DON MANUEL.	(Criado sin duda es este[639], 2510
	que acaso ha entrado hasta aquí.
	Dél informarme conviene
	dónde estoy.) Di, ¿qué casa
	es esta?, ¿y qué dueño tiene?
COSME.	Señor, el dueño y la casa 2515
	son el diablo que me lleve[640],
	porque aquí vive una dama
	que llaman[641] *la dama duende*,
	que es un demonio en figura
	de mujer.
DON MANUEL.	¿Y tú quién eres? 2520
COSME.	Soy un fámulo[642] o criado,
	soy un súbdito[643], un sirviente,
	que sin qué ni para qué[644]
	estos encantos padece.
DON MANUEL.	¿Y quién es tu amo?
COSME.	Es 2525
	un loco, un impertinente,
	un tonto, un simple, un
	[menguado[645],
	que por tal dama se pierde[646].
DON MANUEL.	¿Y es su nombre?

---

[639] Las palabras anteriores de Cosme sobre callar como pariente pobre incitan a Don Manuel a identificarlo socialmente como un criado.

[640] Es decir, «aquí todo sale mal, al revés de lo pensado y deseado».

[641] Ignorando con quién habla, Cosme convierte ya en vox populi el modo en que él cree oportuno llamar al ser que misteriosamente los visita; de ahí ese *llaman*.

[642] *fámula:* «lo mismo que criada. Es voz puramente latina y usada en estilo afectado y culto» *(Aut.)*.

[643] *súbdito:* «el que está sujeto a la disposición de algún superior, con obligación de obedecer sus mandatos y órdenes» *(Aut.)*.

[644] O sea, «sin motivo alguno, sin ninguna razón».

[645] La enumeración ofensiva de Cosme es uno de los mecanismos evidentes de establecer cierta simpatía entre la acción representada y los sectores menos favorecidos que asistían al espectáculo. A su manera, el criado «se venga» con expresiones así de su sujeción al poder del amo.

[646] *perderse* en el doble sentido de extraviarse del buen camino y de mostrar fuerte inclinación hacia ella.

COSME.	Don Manuel
	Enríquez.
DON MANUEL.	¡Jesús mil veces! 2530
COSME.	Yo Cosme Catiboratos[647]
	me llamo.
DON MANUEL.	Cosme, ¿tú eres?
	¿Pues cómo has entrado aquí?
	Tu señor soy. Dime, ¿vienes
	siguiéndome tras la silla?[648]. 2535
	¿Entraste tras mí a esconderte
	también en este aposento?
COSME.	¡Lindo desenfado es ese!
	Dime, ¿cómo estás aquí?
	¿No te fuiste muy valiente 2540
	solo donde te esperaban?
	¿Pues cómo tan presto vuelves?
	¿Y cómo, en fin, has entrado
	aquí, trayendo yo siempre
	la llave de aqueste cuarto? 2545
DON MANUEL.	Pues dime, ¿qué cuarto es este?
COSME.	El tuyo o el del demonio.
DON MANUEL.	¡Viven los cielos que mientes!
	Porque lejos de mi casa,
	y en casa bien diferente, 2550
	estaba en aqueste instante.
COSME.	Pues cosas serán del duende
	sin duda, porque te he dicho
	la verdad pura.

---

[647] Cuando Tristán, en *El perro del hortelano*, quiere convencer a Ludovico de que Teodoro es su hijo, cuenta de su familia: «Catiborratos, mi padre, / no sintió tanto la ofensa / como el dejarle Teodoro» (vv. 2816-2818). Asimismo, hay un Gil Catiborratos en la mojiganga *La pandera*, del mismo Calderón (ver María Luisa Lobato, «Un códice de teatro desconocido del siglo XVII. Edición de la mojiganga *La pandera*, de Calderón», *Criticón*, 37 (1987), págs. 169-201). David Kossof, en su edición de la obra de Lope, sugiere que el nombre recuerda «mira, cata el borracho» (pág. 199n).

[648] Salvando las distancias, hay aquí ciertas resonancias de la relación entre don Quijote y Sancho al hablar del viaje en Clavileño.

DON MANUEL.	¡Tú quieres
	que pierda el juicio!
COSME.	¿Hay más 2555
	de desengañarte? Vete
	por esa puerta[649] y saldrás
	al portal, adonde puedes
	desengañarte.
DON MANUEL.	Bien dices.
	Iré a examinarle y verle[650]. 2560

(Vase.)

| COSME. | Señores[651], ¿cuándo saldremos |
| | de tanto embuste aparente? |

(Sale ISABEL *por la alacena.)*

ISABEL.	(Volvióse a salir don Juan
	y, porque a saber no llegue
	don Manuel adónde está, 2565
	sacarle de aquí conviene.)
	¡Ce, señor, ce!
COSME.	(Esto es peor.
	Ceáticas[652] son estas cees.)
ISABEL.	Ya mi señor recogido
	queda.
COSME.	(¿Qué señor es este?)[653] 2570

---

[649] Puesto que en su cuarto solo hay una puerta que dé al exterior —la que sale al portal de la calle—, en este momento Don Manuel debería darse cuenta de que la única posibilidad que queda para explicar entradas y salidas es la alacena. Pero, como comentaron las mujeres al comienzo (v. 1257), es como el huevo de Juanelo.

[650] En este momento Cosme debe darle la llave del cuarto a Don Manuel, lo que explica que este la tenga en los vv. 2797-2799.

[651] He aquí otra intervención que incorpora al público al trascurso de la acción dramática, pues ese plural se dirige a los espectadores de la comedia.

[652] *ceáticas:* Cosme califica las *ces* de *ceáticas* jugando con una palabra que se inventa (derivada de las *ces*) y la *ceática* o *ciática* como enfermedad que causa grandes dolores.

[653] Este verso es indicado como *aparte* en P.

(Sale DON MANUEL.)

DON MANUEL.	Este es mi cuarto en efeto[654].
ISABEL.	¿Eres tú?
COSME.	Sí, yo soy.
ISABEL.	Vente conmigo.
DON MANUEL.	Tú dices bien.
ISABEL.	No hay qué temer, nada esperes.
COSME.	¡Señor, que el duende me lleva! 2575

(Llévale ISABEL.)

DON MANUEL. ¿No sabremos finalmente
de dónde nace este engaño?
¿No respondes? ¡Qué necio eres!
¡Cosme, Cosme! ¡Vive el cielo,
que toco con las paredes! 2580
¿Yo no hablaba aquí con él?
¿Dónde se desaparece
tan presto? ¿No estaba aquí?
Yo he de perder dignamente
el juicio... Mas, pues es fuerza 2585
que aquí otro cualquiera entre,
he de averiguar por dónde,
porque tengo de esconderme
en esta alcoba y estar
esperando atentamente 2590
hasta averiguar quién es
esta hermosa dama duende[655].

---

[654] De nuevo los personajes se supone están en la oscuridad, por lo que no se ven entre sí. Todo es un juego de tacto y representación. Se supone que las palabras de Don Manuel no son escuchadas por los criados porque estos están cerca de la alacena en tanto el amo acaba de entrar, pero nada (o todo) está dicho aquí en *aparte*.

[655] A pesar de la experiencia que ha tenido en la sala de las damas, y de la equívoca clarificación que ha tenido sobre la identidad de la dama (ser gran señora), el objetivo de descubrir dicha identidad sigue funcionando como mecanismo de búsqueda racional y sensorial de la realidad.

[ESCENA EN EL CUARTO DE DOÑA ÁNGELA]

(Vase y salen todas las mujeres, una con luces y otra con algunas cajas y otra con un vidrio de agua.)

DOÑA ÁNGELA.	Pues a buscarte ha salido
	mi hermano y pues Isabel
	a su mismo cuarto[656] ha ido 2595
	a traer a don Manuel,
	esté todo apercibido;
	halle, cuando llegue aquí,
	la colación[657] prevenida.
	Todas le esperad[658] así. 2600
DOÑA BEATRIZ.	No he visto en toda mi vida
	igual cuento[659].
DOÑA ÁNGELA.	¿Viene?
CRIADA.	Sí,
	que ya siento sus pisadas.

(Sale ISABEL *trayendo a* COSME *de la mano.)*

COSME.	(¡Triste de mí!, ¿dónde voy?
	Ya estas son burlas pesadas. 2605
	Mas no, pues mirando estoy
	bellezas tan estremadas.
	¿Yo soy Cosme o Amadís?
	¿Soy Cosmico o Belianís?)[660].

---

[656] O sea, al cuarto del mismo Don Manuel.

[657] *colación*: «la confitura o bocado que se da para beber, y en los desposorios se solía usar entrar muchos pajes con platos de confitura y los que se hallaban presentes iban tomando della» *(Cov.)*.

[658] *le esperad* por *esperadle*, con separación y anteposición del objeto indirecto.

[659] La palabra *cuento* remite a la narración de sucesos ficticios y así se refuerza la idea de *traza* que Doña Ángela había utilizado en v. 1295.

[660] Cosme expone dudas sobre su propia identidad relacionándola a dos caballeros andantes, Amadís y Belianís, héroes de *Amadís de Gaula* y *Belianís de*

ISABEL.	Ya viene aquí; mas ¿qué veo?	2610
	¡Señor!	
COSME.	(Ya mi engaño creo,	
	pues tengo el alma en un tris)[661].	
DOÑA ÁNGELA.	¿Qué es esto, Isabel?	
ISABEL.	Señora,	
	donde a don Manuel dejé,	
	volviendo por él agora,	2615
	a su criado encontré.	
DOÑA BEATRIZ.	Mal tu descuido se dora.	
ISABEL.	Está sin luz[662].	
DOÑA ÁNGELA.	¡Ay de mí!	
	¡Todo está ya declarado!	
DOÑA BEATRIZ.	Más vale engañarle así.	2620
	¿Cosme?	
COSME.	¿Damiana?[663].	
DOÑA BEATRIZ.	A este lado	
	llegad.	
COSME.	Bien estoy aquí.	
DOÑA ÁNGELA.	Llegad, no tengáis temor.	
COSME.	¿Un hombre de mi valor,	
	temor?	
DOÑA ÁNGELA.	¿Pues qué es no llegar?	2625

(Aparte, y lléguese a ellas.)

Grecia. En realidad, la impresión que le causa ver a «bellezas tan estremadas» hace pensar en el romance que recita don Quijote en *Don Quijote 1,* cap. 13: «Nunca fuera caballero / de damas tan bien servido / como lo fue Lanzarote / cuando de Bretaña vino».

[661] *en un tris:* «frase con que se significa la proximidad a suceder contingentemente alguna cosa, con especialidad de riesgo o peligro» *(Aut.).*

[662] Como bien clarifica Antonucci, se refiere al cuarto donde quedó Don Manuel.

[663] La respuesta de Cosme, feminizando en nombre de Damián, responde al santoral católico, en el que figuran juntos los santos Cosme y Damián, al parecer hermanos gemelos, médicos, que sufrieron martirio en el siglo III por orden del gobernador de Cilicia. Su fiesta se celebra el 26 de septiembre.

COSME. (Ya no se puede excusar
en llegando al pundonor)[664].
Respeto no puede ser,
sin ser espanto ni miedo,
porque al mismo Lucifer   2630
temerle muy poco puedo
en hábito de mujer.
Alguna vez lo intentó
y, para el ardid que fragua,
cota y nagua se vistió,   2635
que esto de cotilla y nagua[665]
el demonio lo inventó[666].
En forma de una doncella[667]
aseada, rica y bella
a un pastor se apareció,   2640

---

[664] Esta repentina metamorfosis del criado a los usos verbales del código del honor caballeresco solo parece explicarse por encontrarse ante las damas. Desde luego, su conducta no va a cambiar por eso.

[665] *cotilla:* «jubón sin mangas hecho de dos telas, embutido con barba de ballena y pespuntado, sobre el cual se visten las mujeres el jubón o casaca» *(Aut.); nagua:* lo mismo que *enaguas,* «género de vestido hecho de lienzo blanco a manera de guardapiés que baja en redondo hasta los tobillos y se ata por la cintura, de que usan las mujeres y le traen ordinariamente debajo de los demás vestidos» *(Aut.).* Es obvio que las *cota* y *naguas* que cita en el verso anterior son lo mismo.

[666] La afirmación de Cosme lo relaciona con las críticas de los moralistas al uso de ciertas prendas femeninas: la cotilla porque era extremadamente ajustada y realzaba las formas de la mujer y las enaguas porque las relacionaba con el guardainfante, prenda que fue objeto también de ataques furibundos. Véase José Deleito y Piñuela, *La mujer, la casa y la moda,* págs. 52-161; asimismo, Rafael González Cañal, «El lujo y la ociosidad durante la privanza de Olivares: Bartolomé Jiménez Patón y la polémica sobre el guardainfante y las guedejas», *Criticón,* 53 (1991), págs. 71-96. Desde una perspectiva más general, véase Javier Aparicio Maydeu, «The Sinful Scene: Transgression in Seventeenth Century Spanish Drama (1625-1685)», en *Bodies and Biases: Sexualities in Hispanic Cultures and Literatures,* ed. David W. Foster y Roberto Reis, Minneapolis, University of Minnesota Press, 1996, págs. 24-36.

[667] Esta fábula del loco amor introduce, según B. Nelson, «The Marriage of Art and Honor», pág. 408, «the mirror of baroque *desengaño* into the love story of Don Manuel and Doña Ángela». Asimismo, la fábula pone en primer plano «the relationship between art —the fabrication of appearances— and one's moral activity on the world stage».

y él, así como la vio,
se encendió[668] en amores della.
Gozó a la diabla[669] y después,
con su forma horrible y fea,
le dijo a voces: «¿No ves,   2645
mísero de ti, cuál sea
desde el copete[670] a los pies
la hermosura que has amado?
Desespera[671], pues has sido
agresor de tal pecado».   2650
Y él, menos arrepentido
que antes de haberla gozado,
le dijo: «Si pretendiste,
¡oh, sombra fingida y vana![672],
que desesperase un triste,   2655
vente por acá mañana
en la forma que trujiste;
verasme amante y cortés
no menos que antes después,
y aguardarte en testimonio   2660
de que aun horrible no es
en traje de hembra un demonio»[673].

---

[668] Aunque *arder en amores* o *encenderse en amores* son expresiones frecuentes en la lírica amorosa, en boca de Cosme apunta al puro deseo físico del pastor por la diabla.

[669] Calderón elabora sintéticamente algunas de las diversas y numerosas descripciones ofrecidas por quienes fueron acusados de brujería.

[670] Por sinécdoque, la cabeza.

[671] O sea, pierde la esperanza en el sentido de «quítate la vida».

[672] Fray Luis de León, en la «Noche serena», v. 20, escribe: «sigue la vana sombra, el bien fingido». Gabriel de Bocángel, en el soneto XXIV, que comienza «Filis, en cuyo amante muerte fiera», escribe en el v. 6: «de verdadero amor sombra fingida».

[673] Tal vez reelabora Calderón aquí el episodio de Rutilio y la bruja italiana que lo libera de la prisión, se lo lleva volando desde Roma hasta Noruega y, al llegar, pretende gozarlo, pero el joven la aparta y la ve convertida en loba *(Los trabajos de Persiles y Sigismunda,* libro IV, cap. 13). Los *Castigos e documentos para bien vivir ordenados por el rey don Sancho IV,* ed. de Agapito Rey, Bloomington, Indiana University Publications, 1952, texto de hacia 1292-1293, incluye un *exemplum* que narra el ardiente deseo erótico de un viejo eremita al

DOÑA ÁNGELA.	Volved en vos y tomad una conserva y bebed, que los sustos causan sed. 2665
COSME.	Yo no la tengo[674].
DOÑA BEATRIZ.	Llegad, que habéis de volver, mirad, docientas leguas de aquí[675].
COSME.	Cielos, ¿qué oigo?
DOÑA ÁNGELA.	¿Llaman?
DOÑA BEATRIZ.	Sí.
ISABEL.	¿Hay tormento más cruel? 2670
DOÑA ÁNGELA.	¡Ay de mí, triste!

(Dentro)[676].

DON LUIS.	¡Isabel!
DOÑA BEATRIZ.	¡Válgame el cielo!

---

que tienta el diablo en forma de niña hermosa, huérfana, hambrienta y extraviada. Excitado por la niña, de repente la mujer «desfízose entre manos. E el diablo saltó ençima de vna viga en semejança de cabrón e començó a reyrse a grandes risadas e fazié escarnio del hermitanno» (pág. 177). A este respecto, puede resultar iluminador consultar la *Relación de las personas que salieron al auto de la fe [...] en la ciudad de Logroño en siete y en ocho días del mes de noviembre de 1610 años*, Logroño, Juan de Mongastón, 1611. Es el texto que Leandro F. de Moratín publicaría como *Autor de fe* en 1811. En ese relato de la Inquisición se describen con cierto detalle las relaciones carnales entre el demonio y las brujas que participan en el aquelarre, aparte de otros detalles suculentos. Puede verse Graciela Cándamo Fierro, «"El diablo toma la forma de mugier por que a los buenos pueda empesçer": una faceta de la mujer en la literatura ejemplar», <http://parnaseo.uv.es/Memorabilia/Memorabilia6/Candano/Candano.htm>.

[674] En *La viuda valenciana* la criada Julia trae colación para Camilo, pero este la rechaza: «En vano / viene; a fe de gentilhombre, / que no tengo de comer» (vv. 1441-1443); sin embargo acaba bebiendo un sorbo de alguna bebida que saca Urbán.

[675] Ahora es Doña Beatriz quien trata de convencer a Cosme de que ha llegado mágicamente a la sala donde están y, por tanto, de que se encuentra muy lejos de su casa. Bajo *milla* escribe Covarrubias: «es un espacio de camino que contiene en sí mil pasos, y tres millas hacen una legua».

[676] La segunda vez que entra alguien al aposento donde está el soldado Píndaro salen tres hombre que «embistieron conmigo como furiosos leones» (*Varia fortuna del soldado Píndaro*, t. II, pág. 48).

(Dentro.)

DON LUIS.	¡Abre aquí!
DOÑA ÁNGELA.	Para cada susto tengo
	un hermano[677].
ISABEL.	¡Trance fuerte![678].
DOÑA BEATRIZ.	Yo me escondo.

(Vase.)

COSME.	Este sin duda	2675
	es el verdadero duende.	
ISABEL.	Vente conmigo.	
COSME.	Sí haré.	

(Vanse. Sale DON LUIS.*)*

DOÑA ÁNGELA.	¿Qué es lo que en mi cuarto quieres?	
DON LUIS.	Pesares míos me traen	
	a estorbar otros placeres.	2680
	Vi ya tarde en ese cuarto	
	una silla[679], donde vuelve	
	Beatriz, y vi que mi hermano	
	entró.	
DOÑA ÁNGELA.	Y en fin, ¿qué pretendes?	
DON LUIS.	Como pisa sobre el mío[680],	2685
	me pareció que había gente	

---

[677] En cierto sentido, esta frase es paralela de la dicha en la jornada primera al afirmar que estaba «con dos hermanos casada» (v. 392).

[678] *trance:* «punto riguroso u ocasión peligrosa de algún caso o acontecimiento» *(Aut.).* Expresión frecuente en la *comedia nueva.* La usan Mira de Amescua en *Los prodigios de la vara,* o en *La adversa fortuna de don Álvaro de Luna;* Juan Ruiz de Alarcón en *Los favores del mundo;* o el mismo Calderón en *Luis Pérez el Gallego.*

[679] Debe referirse a la silla de manos en que Don Manuel ha sido trasladado desde el cementerio de San Sebastián hasta la casa de Don Juan y en la que se le ha desorientado para no saber adónde iba. Don Luis, ignorante de todo ese artificio de su hermana, cree que es el trasporte utilizado por Doña Beatriz. Y tal vez se trate de la misma.

[680] Este comentario de Don Luis confirma que el cuarto de Doña Ángela no está en la planta baja, como el de Don Manuel, sino en el primer piso.

y para desengañarme
sólo he de mirarle y verle.

(Alza una antepuerta[681] *y topa con* BEATRIZ.)

¡Beatriz!, ¿aquí estás?

DOÑA BEATRIZ.   Aquí
estoy, que hube de volverme   2690
porque al disgusto volvió
mi padre, enojado siempre.

DON LUIS.   Turbadas estáis las dos.
¿Qué notable estrago[682] es este
de platos, dulces y vidrios?   2695

DOÑA ÁNGELA.   ¿Para qué informarte quieres
de lo que en estando a solas
se entretienen las mujeres?

(Hacen ruido en la alacena[683] ISABEL *y* COSME.)

DON LUIS.   Y aquel ruido, ¿qué es?

DOÑA ÁNGELA.   (Yo muero.)

DON LUIS.   ¡Vive Dios, que allí anda gente!   2700
Ya no puede ser mi hermano
quien se guarda desta suerte.

(Aparta la alacena para entrar con luz.)

---

[681] *antepuerta:* «la cortina, paño o cancel que se pone delante de una puerta o por abrigo o por mayor decencia, para que desde afuera no se registre el aposento» *(Aut.).* Se trata de la cortina que cubre el lugar por el que ha salido Doña Beatriz, a quien encuentra.

[682] *estrago:* «ruina, daño y destrucción ocasionada de cualquiera causa en las cosas naturales y materiales» *(Aut.).* La explicación de ese *estrago* se halla en una acotación de V-Z correspondiente al momento en que llama Don Luis: «*Llaman dento y túrbanse todas, dejan caer las mujeres los platos*».

[683] No se olvide que desde la habitación de Doña Ángela no puede verse la alacena, por lo que debe referirse al lugar por el que salieron Cosme e Isabel. Igualmente, en la acotación siguiente no puede ser *aparta la alacena* sino indicar solamente que Don Luis sale por esa misma puerta.

¡Ay de mí, cielos piadosos,
que, queriendo neciamente
estorbar aquí los celos   2705
que amor en mi pecho enciende,
celos de honor[684] averiguo!
Luz tomaré, aunque imprudente,
pues todo se halla con luz
y el honor con luz se pierde[685].   2710

(Vase.)

DOÑA ÁNGELA.   ¡Ay, Beatriz, perdidas somos
                si le topa!
DOÑA BEATRIZ.   Si le tiene
                en su cuarto ya Isabel,
                en vano dudas y temes,
                pues te asegura el secreto   2715
                de la alacena.
DOÑA ÁNGELA.   ¿Y si fuese
                tal mi desdicha que allí
                con la turbación no hubiese
                cerrado bien Isabel
                y él entrase allá?

---

[684] Formula Don Luis una dualidad que está presente en numerosas obras de Calderón: los celos de amor frente a los celos de honor. El amor provoca una pasión basada en el afán de posesión del objeto amado; el honor desencadena una pasión que se alberga en el deseo de protección del bien poseído. Piénsese por un instante en la relación entre Don Gutierre, en *El médico de su honra*, y ambas pasiones, la de amor por su esposa y la de honor que le confiere identidad social y estamental. A. Regalado, *Calderón*, t. I, pág. 312, cita la definición que en *El escondido y la tapada* da un personaje sobre los celos de honor: «¿Habrá dicho / algún hombre que es la fuerza / de los celos tal, que donde / no hubo amor haber pudiera / celos? Sí, porque los celos / son un género de ofensa / que se hace a quien se dan / y no es menester que sean / hijos del amor».

[685] La luz evita la oscuridad lo mismo que la voz rompe el silencio; y tanto luz como voz son obstáculos a la protección (o recuperación) del honor. Oscuridad y silencio, por el contrario, favorecen el secreto, tan íntimamente relacionado con el honor. J. C. de Miguel, *«La dama duende»*, pág. 244, señala que «de hecho será la pasión insatisfecha y desenfrenada de este personaje la que precipitará el desenlace de la obra».

260

DOÑA BEATRIZ.	Ponerte 2720
	en salvo será importante[686].
DOÑA ÁNGELA.	De tu padre iré a valerme
	como él se valió de mí,
	porque, trocada la suerte,
	si a ti te trujo un pesar 2725
	a mí otro pesar me lleve.

[CUADRO IV]
[ESCENA EN EL CUARTO DE DON MANUEL]

(Vanse. Salen por el alacena ISABEL *y* COSME, *y por otra parte*[687] DON MANUEL.)*

ISABEL.	Entra presto.

(Vase.)

DON MANUEL.	Ya otra vez
	en la cuadra[688] siento gente.

(Sale DON LUIS *con luz.)*

DON LUIS.	Yo vi un hombre, ¡vive Dios!
COSME.	Malo es esto.
DON LUIS.	¿Cómo tienen 2730
	desviada esta alacena?
COSME.	Ya se ve luz. Un bufete
	que he topado aquí me valga[689].

---

[686] En otras palabras, Doña Ángela decide escapar de la casa de su hermano para ir a protegerse en la del padre de su prima Doña Beatriz.

[687] Debe tratarse de uno de los espacios libres del fondo (es decir, uno de
los que no han sido ocupados por la alacena) que representa la sala en que
Don Manuel se ha quedado esperando.

[688] Se refiere a la sala de su propio cuarto, pero no a la alcoba.

[689] Como señala Antonucci, parece que Cosme no se da cuenta de que es
el bufete que había en su cuarto.

(Escóndese.)

DON MANUEL.   Esto ha de ser desta suerte.

(Echa mano.)

DON LUIS.   ¡Don Manuel!
DON MANUEL.   ¡Don Luis! ¿Qué es esto?   2735
                              (¿Quién vio confusión más fuerte?)
COSME.   (¡Oigan por donde se entró!⁶⁹⁰.
              Decirlo quise mil veces.)
DON LUIS.   Mal caballero, villano⁶⁹¹,
              traidor, fementido⁶⁹² huésped,   2740
              que al honor de quien te estima
              te ampara, te favorece,
              sin recato te aventuras
              y sin decoro te atreves,
              ¡esgrime ese infame acero!   2745

---

⁶⁹⁰ En este momento Cosme descubre el mecanismo de la alacena. En *Varia fortuna del soldado Píndaro*, t. II, pág. 51, el protagonista cuenta que «me deslumbró un resquicio, y tentando lo que era, hallé que, arrancando dos ladrillos y socavando el suelo hasta la bóveda, havía en ella un pequeño agujero, que no estando bien apretado con un pedaço de lienzo que le servía de tapa, dava de sí, por aver luz debaxo, aquellos breves y confusos resplandores». Puesto que el cuarto de la dama cae sobre el del soldado, así descubre que por ahí le han llegado los mensajes y por ahí es por donde él puede escapar: «en viendo el gujero que caía a mi aposento y cama, estava claro su desencanto y sabido el camino por donde me venían los billetes» (pág. 55).

⁶⁹¹ Comentando esta escena —emblemática sin duda de lo que debían ser las representaciones de comedias de capa y espada— escribe Ruano de la Haza, *Los teatros comerciales del siglo XVII*, pág. 517: «su efecto en el espectador es ridiculizar, no solo el duelo, sino a los duelistas, y difícil sería conseguir que un actor en escena pudiese trasmitir al público la posible gravedad y peligro de muerte que algunos críticos creen percibir en esta escena. No quiere todo esto decir que la única manera de representar los personajes de Don Manuel y don Luis en escena sea como personajes ridículos, ni que ambos deban de representarse con el mismo grado de ridiculez; pero es obvio que la comedia funciona mucho mejor si los dos galanes —Don Luis más que Don Manuel— son ligeramente caricaturizados por los actores».

⁶⁹² *fementido*: «falto de fe y palabra» *(Aut.)*.

DON MANUEL.	Solo para defenderme	
	le esgrimiré, tan confuso	
	de oírte, escucharte y verte,	
	de oírme, verme y escucharme,	
	que, aunque a matarme te ofreces,	2750
	no podrás, porque mi vida,	
	hecha a prueba de crueles	
	fortunas, es inmortal[693];	
	ni podrás, aunque lo intentes,	
	darme la muerte, supuesto	2755
	que el dolor no me da muerte[694],	
	que, aunque eres valiente tú,	
	es el dolor más valiente.	
DON LUIS.	No con razones me venzas,	
	sino con obras[695].	
DON MANUEL.	Detente	2760
	sólo hasta pensar si puedo,	
	don Luis, satisfacerte.	
DON LUIS.	¿Qué satisfaciones hay,	
	si así agraviarme pretendes?	
	Si en el cuarto de esa[696] fiera	2765
	por ese paso[697] que tienes	

---

[693] Esa parece ser la conclusión a que ha llegado tras las múltiples experiencias vividas desde que llegó a Madrid, como se reafirma más abajo.

[694] Don Manuel se presenta aquí como un sujeto sometido a innumerables pruebas, por lo que no hay dolor que haya podido causarle la muerte. Probablemente alude al dolor que le ha provocado lo que intuye como engaño de la dama. Sus argumentos resultan demasiado complejos intelectualmente para el personaje de Don Luis, lo que explica su respuesta: «No con razones me venzas».

[695] Esta respuesta viene a querer decir que Don Luis no entiende nada de lo que Don Manuel le está contando y que, frente a su palabrería, para él solo quedan los actos, la violencia. Es una versión más prosaica del «Para conmigo no hay palabras blandas, que ya os conozco, fementida canalla» (*Don Quijote 1*, cap. 8). B. K. Mujica, «Tragic Elements», pág. 318, a pesar de su interpretación *tragedizante* de la comedia, acepta que los sucesos de esta parte final son cómicos.

[696] Corrijo *P*, «de esta» con la lectura de *M1* y *M2*, ya que Doña Ángela no está presente en este intercambio.

[697] Lectura de *M1* y *M2* mejor que la de *P*, *cuarto*.

entras, ¿hay satisfaciones
a tanto agravio?

DON MANUEL.   Mil veces
rompa esa espada mi pecho,
don Luis, si eternamente[698]   2770
supe desta puerta o supe
que paso a otro cuarto tiene.

DON LUIS.   ¿Pues qué haces aquí encerrado
sin luz?

DON MANUEL.   (¿Qué he de responderle?)
Un criado espero.

DON LUIS.   Cuando   2775
yo te he visto esconder, ¿quieres
que mientan mis ojos?

DON MANUEL.   Sí[699],
que ellos engaños padecen
más que otro sentido.

DON LUIS.   Y cuando
los ojos mientan, ¿pretendes   2780
que también mienta el oído?

DON MANUEL.   También.

DON LUIS.   Todos al fin mienten,
tú solo dices verdad
y eres tú solo el que[700]...

---

[698] *eternamente:* aquí, «nunca».

[699] Por el modo en que Don Luis establece la asociación entre los sentidos
(ojos y oídos) y la realidad, Don Manuel no tiene otra alternativa que aceptar
lo dicho por su rival. Parece cuestionarse así radicalmente la viabilidad de los
sentidos como fuente de conocimiento o principio de certeza en un mundo
en el que el escepticismo todavía sigue manifestando su atractivo intelectual.

[700] La palabra que no llega a decir Don Luis, porque Don Manuel se lo impide, es *mientes,* una de las ofensas más graves que se podían cometer contra
un caballero. Compárese con el tratamiento burlesco en *Céfalo y Pocris,* jornada tercera, donde el criado Pastel le dice a su amo Céfalo: «Mientes» y este responde: «Tu mentirás otro día / y te lo diré yo a ti» (pág. 71). En las comedias
de capa y espada proliferan los desafíos, pero la actitud de Calderón parece ser
algo más matizada, especialmente si se tiene en cuenta lo que sucede en una
obra palaciega como *La fiera, el rayo y la piedra,* donde el gracioso Lebrón se
burla abiertamente de los duelos (vv. 1854-1860) y Anajarte dice palabras que
parecen anticipar las de Jovellanos en *El delincuente honrado;* dice Anajarte, jornada segunda, vv. 2484-2487: «Ninguno saque la espada, / que acción es más
varonil / tal vez en quien reñir sabe / reportarse que reñir».

264

DON MANUEL.   ¡Tente!,
                  porque aun antes que lo digas,   2785
                  que lo imagines y pienses,
                  te habré quitado la vida.
                  Y, ya arrestada la suerte[701],
                  primero soy yo[702]; perdonen
                  de amistad honrosas leyes.   2790
                  Y, pues ya es fuerza reñir,
                  riñamos como se debe[703].
                  Parte entre los dos la luz,
                  que nos alumbre igualmente;
                  cierra después esa puerta   2795
                  por donde entraste imprudente
                  mientras que yo cierro estotra,
                  y agora en el suelo se eche
                  la llave para que salga
                  el que con la vida quede.   2800
DON LUIS.   Yo cerraré la alacena
                  por aquí con un bufete
                  porque no puedan abrirla
                  por allá cuando lo intenten.

(Topa con COSME.*)*

---

[701] *arrestada la suerte:* «echada la suerte».

[702] «Primero soy yo» —que dio título a una de las comedias calderonianas— es frase que puede emparentarse con «soy quien soy» en la medida en
que ambas ponen en primer término el papel del honor en la identidad individual y, en consecuencia, desplazan todas las demás consideraciones a un
segundo plano, en este caso concreto, las leyes de la amistad y de la hospi-
talidad.

[703] Las reglas que Don Manuel va a exponer constituyen una profesión de
fe en la ley del duelo que debía respetar todo caballero que se preciase. C.
Chauchadis, *La loi du duel,* pág. 332, hablando de *La dama duende,* resume las
normas que había que seguir: «partage de la lumière, exigence du combat à ou-
trance et interdiction de la fuite, égalité des forces et refus de l'intervention de
tierces personnnes, interruption du combat pour ne pas bénéficier d'un avan-
tage accidentel. Seule l'admiration des spectateurs qui se tenaient autour de la
lice fait defaut, mais elle est compensé par les commentaires des combattants
eux-mêmes qui s'honorent mutuellement».

COSME.	(Descubriose la tramoya.)	2805
DON LUIS.	¿Quién está aquí?	
DON MANUEL.	(Dura suerte	
	es la mía.)	
COSME.	No está nadie[704].	
DON LUIS.	Dime, don Manuel, ¿es este	
	el criado que esperabas?	
DON MANUEL.	Ya no es tiempo de hablar este.	2810
	Yo sé que tengo razón.	
	Creed de mí lo que quisiereis,	
	que con la espada en la mano	
	solo ha de vivir quien vence.	
DON LUIS[705].	¡Ea, pues, reñid los dos![706]	2815
	¿Qué esperáis?	
DON MANUEL.	Mucho me ofendes	
	si eso presumes de mí.	
	Pensando estoy qué ha de hacerse	
	del criado, porque echarle	
	es enviar quien lo cuente	2820
	y tenerle aquí, ventaja,	
	pues es cierto ha de ponerse	
	a mi lado.	
COSME.	No haré tal,	
	si es ese el inconveniente.	
DON LUIS.	Puerta tiene aquesa alcoba	2825
	y, como en ella se cierre,	
	quedaremos más iguales.	
DON MANUEL.	Dices bien. Entra a esconderte.	
COSME.	Para que yo riña, haced	
	diligencias tan urgentes,	2830

---

[704] Como ya había hecho antes, el criado niega su identidad lo mismo que negaría su propia existencia. El rasgo recuerda obviamente a Ulises y su estancia cerca de Polifemo.

[705] *P* atribuye estas palabras a Cosme, lo que es un error evidente que corregimos de acuerdo a *M1* y *M2*.

[706] Las palabras de Don Luis presuponen que Cosme va a ayudar a su amo en la pelea, lo cual constituye una ofensa para la integridad del caballero.

que para que yo no riña
cuidado escusado es ese[707].

(Vase.)

Don Manuel.   Ya estamos solos los dos.

(Riñen.)

Don Luis.   Pues nuestro duelo comience.
Don Manuel.   (¡No vi más templado pulso!)   2835
Don Luis.   (¡No vi pujanza más fuerte!)

(Desguarnécese[708] la espada.)

     Sin armas estoy. Mi espada
     se desarma y desguarnece.
Don Manuel.   No es defecto de valor,
     de la fortuna accidente   2840
     sí. Busca otra espada, pues.
Don Luis.   Eres cortés y valiente.
     (Fortuna, ¿qué debo hacer
     en una ocasión tan fuerte,
     pues, cuando el honor me quita,   2845
     me da la vida y me vence?
     Yo he de buscar ocasión,
     verdadera o aparente[709],
     para que pueda en tal duda
     pensar lo que debe hacerse)[710].   2850

---

[707] Así en *P;* innecesario cambiar, según *M1,* a «este».

[708] *desguarnecer:* «quitar la guarnición, y es término de hombres de armas, que llaman desguarnecer quitar alguna pieza de las armas del contrario con los golpes de espada» *(Cov.);* la *guarnición de espada* es «porque defiende la mano» *(Cov.).*

[709] A pesar de lo obseso que aparenta ser Don Luis con el honor, este *aparte* demuestra que estaría dispuesto a encontrar una solución —real o fingida— para acabar con el combate.

[710] Lo que indicamos entre paréntesis —como *aparte*— aparece señalado como tal en *P.*

267

DON MANUEL.	¿No vas por la espada?
DON LUIS.	Sí,
	y, como a que venga esperes,
	presto volveré con ella.
DON MANUEL.	Presto o tarde, aquí estoy siempre.
DON LUIS.	Adiós, don Manuel, que os guarde. 2855

(Vase.)

DON MANUEL.	Adiós, que con bien os lleve.
	Cierro la puerta y la llave
	quito porque no se eche
	de ver que está gente aquí[711].
	¡Qué confusos pareceres[712] 2860
	mi pensamiento combaten
	y mi discurso revuelven!
	¡Qué bien predije que había
	puerta que paso la hiciese
	y que era de don Luis dama! 2865
	Todo en efeto sucede
	como yo lo imaginé[713].
	Mas, ¿cuándo desdichas mienten?

(Asómase COSME en lo alto)[714].

COSME.	¡Ah, señor! Por vida tuya,
	que lo que solo estuvieres 2870

---

[711] La llave, que ha tenido que utilizar Don Luis para salir, ha sido recuperada por Don Manuel para cerrar. Al quitarla, como él mismo afirma, posibilita la entrada posterior de Don Juan.

[712] Don Manuel se encuentra envuelto en un duelo sin haber podido comprobar la identidad de la dama ni las relaciones que mantiene con Don Luis, de ahí la confusión que predomina en sus opiniones y en su raciocinio.

[713] El personaje se reafirma en sus intuiciones a pesar de que no ha habido nada ni nadie que las confirme. Don Luis, en efecto, no ha dicho nada más que manifestar su agravio, pero sin explicar las razones del mismo.

[714] Sin duda en el primer corredor o balcón. Pero como Cosme ha sido encerrado al mismo nivel que el cuarto donde pelean Don Manuel y Don Luis, su aparición arriba debe sugerir metafóricamente que ha encontrado un agujero desde el que contemplar el combate.

	me eches allá[715], porque temo	
	que venga a buscarme el duende	
	con sus dares y tomares,	
	con sus dimes y diretes[716],	
	en un retrete que apenas	2875
	se divisan las paredes.	
Don Manuel.	Yo te abriré, porque estoy	
	tan rendido a los desdenes	
	del discurso que no hay	
	cosa que más me atormente.	2880

(Vase[717] y salen Don Juan y Doña Ángela con manto y sin chapines)[718].

Don Juan.	Aquí quedarás en tanto	
	que me informe y me aconseje	
	de la causa que a estas horas	
	te ha sacado desta suerte	
	de casa[719], porque no quiero	2885
	que en tu cuarto, ingrata, entres,	
	por informarme sin ti	
	de lo que a ti te sucede.	

---

[715] Es decir, me permitas volver contigo.

[716] O sea, con su palabrería y su agilidad en replicar. En *Céfalo y Pocris,* jornada tercera, les dice Céfalo a Pocris y Filis: «¿No miran vuestros pesares / que entre damas de copetes / no hubo dimes y diretes / sino dares y tomares?» (pág. 69).

[717] La acotación indica que Don Manuel se va hacia el interior de su cuarto, pero no sale del mismo. Obviamente, Don Juan y Doña Ángela entran por la puerta que daba al portal y la calle. Con ello los tres nichos del fondo tienen ya un valor semiótico determinado.

[718] Según J. Deleito y Piñuela, *La mujer, la casa y la moda,* pág. 167, «completaba el atavío externo de las damas un manto, que era ordinariamente amplio y negro, cubría toda su persona de la cabeza a los pies, y solía estar sujeto a la coronilla por un joyel o abrochador de materia más o menos valiosa, siendo frecuentes los de oro»; *chapín:* «calzado de las mujeres, con tres o cuatro corchos, y algunas hay que llevan trece por docena, y más la ventaja que levanta el carcañal» *(Cov.).* Don Luis, en *La celosa de sí misma,* vv. 1517-1520, se queja de la abundancia de mantos: «¡Mal haya quien inventó / los mantos, señora mía, / que en España solamente / de tantos gustos nos privan!».

[719] Como había anunciado en el v. 2722, Doña Ángela ha salido de la casa para dirigirse a la de Doña Beatriz en busca de protección.

	(De don Manuel en el cuarto	
	la dejo y, por si él viniere,	2890
	pondré a la puerta un criado	
	que le diga que no entre)[720].	

(Vase.)

Doña Ángela.	¡Ay, infelice de mí!	
	Unas a otras suceden	
	mis desdichas. ¡Muerta soy!	2895

(Salen Don Manuel *y* Cosme.)

Cosme.	Salgamos presto.	
Don Manuel.	¿Qué temes?	
Cosme.	Que es demonio esta mujer	
	y que aun allí no me deje.	
Don Manuel.	Si ya sabemos quién es	
	y en una puerta un bufete	2900
	y en otra la llave está,	
	¿por dónde quieres que entre?	
Cosme.	Por donde se le antojare.	
Don Manuel.	Necio estás.	
Cosme.	¡Jesús mil veces!	
Don Manuel.	¿Por qué es eso?	
Cosme.	El *verbi gratia*[721]	2905
	encaja aquí lindamente.	
Don Manuel.	¿Eres ilusión o sombra,	
	mujer, que a matarme[722] vienes?	
	¿Pues cómo has entrado aquí?	
Doña Ángela.	Don Manuel...	
Don Manuel.	Di.	

---

[720] Indicados como *aparte* en *P* los versos que nosotros incluimos entre paréntesis.

[721] «por ejemplo»; en este caso, para indicarle a Don Manuel que ahí está la dama.

[722] Recuérdese que *matar:* «algunas veces sinifica importunar con gran instancia e importunidad» *(Cov.)*.

DOÑA ÁNGELA.   ...escucha, atiende. 2910
           Llamó don Luis turbado,
           entró atrevido, reportose osado,
           previnose prudente,
           pensó discreto y resistió valiente;
           miró la casa ciego, 2915
           recorriola advertido, hallote y luego
           ruido de cuchilladas
           habló, siendo las lenguas las espadas.
           Yo, viendo que era fuerza
           que dos hombres cerrados, a quien
                                 [fuerza 2920
           su valor y su agravio,
           retórico el acero, mudo el labio[723],
           no acaban de otra suerte
           que con solo una vida y una muerte,
           sin ser vida ni alma 2925
           mi casa dejo y a la obscura calma
           de la tiniebla fría,
           pálida imagen de la dicha mía
           a caminar empiezo;
           aquí yerro, aquí caigo, aquí tropiezo 2930
           y, torpes, mis sentidos
           prisión hallan de seda mis vestidos[724];

---

[723] Frente a una de las imágenes frecuentes en la época, la retórica del silencio, aquí nos encontramos ante la retórica del acero (mudo) y el silencio del labio (hablador). Es el momento clave en que ya no hablan los personajes sino las armas.

[724] O sea, los sentidos hallan una prisión de seda en los vestidos. La caída de que habla tal vez explique por qué aparece junto a Don Juan *sin chapines*, perdidos en la calle. J. Deleito y Piñuela, *La mujer, la casa y la moda*, págs. 162-166, habla de los diversos tejidos que estaban de moda en la época; así, el *chamelote* era una «tela de seda gruesa prensada, que hacía visos y aguas como el *moiré*» (pág. 162); también de seda «el *ormesí* y el *tabí* [...] (todos los cuales se entretejían con oro o plata, estampándose en ellos flores y adornos)» (pág. 162); «Tejido especialmente suntuoso fue el *brocado* [...] El más preciado era el de *tres altos* o urdimbres» (pág. 163); *y* añade: «Ricas también, y labradas en seda, aunque de coste menor, hubo algunas telas más, como la *catalufa* (tafetán doble) y la *primavera*, llamada así por tener flores de vario color» (pág. 163); «Igualmente de seda eran la *capichola*, el *burato* (que también se componía de lana), el *gorgorán*, el *tafetán*...» (págs. 163-164).

271

sola, triste y turbada
llego, de mi discurso mal guiada,
al umbral de una esfera   2935
que fue mi cárcel, cuando ser debiera
mi puerto o mi sagrado[725],
mas, ¿dónde le[726] ha de hallar un
                                        [desdichado?
Estaba a sus umbrales
—¡cómo eslabona el cielo nuestros
                                        [males!— 2940
don Juan, don Juan mi hermano,
que ya resisto, ya defiendo en vano
decir quién soy[727], supuesto
que el haberlo callado nos ha puesto
en riesgo tan estraño.   2945
¿Quién creerá que el callar me ha
                                        [hecho daño
siendo mujer?[728]. Y es cierto,
siendo mujer, que por callar me he
                                        [muerto.
En fin, él esperando
a esta puerta estaba, ¡ay cielo!,
                                        [cuando 2950
yo a sus umbrales llego

---

[725] La casa del padre de Doña Beatriz (la *esfera),* que debía proporcionarle
el refugio anhelado, se convierte en cárcel al encontrar en la puerta a su otro
hermano, Don Juan, que había ido a buscar a Doña Beatriz.

[726] Así en *P,* aunque Antonucci ha visto «la».

[727] Según J. Varey, *«La dama duende»,* pág. 181: «La manera en que su hermano la encuentra y la reconoce en la calle hace juego con el episodio parecido con que empieza la comedia».

[728] Si a la mujer se le supone locuacidad exuberante, lo mismo sucede con
los criados. Recuérdese a Clarín en *La vida es sueño,* vv. 2224-2227: «Aunque
está bien merecido / el castigo que padezco, pues callé, siendo criado, / que es
el mayor sacrilegio». En otros casos, como el de Doña Mencía en *El médico de
su honra,* el silencio es signo ominoso de un destino fatídico: «¡Viva callando,
pues callando muero!» (v. 154). En obras como *Basta callar* o *No hay cosa como
callar* Calderón reiteró, con matices diferenciados, su reflexión dramática sobre el papel del silencio.

hecha Volcán de nieve, Alpe de
[fuego[729].
Él, a la luz escasa
con que la luna mansamente abrasa,
vio brillar los adornos de mi pecho[730] 2955
—no es la primer traición que nos
[han hecho—
y escuchó de las ropas el ruido
—no es la primera que nos han
[vendido—,
pensó que era su dama
y llegó, mariposa de su llama[731], 2960

---

[729] En *El purgatorio de san Patricio*, v. 72: «que es Etna el corazón, Volcán el pecho». En su edición de esa obra calderoniana Ruano de la Haza trae a colación una anotación de Don W. Cruickshank en *En esta vida todo es verdad y todo mentira*: «Calderón seemed to be under the impression that there were two mountains, *Etna* and *Volcán*» (pág. 184). Aquí parece que Calderón epitomiza en un *Alpe* y un *Volcán* la quintaesencia del monte con nieve y el volcán escupiendo fuego. Pero, al invertir los términos (Volcán de nieve, Alpe de fuego) lo que expresa es el dramatismo extremo de su perturbación.

[730] Escribe J. Deleito y Piñuela, *La mujer, la casa y la moda*, pág. 171: «Una dama no podía menos de lucir ricos zarcillos de filigrana en las orejas; en las muñeca, sendas ajorcas de oro y rosarios, frecuentemente de materias preciosas, y en los dedos varias sortijas de azabache o, al menos, de vidrio»; asimismo, menciona Deleito y Piñuela, pág. 172, la *firmeza*, «una joya sobre el pecho, pendiente del cuello, como lo que llaman los franceses *rivière*. Solía ser de esmeraldas y diamantes». Cita el mismo autor a Madame D'Aulnoy: «Las damas tienen aquí abundante y hermosísima pedrería, y no llevan una sola joya, como las francesas, sino nueve o diez, unas de diamantes, otras de rubíes, perlas, esmeraldas y turquesas» (pág. 173).

[731] La mariposa que vuela alrededor de la llama hasta quemarse en ella es imagen petrarquista que encarna perfectamente la constancia del amante en torno a su amada en la lírica renacentista y barroca. Comp. Lope de Vega, *El acero de Madrid*, vv. 737-744: «Mientras más te voy diciendo / que a los hombres no te allegues, / que mires y no te ciegues, / porque ciega el amor viendo, / más te acercas y te allegas. / Y si en allegarte das, / mariposilla serás: / quemaraste si te ciegas». En *La viuda valenciana*, vv/ 403-4-6, es Lisandro quien dice: «en Otón y en mí / es el alma enamorada / de mariposa turbada, / que habrá de morir allí». Puede verse R. O. Jones, «Renaissance Butterfly, Mannerist Flea: Tradition and Change in Renaissance Poetry», *Modern Language Notes,* 80 (1965), págs. 166-184; Alan S. Trueblood, «La mariposa y la llama: motivo poético del siglo de oro», en *Actas del quinto Congreso de la Asociación Internacional de Hispanistas*, ed. de M. Chevalier, F. Lopez, J. Pérez y N. Solomon, Bordeaux, Institut d'Études ibériques et ibéro-américaines, 1977, págs. 829-837.

para abrasarse en ella
y hallome a mí por sombra de su
                              [estrella.
¿Quién de un galán creyera
que, buscando sus celos, conociera
tan contrarios los cielos   2965
que ya se contentara con sus
                              [celos?[732].
Quiso hablarme y no pudo,
que siempre ha sido el sentimiento
                              [mudo;
en fin, en tristes voces,
que mal formadas anegó veloces   2970
desde la lengua al labio,
la causa solicita de su agravio.
Yo responderle intento
—ya he dicho cómo es mudo el
                              [sentimiento—
y aunque quise no pude,   2975
que mal al miedo la razón acude,
si bien busqué colores a mi culpa[733],
mas cuando anda a buscarse la
                              [disculpa
o tarde o nunca llega:
más el delito afirma que le niega.   2980
«Ven —dijo— hermana fiera,
de nuestro antiguo honor mancha
                              [primera,
dejarete encerrada
donde segura estés y retirada
hasta que, cuerdo y sabio,   2985

---

[732] Le atribuye Doña Ángela a su hermano la misma experiencia vivida por Don Luis, la de buscar celos de amor y encontrar celos de honor. Y, siendo estos más graves y dolorosos que los primeros, desear en el fondo haber encontrado solamente los de amor.

[733] *Colores* retóricos con que encubrir o justificar su culpa. Otón, en *La viuda valenciana*, vv. 519-520, exclama: «¡Ah Tulio!, aquí he menester / tus retóricos colores».

de la ocasión me informe de mi
[agravio».
Entré donde los cielos
mejoraron con verte mis desvelos.
Por haberte querido[734]
fingida sombra de mi casa he sido;   2990
por haberte estimado
sepulcro vivo fui[735] de mi cuidado;
porque no te quisiera
quien el respeto a tu valor perdiera,
porque no te estimara   2995
quien su traición dijera cara a cara.
Mi intento fue el quererte,
mi fin amarte, mi temor perderte,
mi miedo asegurarte,
mi vida obedecerte, mi alma amarte,   3000
mi deseo servirte
y mi llanto, en efeto, persuadirte
que mi daño repares,
que me valgas, me ayudes y me
[ampares[736].

DON MANUEL.   (Hidras parecen las desdichas mías   3005
al renacer de sus cenizas frías[737].
¿Qué haré en tan ciego abismo,

---

[734] En los versos que siguen Doña Ángela va a resumir la relación afectiva que la une con Don Manuel para culminar su parlamento, entre lágrimas, con una demanda abierta de protección y ayuda que sería la única posibilidad que se le abre para tal vez escapar a la «muerte» simbólica, y en consecuencia a la ausencia de identidad, que la caracterizan desde el comienzo.

[735] Así en *P*, aunque Antonucci lee «soy».

[736] Se expresa aquí el primer y único contacto de Doña Ángela con el desengaño que, en palabras de Antonucci, constituirá «el momento formativo y redentor» («Prólogo», pág. LII) que le había faltado a la dama para controlar sus pasiones. No obstante, la dama da muestras de controlar desde el principio no solo sus pasiones sino el desarrollo de toda la tramoya. Por otro lado, se establece aquí un evidente paralelismo simétrico con el primer encuentro entre la dama y el galán; en realidad, es más bien la circularidad de la obra la que aquí encuentra su cierre.

[737] Como se sabe, no es la Hidra ni ninguna de sus cabezas quienes renacen de las cenizas. Aquí Calderón atribuye a la Hidra características del Fénix.

humano laberinto de mí mismo?[738].
Hermana es de don Luis, cuando
             [creía
que era dama. Si tanto, ¡ay Dios!,
             [sentía   3010
ofendelle en el gusto,
¿qué será en el honor? ¡Tormento
             [injusto![739].
Su hermana es; si pretendo
liberalla y con mi sangre la defiendo
remitiendo a mi acero su disculpa,   3015
es ya mayor mi culpa,
pues es decir que he sido
traidor y que a su casa he ofendido,
pues en ella me halla.
Pues querer disculparme con culpalla 3020
es decir que ella tiene
la culpa y a mi honor no le conviene.
¿Pues qué es lo que pretendo?[740].
Si es hacerme traidor, si la defiendo;
si la dejo, villano;   3025
si la guardo, mal huésped; inhumano
si a su hermano la entrego;
soy mal amigo si a guardarla llego,
ingrato si la libro a un noble trato

---

[738] El personaje parece contemplarse en este momento desde el exterior de su propio yo (es un «humano laberinto» de sí mismo), y observa la confusión que lo embarga, así como la falta de orientación para salir de ella. Como dice J. Varey, *«La dama duende»*, pág. 181, Don Manuel «se ve confrontado con un dilema moral». Es el momento en que todo parece encontrar su lugar apropiado en el razonamiento de Don Manuel, sobre todo si no se olvida que estamos en una comedia, por lo que sus dudas no pueden equipararse a las del héroe trágico.

[739] Lección de *M1* y *M2* más apropiada que la de *P, justo*.

[740] Ante las reflexiones del personaje, que expresan las acongojantes dudas que lo asaltan en este momento, próximo ya del desenlace, M. Stroud, «Social-Comic *Anagnorisis*», pág. 101, comenta: «he weights it as though it were a problem of abstract philosophy». En realidad, Don Manuel pasa revista a todas sus opciones y a las consecuencias de cada una de ellas antes de tomar la decisión que su posición social y su espíritu caballeresco le dicte.

	y, si la dejo, a un noble amor	
	[ingrato.	3030
	Pues de cualquier manera	
	mal puesto he de quedar, matando	
	[muera)[741].	
	No receles, señora;	
	noble soy y conmigo estás agora[742].	
Cosme.	La puerta abren.	
Don Manuel.	Nada temas,	3035
	pues que mi valor te guarda.	
Doña Ángela.	Mi hermano es.	
Don Manuel.	Segura estás.	
	Ponte luego a mis espaldas.	

(Sale[743] Don Luis.)

| Don Luis. | Ya vuelvo... Pero, ¿qué miro? | |
| | ¡Traidora! | |

(Amenázala.)

Don Manuel.	Tened la espada,	3040
	señor don Luis. Yo os he estado	
	esperando en esta sala	
	desde que os fuisteis y aquí,	
	sin saber cómo, esta dama	
	entró, que es hermana vuestra	3045
	según dice, que palabra	
	os doy como caballero	

---

[741] Esta es la conclusión que alcanza la mente racionalista de Don Manuel tras una reflexión que recorre todos los puntos presentes en la situación. El personaje decide tratar, en primer lugar, de establecer las bases de la conducta que cree satisfacer mejor las circunstancias, personales y colectivas, del momento.

[742] En *P* es «ahora», en contra de la lógica pragmática de Calderón; corregimos según *M1*. Para R. Sloane, «In the Labyrinth of Self», pág. 185, esta respuesta de Don Manuel «reflects a confident unity of self, role, and action» frente a las contradicciones laberínticas de la situación.

[743] Don Luis debe salir por el nicho que representa la puerta que da a la calle.

que no la conozco; y basta
decir que engañado pude,
sin saber a quién, hablarla. 3050
Yo la he de poner en salvo
a riesgo de vida y alma,
de suerte que nuestro duelo,
que había a puerta cerrada
de acabarse entre los dos, 3055
a ser escándalo pasa
de todo el lugar si aquí
no me hacéis puerta franca[744].
En habiéndola librado
yo volveré a la demanda 3060
de nuestra pendencia; y pues
en quien sustenta su fama
espada y honor han sido
armas de más importancia,
dejadme ir vos por honor, 3065
pues yo os dejé ir por espada.

DON LUIS.   Yo fui por ella, mas sólo
para volver a postrarla
a vuestros pies y, cumpliendo
con la obligación pasada 3070
en que entonces me pusisteis,
pues que me dais nueva causa
puedo ya reñir de nuevo[745].
Esa mujer es mi hermana;

---

[744] Estos dos versos no aparecen en *P*, aunque sí en *M1*. De ese modo, Don Manuel emplaza a Don Luis o a franquearle la salida o a convertir en escándalo público una situación que puede permanecer secreta. Como afirma H.-J. Neuschäfer, «Revendications des senses», pág. 111, la condición para que el amor sensual pueda ser aceptado en la comedia de capa y espada es que «les apparences de la respectabilité doivent être préservées».

[745] La frase que acaba de decir Don Luis parece fortalecer la imagen de hidalgo algo inmaduro y bravucón, dispuesto a pelearse en cualquier momento. La conducta de Don Manuel le había obligado hasta ahora a encontrar formas de conciliar su arrogancia con la nobleza del huésped. Ahora, con la presencia de su hermana, vuelve a ser libre para pelear, que parece ser lo que estaba deseando.

no la ha de llevar ninguno   3075
a mis ojos de su casa
sin ser su marido. Así,
si os empeñáis a llevarla,
con la mano podrá ser,
pues con aquesa palabra   3080
podéis llevarla y volver,
si queréis, a la demanda.

DON MANUEL.   Volveré; pero, advertido
de tu prudencia y constancia,
a sólo echarme a esos pies[746].   3085

DON LUIS.   Alza del suelo, levanta.

DON MANUEL.   Y para cumplir mejor
con la obligación jurada,
a tu hermana doy la mano[747].

(Salen[748] por una puerta BEATRIZ *y* ISABEL *y por otra* DON
JUAN.)

DON JUAN.   Si sólo el padrino falta,   3090
aquí estoy yo, que viniendo

---

[746] Obviamente, Don Manuel se arrodilla ante Don Luis con la intención de solicitar su autorización (a pesar de que tal decisión corresponde a Don Juan) para poder casarse con Doña Ángela. Las reflexiones anteriores de Don Manuel lo han preparado para esta aparentemente rápida decisión que, sin embargo, es el único mecanismo posible para instaurar pragmáticamente un orden racional en el grupo.

[747] En *La viuda valenciana*, vv. 2927-2928, es Leonarda quien propone: «Si fuere voluntad suya [de Camilo] / yo quiero ser su mujer», propuesta que el galán acepta sin reparos. El cierre con el matrimonio del galán y la dama forma parte de la inversión del mito de Psique y Cupido, en especial relacionado a la elaboración de Bandello, que hace que, tras siete años de amores, el galán muera. En Céspedes y Meneses la dama contrata a unos asesinos para que terminen con Píndaro y este logra escapar; Lope, en *La viuda valenciana*, culmina las relaciones entre Leonarda y Camilo con boda.

[748] Las damas solo pueden salir por lo que era la alacena, que fue bloqueada por el bufete; Don Juan sale por la puerta de la calle. Escribe Antonucci: «la escena final es la que rompe más que ninguna la verosimilitud y la ilusión escénica convencionales» (pág. 239), pero, desde una óptica realista o clasicista, nada en la comedia parece verosímil; por el contrario, desde la lógica de la comedia nueva esta escena muestra la coherencia arquitectural de Calderón.

	adonde dejé a mi hermana	
	el oíros me detuvo;	
	no saliera[749] a las desgracias	
	como he salido a los gustos.	3095
DOÑA BEATRIZ.	Y pues con ellos se acaban,	
	no se acaben[750] sin terceros.	
DON JUAN.	¿Pues tú, Beatriz, en mi casa?	
DOÑA BEATRIZ.	Nunca salí della, luego	
	te podré decir la causa.	3100
DON JUAN.	Logremos esta ocasión,	
	pues tan a voces nos llama.	
COSME.	¡Gracias a Dios que ya el duende	
	se declaró! Dime, ¿estaba	
	borracho?[751].	
DON MANUEL.	Si no lo estás,	3105
	hoy con Isabel te casas.	
COSME.	Para estarlo[752] fuera eso,	
	mas no puedo.	
ISABEL.	¿Por qué causa?	
COSME.	Por no malograr el tiempo	
	que en estas cosas se gasta,	3110
	pudiéndolo aprovechar	
	en pedir de nuestras faltas	
	perdón; humilde el autor	
	os le pide a vuestras plantas.	

---

[749] Lección de *M2* en lugar de *salir*, en *P*.

[750] Lección de Vera Tassis, en lugar de *acaban*, en *P*.

[751] Cosme retoma aquí el comentario (más bien insulto) de Don Manuel en el v. 720.

[752] Para estar borracho. Al dejar solo al gracioso —cosa que también hará en *Primero soy yo*—, Calderón rompe con una convención de la que ya se había burlado Suárez de Figueroa en *El pasajero* (1617): «Pues el gracioso y la criada, de suyo se están casados» (cit. en Rey Hazas y Sevilla Arroyo, «Introducción», pág. X). Influidos por esa generalidad, dichos críticos afirman (pág. XXIX) que aquí también se casan Cosme e Isabel, pero no es así en la versión *P* de la comedia. En *La viuda valenciana*, sin embargo, a la boda de Leonarda y Camilo la acompañan las de Floro con Celia y Urbán con Julia.

Tercera jornada[753]
Versión de Valencia[754]

(Salen DON MANUEL *y* COSME[755] *como a escuras guiados de* ISABEL.)

ISABEL. Espera en aquesta sala.
Luego saldrá a verte aquí
mi señora.

(Vase como cerrando.)

COSME. No está mala 2245
la tramoya.
DON MANUEL. ¿Cerró?
COSME. Sí.
DON MANUEL. ¿Qué pena a mi pena iguala?
COSME. La mía, y aun es mayor,
pues tú tendrás en rigor

---

[753] La edición de Valencia lleva «Acto tercero». En la numeración de la versificación continuamos la de la segunda jornada. La anotación se limita a lo que no aparece en la tercera jornada de *P*.
[754] Nuestro texto se basa en *V*; indicaremos, pues, la procedencia de los cambios que hagamos a esa versión, sean de *Z* o de *L*.
[755] A diferencia de la versión *P*, en esta amo y criado acuden juntos a visitar a la dama.

	prevenidos mil regalos	2250
	y yo tendré dos mil palos	
	que me den mucho dolor.	
DON MANUEL.	Esto que mis ojos ven,	
	¿qué fin tendrá?[756].	
COSME.	Si se saca	
	del principio[757], cierto ten	2255
	que una cosa tan bellaca	
	no podrá parar en bien.	
	Volvimos del Escurial	
	y aquel duende femenino	
	que en forma tan celestial	2260
	con la luz sin verse vino	
	y se ausentó otro que tal	
	nos tiene escrito un papel	
	diciendo muy tierno en él:	
	«Si os atrevéis a venir	2265
	a verme, habéis de salir	
	de casa sólo con el	
	criado que os acompaña	
	esta noche, y estarán	
	en el cimenterio —¡estraña	2270
	parte!— de San Sebastián	
	tres hombres[758] —y no se engaña—	
	y una silla; entrad sin pena	
	los dos juntos[759] y venid	
	donde traeros ordena».	2275

---

[756] Así en *Z*, frente a «tendrán» en *V*.

[757] En *V-Z* «de principio»; corregimos por *L*. Es decir, «si nos basamos en cómo ha empezado».

[758] Este número no deja de resultar extraño porque para llevar la silla de manos solo hacían falta dos hombres. Se puede suponer que el tercero llevaba una luz y guiaba a los otros.

[759] Como indicará más abajo Cosme, entraban con pena los dos juntos; no era así cuando la silla de manos la utilizaban los amantes, ocultos tras las cortinillas de la silla. La crítica apenas ha tomado en consideración este detalle para especular sobre la posible homosexualidad de Don Manuel, excepto Antonio Serrano en su edición de la comedia, *La dama duende*, Alicante, Aguaclara, 1992.

Tú, valiente como un Cid,
yo como doña Jimena[760],
venimos, pues, y llegamos
al citado cimenterio,
adonde la silla hallamos,   2280
mas no sin grande misterio
negra toda la admiramos.
El hombre que la traía[761]
lleno de luto venía
y los dos que la llevaban   2285
con dos máscaras estaban,
todo para pena mía.
Los dos, en efeto, allí
juntamente nos sentamos;
en la silla yo, y tú en mí,   2290
que por entonces jugamos
a *arráncate, nabo*[762]; así
todo el lugar anduvimos
hasta que el tino perdimos
y en fin a un portal, señor,   2295
obscuro y lleno de horror[763]
del tal túmulo nacimos[764].
Aquí llegó una mujer,
al oír y al parecer,
y a escuras y por el tiento[765]   2300

---

[760] Del mismo modo que más adelante al ser llamado Cosme este responderá Damiana, aquí la mención del Cid acarrea la de Jimena, como si el criado pensara en dualidades. Por otra parte, si Don Manuel es valiente y atrevido, el criado se acepta como cobarde y temeroso.

[761] *traer:* «conducir, guiar».

[762] También llamado en Aragón *arráncate, cebollino:* «juego que usan los muchachos en que uno se tiende en el suelo y el otro prueba a levantarle y le dice: "Arráncate, nabo", y le responde: "No puedo de harto"; y continuando en hacer fuerza para levantarle le repite: "Arráncate, cepa", y le responde: "No puedo de seca"» (*Aut.*).

[763] Parece recordar la descripción que hace Lázaro de Tormes de la casa del escudero, en el tratado tercero: «lóbrega, triste, obscura».

[764] Es decir, salen de la silla negra que parecía túmulo funerario.

[765] En *V-Z* y *L* es «viento»; corregimos lo que parece errata evidente basándonos en *P*.

	de aposento en aposento,	
	sin oír, hablar ni ver,	
	nos cerró. De aquesto puedes	
	sacar el fin de tus penas,	
	cuando tan confuso quedes	2305
	en un retrete que apenas	
	se divisan las paredes[766].	
DON MANUEL.	Todo aquesto pude hacer	
	por salir de asombro tanto.	
	¡Vive Dios que he de saber	2310
	si es hechizo o si es encanto	
	este de aquesta mujer!	
COSME.	Allí parece que veo	
	luz.	
DON MANUEL.	Por el resquicio es	
	de una puerta, y mi deseo	2315
	logré ya. Cosme, ¿no ves	
	la dama?	

(Salen todas las mujeres que pudieren con toallas, conserva y un vidro de agua en una salvilla; detrás Doña ÁNGELA, *y hácenla todas reverencia.)*

COSME.	Aventuras leo[767]	
	de Esplandián y Amadís,	
	del Febo y de Belianís.	
DON MANUEL.	Con razón te maravillas.	2320

---

[766] Si bien esta descripción parece aludir a un espacio muy reducido, expresa sobre todo el temor de Cosme relacionado con la oscuridad en que se encuentran, puesto que en cuanto salen las damas con luz, Don Manuel exclama: «¡Qué sala tan adornada!» (v. 2325). Además, también a causa de la oscuridad, cuando el galán regresa a su propio cuarto no lo reconoce y le parece «camarín» (v. 2634).

[767] Al hablar de *aventuras* acuden a la mente de Cosme los nombres de caballeros andantes gloriosos: Esplandián, hijo de Amadís y personaje central de *Las sergas de Esplandián* (1510), de Garci Rodríguez de Montalvo; Amadís, protagonista de *Amadís de Gaula* (h. 1496), del mismo autor; el caballero de Febo, protagonista de *Espejo de príncipes y caballeros* (1555), de Diego Ortúñez de Calahorra; y Belianís, héroe de *Belianís de Grecia* (1545), de Jerónimo Fernández.

COSME.	Salido ha de sus casillas[768]
	la hermosura, ¡vive Cris![769].
DON MANUEL.	¡Qué casa tan alhajada!
COSME.	¡Qué mujeres tan lucidas!
DON MANUEL.	¡Qué sala tan adornada!	2325
COSME.	¡Qué damas tan bien prendidas!
DON MANUEL.	¡Qué beldad tan celebrada!
DOÑA ÁNGELA.	(Pues presumen que eres ida
	a tu casa mis hermanos,
	quedándote aquí escondida	2330
	los recelos serán vanos,
	porque, una vez recogida,
	ya no habrá que temer nada.)
DOÑA BEATRIZ.	(¿Y qué ha de ser mi papel?
DOÑA ÁNGELA.	Agora el de mi criada;	2335
	luego el de ver retirada
	lo que me pasa con él.)
	Estaréis muy disgustado
	de esperarme.
DON MANUEL.	No, señora,
	que quien espera la aurora	2340
	ya sabe que su cuidado
	en las sombras sepultado
	de la noche obscura y fría
	ha de tener, y así hacía
	gusto el pesar que pasaba,	2345
	pues cuanto más se alargaba
	tanto más llamaba al día.
	Si bien no era menester
	pasar noche tan obscura
	si el sol de vuestra hermosura	2350
	me había de amanecer,

---

[768] *salir de sus casillas:* «excederse». Bajo *casa* y *sacar a uno de sus casillas,* Covarrubias dice: «desvanecerle o ponerle en cólera», pero la acepción de lo que dice Cosme no aparece recogida ni en Covarrubias ni en *Autoridades.*

[769] Forma apocopada de la exclamación *¡vive Cristo!,* semejante a *¡voto a Cristo!* y paralela a *¡vive Dios!,* que aquí expresa viva impresión en el ánimo causada por la belleza de la dama.

pues para resplandecer
vos, soberano arrebol,
la sombra y el tornasol
de la noche no os había   2355
de estorbar, que sois el día
que amanece sobre el sol.
Huye la noche, señora,
y pasa a la dulce salva
de los pájaros el alba,   2360
que ilumina mas no dora;
después del alba la aurora,
de rayos y luz escasa,
dora mas no abrasa; pasa
la aurora y tras su arrebol   2365
pasa el sol, y solo el sol
dora, ilumina y abrasa.
El alba para brillar
quiso a la noche seguir,
la aurora para lucir   2370
al alba quiso imitar;
el sol, deidad singular,
a la aurora desafía;
vos al sol, luego la fría
noche no era menester   2375
si podéis amanecer
sol del sol después del día.

DOÑA ÁNGELA.   Aunque agradecer debiera
discurso tan cortesano,
quejarme quiero no en vano   2380
de ofensa tan lisonjera,
pues, no siendo esta la esfera
a cuyo noble ardimiento
fatigas padece el viento
sino un albergue piadoso,   2385
os viene a hacer sospechoso
el mismo encarecimiento.
No soy alba, pues la risa
me falta en contento tanto,
ni aurora, pues que mi llanto   2390

de mi dolor no os avisa;
no soy sol, pues no divisa
mi luz la verdad que adoro,
y así lo que soy ignoro,
que solo sé que no soy   2395
alba, aurora o sol, pues hoy
ni alumbro, ni río ni lloro.
Y así os ruego que digáis,
señor don Manuel, de mí
que una mujer soy y fui   2400
a quien en eso[770] obligáis
al estremo que miráis.

(Siéntanse aparte los dos)[771].

COSME.   ¡Vive Dios, qué embelesado
                      estoy!
DOÑA BEATRIZ.   (Llama a aquel criado
                      y, mientras aquí nos vemos,   2405
                      con él nos entretendremos.)
ISABEL.   Cosme.
COSME.   Damiana.
ISABEL.   A este lado
                      llega.
COSME.   Bien estoy aquí.
                      Ande el paso[772] sin que haya
                      también demonia lacaya   2410
                      que haya de tocarme a mí.

---

[770] La versión *P* sustituye *en eso* por *vos solo;* sin embargo, *en eso* parece referirse al *ser mujer*, o sea, el galán, con su mirada, obliga a la dama en el hecho de ser mujer.

[771] Con esta didascalia se indica que en el espacio del tablado ahora los actores/personajes se dividen en dos grupos: mientras Don Manuel y Doña Ángela siguen su conversación aparentemente, el primer plano lo ocuparán Cosme, Isabel y Doña Beatriz. Más adelante, en el v. 2459, el protagonismo regresa a la pareja.

[772] *paso:* «lance o suceso» *(Aut.);* parece una alusión metateatral, ya que la comedia está conformada por diversos pasos, y aquí el criado no quiere que le suceda, en el típico paralelismo amo-gracioso, lo mismo que a Don Manuel.

DOÑA BEATRIZ.	(Miedo nos tiene.)
ISABEL.	(Es así.)
DOÑA BEATRIZ.	Llegad, no tengáis temor.
COSME.	¿Un hombre de mi valor
	temor?
ISABEL.	¿Pues qué es no llegar?
COSME.	(Ya no se puede escusar

DOÑA BEATRIZ.   (Miedo nos tiene.)
ISABEL.   (Es así.)
DOÑA BEATRIZ.   Llegad, no tengáis temor.
COSME.   ¿Un hombre de mi valor
temor?
ISABEL.   ¿Pues qué es no llegar?   2415
COSME.   (Ya no se puede escusar
en tocando al pundonor.)
¿Respeto no pudo ser?
Que yo teneros no puedo,
señoras, temor ni miedo,   2420
que en hábito de mujer
no da el diablo qué temer,
y más si, sabio y discreto,
le traslado a mi conceto
lo que a un pastor sucedió.   2425
DOÑA BEATRIZ.   Y en efeto, ¿qué pasó?
COSME.   Aquesto pasó en efeto:
forma de mujer tomó
el diablo y, al fin que fragua,
cota y enagua vistió,   2430
que esto de cotilla[773] y nagua
el demonio lo inventó.
En forma de una doncella
aseada, linda y bella
a un pastor se presentó,   2435
y él, así como la vio,
se encendió en amores della.
No fue ingrata, mas después
en forma horrible y fea
le dijo el diablo: «¿No ves,   2440
mísero de ti, cuál sea
desde el copete a los pies
la hermosura que has amado?
Desespera, pues has sido

---

[773] Corregimos según *P* lo que en *V-Z* y *L* es «costilla», errata evidente.

agresor[774] de tal pecado». 2445
Y él, menos arrepentido
que antes de haberla gozado,
le dijo: «Si pretendiste,
¡oh sombra fingida y vana!,
que desesperase un triste, 2450
vente por acá mañana
en la forma que hoy trujiste
y verás que quien te ama
su gloria y cielo te llama,
que, como me huelgue[775] yo, 2455
poco o nada me importó
que fuese un diablo mi dama».
Pienso que habéis entendido.

DOÑA ÁNGELA. ¿De mí[776] sentimientos?
DON MANUEL. Sí,

pues que no fiáis de mí 2460
quién sois.

DOÑA ÁNGELA. Solamente os pido

que eso no mandéis, que ha sido
imposible de contar.
Si queréis venirme a hablar
con condición ha de ser 2465
que no lo habéis de saber
ni lo habéis de preguntar,
porque para con vos hoy
una enigma a ser me ofrezco,
que ni soy lo que parezco 2470
ni parezco lo que soy.
Mientras encubierta estoy
podréis verme y podré veros,
porque, si a satisfaceros
llegáis y quién soy sabéis, 2475
vos quererme no querréis,

---

[774] *agresor:* «el uso común solamente la toma por el que mata o hiere aco-
metiendo violentamente» *(Aut.).*
[775] Así en *Z* y *L,* con quienes corregimos «huelgo» de *V.*
[776] En *V-Z* y *L* se lee «mis», pero es error evidente.

aunque yo quiera quereros.
Pincel que lo muerto informa
tal vez un cuadro[777] previene
que una forma a una luz tiene   2480
y a otra luz tiene otra forma;
amor, que es pintor, conforma
dos luces que en mí tenéis;
si hoy a aquesta luz me veis
y por eso me estimáis,   2485
cuando a otra luz me veáis
quizá me aborreceréis.
No es estimaros en poco
el secreto que reprimo,
que antes por lo que os estimo   2490
el desengaño no toco[778].
Siempre a dudar me provoco
de hombre sin honor, señor,
un secreto, mas mi amor
hoy hace contrario efeto   2495
pues os encubre el secreto
a vos por tener honor.
Lo que deciros me importa
es en cuanto a haber creído
que de don Luis dama he sido,   2500
y esta sospecha reporta
mi juramento y la acorta.

DON MANUEL.   ¿Pues qué, señora, os moviera
a encubriros dél?

DOÑA ÁNGELA.   Pudiera
ser tan principal mujer   2505
que tuviera que perder
si don Luis me conociera.

DON MANUEL.   Pues decidme solamente,
¿cómo a mi casa pasáis?

---

[777] Así en *V* y *L;* con ellos corregimos «cuarto» de *V*.

[778] En el sentido de no proporcionar la clarificación que Don Manuel le pide. Así, la dama justifica su silencio y la ocultación de su identidad por la estima que siente hacia el galán.

DOÑA ÁNGELA.	Ni eso es tiempo que sepáis, 2510
	que es el mismo inconveniente.
DOÑA BEATRIZ.	(Aquí entro yo lindamente.)
	Ya el agua y dulce está aquí;
	Vuexcelencia mire si...
DOÑA ÁNGELA.	¡Qué error y qué impertinencia! 2515
	Necia, ¿quién es excelencia?
	¿Quieres engañar así
	al señor don Manuel
	para que con eso crea
	que yo gran señora sea? 2520
DOÑA BEATRIZ.	Advierte...
DON MANUEL.	(De mi cruel
	duda salí con aquel
	descuido.)
COSME.	Agora he creído[779]
	que grande señora ha sido,
	que por eso se encubrió 2525
	y que con el oro vio
	el secreto conseguido.
DOÑA ÁNGELA.	No creáis nada y tomad
	una conserva y bebed,
	que los sustos causan sed. 2530
DON MANUEL.	Yo no la[780] tengo.
COSME.	En verdad
	que yo sí. Dama, llegad,
	que ya que duende os temí,
	señora no.

(Llaman dentro y túrbanse todos. Dejan caer las mujeres los platos.)

DOÑA ÁNGELA.	¿Llaman?
DOÑA BEATRIZ.	Sí.

---

779 Cosme reconoce, en esta versión antes que en la de *P*, que el duende es en realidad una mujer.

780 Aunque *V* y *Z* llevan *le*, parece evidente que se trata de la sed, que Don Manuel no tiene y Cosme sí.

ISABEL.	¡Pena terrible y cruel!	2535
DOÑA ÁNGELA.	¡Ay de mí, triste!	

(Dentro.)

DON LUIS.	¡Isabel!	
DOÑA BEATRIZ.	¡Válgame el cielo!	
DON LUIS.	¡Abre aquí!	
ISABEL.	¡Yo soy muerta!	
DOÑA ÁNGELA.	¡Helada estoy!	
DON MANUEL.	(Aún no cesan mis crueles fortunas.)	
COSME.	(Este sin duda es el verdadero duende.)	2540

(Dentro.)

DON LUIS.	¡Abrid aquí presto!	
DOÑA BEATRIZ.	¡Ay cielos!	
DOÑA ÁNGELA.	Mi esposo, señor, es este.	
DON MANUEL.	¿Qué he de hacer?	
DOÑA ÁNGELA.	Fuerza es que os vais a esconderos a un retrete. Isabel, llévalos tú hasta que ocultos los dejes en aquel cuarto que sabes, apartado... (Ya me entiendes, que, aunque sepan el secreto, es menos inconveniente.)	2545 2550
COSME[781].	(Un susto apenas se acaba cuando otro empieza.)	
DON MANUEL.	(Valedme, cielos, que vida y honor van restados a una suerte.)	2555

---

[781] Aunque estos dos versos se le atribuyen en *V* y *Z* a Isabel, la sensación de contigüidad de los sustos caracteriza mejor a Cosme. Así, además, las dos últimas intervenciones recaen en criado y amo.

(Lleva ISABEL *a* DON MANUEL *y a* COSME.)
(Dentro.)

DON LUIS.	La puerta echaré en el suelo si no abrís presto.

(Sale DON LUIS.)

DOÑA ÁNGELA.	¿Qué quieres a estas horas en mi cuarto, que así a alborotarnos vienes?	
DON LUIS.	(Pesares míos me traen a estorbar estos placeres.) Como pisa sobre el mío, me pareció que había gente y para desengañarme todo he de mirarle y verle.	2560 2565
DOÑA ÁNGELA.	¿Gente aquí? Somos nosotras.	
DON LUIS.	Pues, dime, ¿qué traje es este, Ángela?	
DOÑA ÁNGELA.	De mis tristezas es causa el mirarme siempre llena de luto y vestíme —por ver si hay en qué me alegre— estas galas.	 2570
DON LUIS.	(¡Ay de mí, que he querido neciamente hoy averiguar los celos que amor en mi pecho enciende! Celos de honor averiguo porque, embestido dos veces de dos contrarios, la vida que uno quita otro defiende)[782]. Beatriz, ¿aquí estás?	 2575

---

[782] Se refiere a los diferentes efectos que provocan los celos de amor y los de honor.

| DOÑA BEATRIZ. | Aquí | 2580 |

estoy, que hube de volverme
porque al disgusto volvió
mi padre, enojado siempre.

DON LUIS. (Don Juan estaba con ellas[783];
yo estorbaré sus placeres.) 2585
Turbadas estáis las dos.
¿Qué notable estrago es este
de platos, dulces y vidrios?

DOÑA ÁNGELA. ¿Para qué informarte quieres
de lo que, en estando a solas, 2590
se entretienen las mujeres?

(Ruido de puertas dentro.)

DON LUIS. ¿Y aquel ruido de quién es?
DOÑA ÁNGELA. En el camarín[784], ¡detente!,
andará alguna criada.
DON LUIS. ¡Vive Dios que allí anda gente! 2595
(Ya no puede ser mi hermano
quie se esconde desta suerte.)
Veré quién es.
DOÑA ÁNGELA. No has de entrar...
DOÑA BEATRIZ. Que será, señor, advierte...
DON LUIS. ¡Suelta, vil hermana; suelta, 2600
ingrata Beatriz...
DOÑA ÁNGELA. ...no tienes
que ver...
DON LUIS. ...o viven los cielos
que mi enojo y rabia ardiente
deste acero en vuestra sangre
los agudos filos temple! 2605

---

[783] Si las especulaciones de Don Manuel sobre la identidad de la dama tropiezan una y otra vez —en parte manipulado por Doña Ángela—, en el caso de Don Luis sus intuiciones, determinadas por celos de amor o de honor, no le sirven como aguja de marear por el laberinto de su vida.

[784] *camarín:* «el retrete donde tienen las señoras sus porcelanas, barros, vidrios y otras cosas curiosas» *(Cov.).*

(Buscando mi muerte vine[785];
no habrá, ¡ay Dios!, de quien me
[queje,
pues he hallado lo que busco.)

(Toma una luz de un bufete.)

| | Luz tomaré neciamente,
que todo se halla con luz, 2610
solo honor con luz se pierde. |

(Vase.)

DOÑA ÁNGELA.	¡Ay Beatriz, perdidas somos si él le topa!
DOÑA BEATRIZ.	Si los tiene en su cuarto ya Isabel, en vano dudas y temes, 2615 pues te asegura el secreto de la alacena.
DOÑA ÁNGELA.	¿Y si fuese tal mi desdicha[786] que allí con la turbación no hubiese cerrado bien Isabel, 2620 y él entrase allá?
DOÑA BEATRIZ.	Ponerte en salvo será importante si esto por dicha[787] sucede.
DOÑA ÁNGELA.	Di por desdicha, Beatriz; y sí hará, que son crueles 2625 mis hados.
DOÑA BEATRIZ.	¿Y dónde irás?
DOÑA ÁNGELA.	De tu padre iré a valerme, pues él se valió de mí; porque, trocadas las suertes,

---

[785] Alude a los celos de amor que le empujaron a entrar en el cuarto de su hermana y que se van complicando al convertirse en celos de honor.

[786] En *V* es «dicha»; corregimos siguiendo a *Z* y *L*.

[787] *por dicha:* «por ventura, por casualidad» *(Aut.).*

2630

>   si a ti te trujo un pesar
>   a mí otro pesar me lleve.

(Vanse.)
(Sale por la alacena DON MANUEL *y* COSME, *y* ISABEL
los mete y se va.)

[CUADRO II]
[ESCENA EN EL CUARTO DE DON MANUEL]

DON MANUEL.   Esta cuadra donde estamos,
                según a escuras parece,
                es camarín, porque al ir
                entrando por una breve   2635
                puerta topé con la espada
                en unos vidrios que tiene
                al entrar.
COSME.   ¡Buenos estamos!
DON MANUEL.   ¡Oh, a cuánto, cielos, se atreve
                quien se atreve a entrar en parte   2640
                donde ni alcanza ni entiende
                qué penas se le aperciben,
                qué riesgos se le previenen!
COSME.   Veme aquí a mí, que por ser
                necio, loco y imprudente   2645
                estoy ahora en una casa
                que dueño tan noble tiene
                que es excelencia a lo menos.
DON MANUEL.   No es ese el dolor más fuerte,
                sino el pensar allá fuera   2650
                qué sucede o no sucede
                desta mujer.
COSME.   De las voces
                que se oyen penosamente[788]
                podrás informarte.

---

[788] En efecto, muy penosamente debía de oírse si ellos ya están en el cuarto de Don Manuel y Don Luis e Isabel les siguen desde el de Doña Ángela.

DON MANUEL.   Escucha,
                que mal o bien ya se entiende,   2655
                y a defenderla la vida
                saldré, esté donde estuviere.

(Salen[789] *DON LUIS y ISABEL con luz.)*

DON LUIS.   Yo vi un hombre, ¡vive Dios!...
COSME.   (Uno dijo.)
ISABEL.   ¿Cómo quieres
                que se haya ido?
DON LUIS.   ...y he de hallarle.   2660
COSME.   (Malo es esto.)
DON LUIS.   ¿Cómo tienes
                desviada esta alacena?
ISABEL.   ¿Yo, señor? No sé quién puede
                haberla apartado.
DON LUIS.   ¡Quita!

(Entran por otra puerta y sale[790] *DON LUIS por la alacena.)*

COSME.   (Ya se ve luz. Un bufete   2665
                que he topado aquí me ampare.)

(Métese debajo del bufete.)

DON MANUEL.   (Ya no hay más sobre qué apele
                que a la espada y corazón,
                y esto ha de ser desta suerte.)

(Saca la espada.)

---

[789] Don Luis e Isabel no pueden salir aquí por el espacio ocupado por la alacena, de modo que deben hacerlo por el otro nicho lateral, que estaba libre. Más abajo entra por la misma puerta y sale por la correspondiente a la alacena.

[790] En *V* «salen», pero ese plural no tiene en cuenta al sujeto de la acción, que es singular; corregimos de acuerdo con Antonucci.

| DON LUIS. | ¡Don Manuel! |
| DON MANUEL. | ¡Don Luis! ¿Qué es esto? 2670 |

(Mas... mi mismo cuarto es este.)

| COSME. | (Oigan, ¡y por dónde entró![791]. |

Decirlo quise mil veces.)

| DON LUIS. | Mal caballero, villano, |

traidor, fementido huésped, 2675
ingrato amigo, cobarde,
falso, engañoso y aleve,
que al[792] honor de quien te estima,
te ampara y te favorece
sin recato te aventuras 2680
y sin decoro te atreves,
¡juega[793] esa espada! Que, aunque
dar un ofendido puede
muerte al que su honor y vida
tan villanamente ofende, 2685
quiero matarte riñendo[794],
que mi valor no consiente
vencer a quien de cobarde
ni se guarda ni defiende.
¡Esgrime ese infame acero! 2690

| DON MANUEL. | Solo para defenderme |

le esgrimiré, tan confuso
de oírte, escucharte y verte,
de verme, oírme y escucharme,
que, aunque a matarme te ofreces, 2695
no podrás, porque mi vida,

---

[791] Si Don Manuel acaba de reconocer su propio cuarto, Cosme descubre el mecanismo de la alacena.

[792] En *V* es «el», error que corregimos con *Z*.

[793] *juega* o *jugar las armas*: «ejercitarlas» *(Cov.);* aquí parece reducirse a «desenvainar».

[794] Entre la posibilidad de matar a Don Manuel —que, según él, le reconoce la ley— y el duelo, Don Luis se inclina obviamente por el segundo. La *Novísima recopilación,* lib. XI, título XII, ley 1, afirma que no se ejecutará al que mate a otro «si lo hallare yaciendo con su mujer, do quier que lo halle; o si lo hallare en casa yaciendo con su hija o con su hermana».

	hecha a[795] prueba de crueles	
	fortunas, es inmortal;	
	ni podrás, aunque lo intentes,	
	darme la muerte, supuesto	2700
	que el dolor no me da muerte;	
	y, aunque eres valiente tú,	
	el dolor es más valiente.	
Don Luis.	No con razones me venzas,	
	sino con obras.	
Don Manuel.	Detente	2705
	solo hasta pensar si puedo,	
	don Luis, satisfacerte.	
Don Luis.	¿Qué satisfaciones hay,	
	si manchar mi honor pretendes	
	cobardemente atrevido,	2710
	villano cobardemente?	
Don Manuel.	¡Vive el cielo que tu honor	
	respeto tan noblemente	
	que no le he ofendido!	
Don Luis.	(¡Cielos!	
	Menos mal sería si fuese	2715
	el desorden sucedido	
	por Beatriz)[796]. Mal te previenes.	
	Si en el cuarto de esa[797] fiera	
	estás cuando siento gente,	
	llamo a la puerta y te escondes	2720
	por este paso que tienes	
	oculto para su cuarto	
	y al tuyo a guardarte vienes,	
	¿qué satisfación darás	
	a tanto agravio?	

---

[795] Preposición ausente en *V;* la tomamos de *Z.*

[796] Este comentario *aparte* refuerza sin duda el carácter cómico del personaje, ya que si pensara Don Luis que el objeto amoroso de Don Manuel era Doña Beatriz entonces desaparecería la amenaza a su honor, impidiéndole llevar a cabo su obsesivo deseo de pelear en duelo.

[797] En *V* es «desta»; corregimos basándonos en *M1* y *M2.*

DON MANUEL.	Mil veces 2725
	rompa esa espada mi pecho;
	no esa, que es noble y valiente,
	sino la del más infame
	villano, si eternamente
	supe desa puerta o supe 2730
	que paso a este[798] cuarto tiene.
DON LUIS.	Pues, ¿qué haces aquí encerrado
	sin luz?
DON MANUEL.	(¿Qué he de responderle?)
	Un criado espero.
DON LUIS.	Y dime,
	cuando ese criado esperes, 2735
	¿para qué tienes desnuda
	la espada?
DON MANUEL.	Sintiendo gente,
	¿quién no la sacara?
DON LUIS.	Di,
	pues si yo te he visto, ¿quieres
	que mientan mis ojos?
DON MANUEL.	Sí, 2740
	que ellos engañarse pueden.
DON LUIS.	Pues ya que quieres que así
	los ojos mientan, ¿pretendes
	que también mienta el oído,
	si yo mismo oí disponerte 2745
	el cómo desde este cuarto
	al suyo pasar pudieses?
DON MANUEL.	También se engaña el oído.
DON LUIS.	Pues si dices desa suerte
	que en todo me engaño, yo 2750
	solo te diré que...
DON MANUEL.	¡Tente!,
	porque antes que lo digas,

---

[798] Aunque en *V* es «ese», corregimos según *Z* por la lógica espacial de lo dicho.

	que lo imagines o pienses,	
	te habré quitado mil vidas;	
	y, ya restada la suerte,	2755
	primero soy yo, perdonen	
	de amistad honrosas leyes.	
	Y, pues hemos de reñir,	
	riñamos como se debe:	
	parte entre los dos la luz,	2760
	que nos alumbre igualmente;	
	cierra después esa puerta	
	por donde entraste imprudente	
	mientras que yo cierro estotra.	
DON LUIS.	La llave en el suelo se eche	2765
	para que pueda salir	
	el que con la vida quede;	
	yo cerraré estotra puerta,	
	mas ya cerrada la tienen	
	por la otra parte, que así	2770
	de mí librarse pretenden.	
	Mas yo la aseguraré	
	por aquí con un bufete	
	porque no puedan abrilla	
	por allá cuando lo intenten.	2775
COSME.	(Descubriose la tramoya.)	

(Quita el bufete y descúbrese COSME.)

DON LUIS.	¿Quién está aquí?	
DON MANUEL.	(Dura suerte	
	es la mía.)	
COSME.	Cosme soy.	
DON LUIS.	Dime, don Manuel, ¿es ese	
	el criado que esperabas?	2780
	Di agora.	
DON MANUEL.	No es tiempo este	
	de decir sino de hacer.	
	Cree de mí lo que quisieres,	
	que, con la espada en la mano,	
	no hay disculpa conviniente.	2785

	Yo sé que tengo razón	
	y basta[799].	
DON LUIS.	Bizarro[800] eres,	
	mas yo tengo de reñir	
	con los dos.	
DON MANUEL.	Mucho me ofendes	
	si eso presumes de mí.	2790
	Pensando estoy qué ha de hacerse	
	el criado, pues echarle	
	es enviar quien lo cuente	
	y tenerle aquí es ventaja,	
	pues es cierto ha de ponerse	2795
	a mi lado.	
COSME.	No haré tal;	
	si es ese el inconveniente,	
	yo veré sin esperar	
	barato ni contar suertes[801].	
DON LUIS.	Puerta tiene aquesta alcoba	2800
	y como en ella se encierre	
	quedaremos más iguales.	
DON MANUEL.	Dices bien. Entra a esconderte.	
COSME.	Para que yo riña haced	
	diligencias diferentes,	2805
	mas para que yo no riña	
	cuidado escusado es ese.	

(Vase.)

| DON MANUEL. | Ya estamos los dos iguales. |
| DON LUIS. | Pues nuestro duelo comience. |

(Riñen.)

---

[799] «Bastan» en *V-Z;* corregimos con *L.*

[800] *bizarría:* «vale gallardía, lozanía» *(Cov.): bizarro:* «generoso, alentado, gallardo, lleno de noble espíritu, lozanía y valor» *(Aut.).*

[801] Es decir, sin esperar que me den nada ni entretenerme en contar «los puntos que se gana o se acierta» *(Aut.).*

DON MANUEL.	(¡No vi pulso más templado!)	2810
DON LUIS.	(¡No vi pujanza más fuerte!)	
DON MANUEL.	(¡Qué bien tira!)	
DON LUIS.	(¡Qué bien riñe!)	
	¡Ay de mí!	

(Desguarnécesele la espada a DON LUIS.)

DON MANUEL.	¡Dichosa suerte!	
DON LUIS.	Sin armas estoy. Mi espada	
	se desarma y desguarnece;	2815
	no será noble vitoria	
	sin armas darme la muerte.	
DON MANUEL.	No es defeto del valor,	
	de la fortuna accidente	
	sí. Busca otra espada, pues;	2820
	que, aunque cuerdos pareceres	
	dicen que no debe darse	
	armas al contrario, mienten,	
	que el valor siempre es valor.	
DON LUIS.	Eres cortés y valiente.	2825
DON MANUEL.	Ve por ella.	
DON LUIS.	(Mis desdichas	
	unas a otras se suceden,	
	que es género de pesar	
	que me ampare quien me ofende.)	
DON MANUEL.	¿No vas por espada?	
DON LUIS.	Sí,	2830
	y aquí digo que me esperes,	
	que yo volveré a buscarte.	
DON MANUEL.	Presto o tarde estaré siempre	
	aquí.	
DON LUIS.	(¡Qué confuso voy	
	de lo que hace!)	
DON MANUEL.	(¡Qué crueles	2835
	son mis penas, pues no sé	
	cómo ni por dónde vienen!)	
DON LUIS.	Adiós, don Manuel, que os guarde.	

(Vase.)

DON MANUEL.   Adiós, que con bien os lleve.
                ¡Válgame Dios, qué de dudas[802],   2840
                sospechas y pareceres
                mi pensamiento combaten
                y mi discurso revuelven!
                ¡Qué bien discurrí que había
                parte que paso le diese   2845
                a esa[803] mujer a este cuarto
                y que nunca se supiese!
                Bien pensé que era su dama
                de don Luis; todo sucede
                como yo lo imaginé,   2850
                mas ¿cuándo desdichas mienten?

(Dentro.)

COSME.   Ábreme[804], señor, que estoy
                metido en cuatro paredes.
DON MANUEL.   Yo te abriré aqueste rato
                por no sufrir los desdenes   2855
                de mi discurso, que no hay
                cosa que más me atormente[805].

(Vase.)

---

[802] Aunque *V-Z* y *L* llevan «deudas», es errata evidente que corregimos de acuerdo con Antonucci.

[803] En *V-Z* es «esta», que corregimos por la lógica de las posiciones en el espacio.

[804] «Abre» en *V*, con verso hipométrico; corregimos con *Z*.

[805] Don Manuel va a dejar salir a Cosme de la alcoba donde le había encerrado mientras aguarda a Don Luis. Parece evidente que Don Manuel teme que, estando solo, sus propios pensamientos le hagan perder el juicio.

[Cuadro III]
[Escena en la calle,
frente a la casa de Doña Beatriz[806]]

(Sale Don Juan, *de noche)*[807].

Don Juan.   Obscura noche fría,
             pálida imagen de mi fantasía,
             sombra de mi sentido,   2860
             símbolo de la muerte y el olvido.
             Torpe madre del sueño,
             así verde ciprés, blanco beleño[808],
             coronen tristemente
             las caducas arrugas de tu frente,   2865
             que tus funestas sombras
             con que el rosicler del sol
                                      [asombras[809]
             den a mis quejas paso
             en los desiertos campos del ocaso.
             Beatriz no está en mi casa;   2870
             ájale el alma el fuego que la abrasa[810].
             Díjome Ángela bella
             que su padre esta tarde envió por
                                          [ella;

---

[806] Todo este cuadro, situado en la calle, se ha trasladado en la versión *P* al interior de la casa de Don Juan, con los numerosos reajustes que ello implica.

[807] Frente al negro que solía caracterizar el vestido masculino de día, salir *de noche* presuponía como mínimo el uso de una capa de color.

[808] *ciprés:* «sinifica la muerte, por cuanto tienen por cierto que este árbol, cortado así como el pino, no echa renuevos, y los gentiles, que no alcanzaron el misterio de la resurrección, entendieron que con la muerte se acaba todo» *(Cov.); beleño:* «cierta mata conocida en España y muy vulgar, cuyo jugo tiene virtud de acarrear sueño» *(Cov.)*.

[809] *asombras:* «dar sombra, oscurecer».

[810] Aunque *ájale* alude a una tercera persona, parece evidente que se refiere al alma del propio Don Juan, ajada por el fuego que le produce la ausencia de Beatriz.

305

vengo a ver si la veo
para apagar la sed de mi deseo;   2875
triste y enamorado,
pregúntole a un criado
qué hace Beatriz y dice
que allá en mi casa está, ¡soy
                              [infelice!,
pregunto si su padre envió por ella, 2880
respóndeme que no, ¡contraria
                              [estrella!
¿Qué puede ser aquesto
que en tantas confusiones hoy me
                              [ha puesto?
En mi casa me dicen —esto pasa—
que está en su casa, aquí que está
                              [en mi casa, 2885
y por más tiranía
al fin ni está en su casa ni en la mía.
Pues ¿dónde puede estar, desdicha
                              [fiera?,
que Ángela no mintiera
ni tampoco el criado,   2890
que es criado a quien tengo yo
                              [obligado[811].
Pues ¿qué he de hacer, ¡oh cielos!,
que me muero de celos?
Clavado a estos umbrales,
sintiendo penas, discurriendo males, 2895
veré la suerte mía
en el primer escándalo[812] del día.

---

[811] Habitualmente los galanes suelen comprar el silencio o la cooperación
de las criadas; aquí Don Juan soborna a un criado para tener acceso a Doña
Beatriz. Eso tal vez explique sus conversaciones al balcón mencionadas en vv.
1169-1170.
[812] En *V* es «primero», que corregimos con *Z; escándalo:* «alboroto, tumul-
to, ruido, inquietud» *(Aut.)*; parece querer decir que aguardará hasta los primeros ruidos de la mañana para averiguar qué ha pasado con Doña Beatriz.
Sin embargo, hace poco ha hablado con un criado de la casa y Doña Ángela
no tiene reparo en dirigirse a ella para pasar la noche.

(Sale DOÑA ÁNGELA *en corto, huyendo.)*

DOÑA ÁNGELA.   Poca esfera es el viento[813]
                para darle suspiros a mi aliento,
                que, en el aire anegada,   2900
                la voz fallece triste y desmayada.
                La tierra me parece
                que a cada paso tiembla y se
                                [estremece,
                y en tan confusa guerra
                piso temiendo que me falte tierra, 2905
                que de mis pensamientos[814]
                aun capaces no son dos elementos.
                Entró mi hermano ciego
                de don Manuel al cuarto, ¡ay triste!,
                                  [y luego
                ruido de cuchilladas   2910
                habló, siendo las lenguas las espadas.
                Yo, viendo que era fuerza
                que dos hombres cerrados a quien
                                  [fuerza
                su valor y su agravio
                —retórico el acero, mudo el labio— 2915
                no acaban de otra suerte
                sino con una vida y una muerte,
                huyo de casa y vengo
                a la que por amparo me prevengo,
                porque, ya sucedida   2920
                la desgracia, escapemos con la vida;
                con volar en las alas de mi fuego[815],
                y con volar tan cerca, nunca llego.

---

[813] La esfera del viento (o del aire) es una de las cuatro esferas —añádanse las de tierra, agua y fuego— que constituyen en la cosmología aristotélica el mundo sublunar, separado del supralunar por la esfera quinta, que tiene a la luna fija en ella. Más adelante Doña Ángela alude a otra esfera, la de tierra.

[814] En *Z* es «sentimientos», lectura que acepta Antonucci. Nos parece que la lectura de *V* tiene pleno sentido.

[815] Alusión tal vez al tópico de la mariposa que da vueltas al fuego en el que se quema, símbolo del amor, formulado abiertamente en la versión de *P*.

DON JUAN.	(¿Qué es aquello que veo?
	La mágica[816] ha estudiado mi deseo, 2925
	pues cuerpos representa
	y fantásticos bultos me presenta[817].
	Una mujer, y a lo que deja verse
	vestida de oro y sedas[818], detenerse
	pudo a la puerta; ella 2930
	es, pues llama.) Detente, ingrata
	[bella,
	que antes que te huyas quiero
	que sepas[819]...
DOÑA ÁNGELA.	(Don Juan es, ¡turbada muero!)
DON JUAN.	...cómo a buscarte vengo...
DOÑA ÁNGELA.	(¡Ay de mí!)
DON JUAN.	...y la razón cruel que tengo 2935
	para poder quejarme
	de ti...
DOÑA ÁNGELA.	(Ya no es posible escaparme,
	¡pena terrible y fiera!)
DON JUAN.	...pues que desta manera
	afrentas[820]...
DOÑA ÁNGELA.	(¡Dolor grave!) 2940
DON JUAN.	...como una vil mujer...
DOÑA ÁNGELA.	(¡Todo lo sabe!)
DON JUAN.	...la casa en que viviste...
DOÑA ÁNGELA.	(¡Muerta soy!)

---

[816] *mágica* por *magia:* «ciencia o arte que enseña a hacer cosas extraordinarias y admirables» *(Aut.);* como se sabe, se suele hablar de la magia artificial, la natural y la negra.

[817] En *V* es «representa», repitiendo el verbo anterior; corregimos según *Z* y *L.*

[818] Se sintetiza así lo que en la versión *P* se expresa con «prisión hallan de seda mis vestidos» (v. 2932) y «los adornos de mi pecho» (v. 2955).

[819] Esta escena entre Don Juan y Doña Ángela se basa en la mala interpretación que la dama hace de las palabras de su hermano, aplicándoselas a sí misma —centro de todo su mundo— y olvidando los sentimientos de aquel por Doña Beatriz.

[820] Palabra ausente de *V-Z* y *L;* enmienda de Antonucci que aceptamos aquí.

DON JUAN.	...y de quien el dueño fuiste,
	faltando agora della.
	¿Así honor y recato se atropella? 2945
DOÑA ÁNGELA.	(Sin duda él me ha seguido.
	Huyendo de un peligro a otro he
	[venido.)
DON JUAN.	¿Así las principales
	mujeres, que pudieran ser iguales
	a la más pura llama, 2950
	deslustran su opinión, borran su
	[fama?
	Mas no me admiro ya, ya no me
	[espanto,
	que huya con temor tanto
	una fiera homicida,
	viendo que deja un hombre sin la
	[vida... 2955
DOÑA ÁNGELA.	(Ya mi mal es muy cierto.
	¿Cuál de los dos, ¡ay cielos!, será el
	[muerto?)
DON JUAN.	...que solo por querella
	a las manos ha muerto de su estrella.
DOÑA ÁNGELA.	(Ya bien claro he inferido, 2960
	¡cielos!, que don Manuel el muerto
	[ha sido,
	pues que murió, me dice,
	el que me quiso bien, ¡ay infelice!)
DON JUAN.	¿Qué dirás...
DOÑA ÁNGELA.	(Ya el dolor resisto en vano.)
DON JUAN.	...desto, cruel?
DOÑA ÁNGELA.	Señor, padre y hermano, 2965
	que a tus plantas rendida...

(Descúbrese.)

| DON JUAN. | ¡Qué miro! |
| DOÑA ÁNGELA. | ...el escarmiento[821] sea mi vida. |

---

[821] «Casamiento» en *V*, que corregimos con *Z*.

DON JUAN.	(¡Qué tiranos desvelos!
	¿Sobre celos de amor hay otros
	[celos[822]
	que den dolor más fuerte?) 2970
DOÑA ÁNGELA.	¡Venga una muerte ya con otra
	[muerte!
	¡Saca, saca esa espada,
	y en mi sangre y tu sangre[823]
	[matizada
	rompe, rompe mi pecho,
	a prueba solo de desdichas hecho! 2975
DON JUAN.	(Cobarde, mudo y ciego,
	Etna de nieve[824] soy, Alpe de fuego.)
	¿Qué es esto, vil infame?,
	que así es bien que se nombre, así
	[se llame,
	quien su opinión desdora. 2980
DOÑA ÁNGELA.	Pues sabes mis desdichas, no así
	[agora
	obligues a decillas.
DON JUAN.	¿Qué desdichas sé yo?
DOÑA ÁNGELA.	Pues repetillas
	pudiste, no, no quiera
	tu honor que yo con repetillas
	[muera; 2985
	solo aquí merecerte
	en albricias pretendo de mi muerte
	que cumplas tu esperanza:
	a ese mísero joven da venganza,
	pues quererme la vida le ha costado. 2990
DON JUAN.	(Rigores, añadid otro cuidado,
	pues no doy paso —¿hay quien
	[mis penas crea?—
	que otra desdicha, otro pesar no sea.

---

[822] Del mismo modo que Don Luis, Don Juan ha venido buscando celos de amor y se ha encontrado con celos de honor.

[823] *tu sangre* porque, como hermanos, ambos son la misma sangre.

[824] En *V* es «de nave»; corregimos por *L*.

¿Huida de su casa Ángela bella?
¿La vida cuesta a quien murió por
[ella? 2995
Mayor es mi dolor que yo
[sospecho.)
Ea, fortunas, ea, que esto es hecho.
Dime lo que ha pasado.

(Túrbase.)

DOÑA ÁNGELA.   Tú... yo... pues... como... cuando...
[el pecho helado,
torpe la voz, señor, y el llanto mudo, 3000
dudo qué he de decir...
DON JUAN.   Yo también dudo
qué he de hacer y, aunque fuera
matarte lo mejor[825], de otra manera
ha de ser, de otro modo, de otra
[suerte.
(¿Quién me creerá que es mi dolor
[tan fuerte 3005
que no me atrevo a preguntalle y
[velle
solo por no sabelle?)
Ven, ingrata; ven, fiera,
de nuestro altivo honor mancha
[primera,
donde llores tu muerte.   3010
DOÑA ÁNGELA.   Mi vida solo intenta obedecerte.
DON JUAN.   (Lo que hace[826] imaginar en tan
[tirana
pena es dejar cerrada a esta
[inhumana
en parte donde quede

---

[825] De nuevo nos encontramos con un comentario que debe integrarse en el ámbito cómico de la obra. Lo mismo sucede con el proyecto de Don Juan de tomar consejo sobre el tema (v. 3017).
[826] *hace* por *conviene.*

segura, en tanto que mi vida puede   3015
saber lo que ha pasado
y que tome consejo en mi cuidado.
Mas, ¿dónde, cielos, estará segura?
Que si ella de su casa huir procura
y en ella ha sucedido   3020
lo que puede obligalla a haber huido
desta suerte, no es bien volverla a
                [ella;
de don Manuel el cuarto —¡dura
                [estrella!—,
que está della[827] apartado,
me puede asegurar deste cuidado,   3025
y no solo a propósito ha venido
por ser más escondido,
sino por ser más cerca[828]; llave tengo
y, por si acaso viene, ya prevengo
que le diga un criado, si viniere,   3030
que tengo allí una dama y que se
                [espere.
Temblando estoy, según mis penas
                [crecen,
de hallar otra mayor.)

DOÑA ÁNGELA.   (Hidras parecen
hoy las desdichas mías
al renacer de sus cenizas frías.)   3035

DON JUAN.   (¡Qué pena llevo!)
DOÑA ÁNGELA.   (¡Qué pasión tan fuerte!)
DON JUAN.   (¡Qué furia!)
DOÑA ÁNGELA.   (¡Qué rigor!)
DON JUAN.   (¡Qué horror!)
DOÑA ÁNGELA.   (¡Qué muerte!)

(Métela y salen DON MANUEL *y* COSME.*)*

---

[827] *della:* de la casa de Doña Ángela; en realidad se refiere a la separación entre el cuarto de Don Manuel y el de Doña Ángela, que se encuentran en la misma casa.

[828] Recuérdese que la entrada al cuarto de Don Manuel no es la misma que la de la casa de Don Juan.

Cosme.	Yo no sé en qué han de parar
	las desdichas que suceden;
	solo sé que estoy temblando. 3040
	¡Ánimas santas, valedme!
Don Manuel.	Sabido el secreto ya,
	¿qué recelas ni qué temes?

(Sale Doña Ángela por la puerta del cuarto.)

Cosme.	Solo le pido, señor,
	a esta dama que nos deje. 3045
Don Manuel.	Si de una puerta la llave
	tengo yo y de otra un bufete
	es guarda, ¿por dónde, di,
	quieres que salgan o entren?
Cosme.	Digo que dices muy bien, 3050
	pero ¿no es aquel el duende
	que está allí en forma de dama?
Don Manuel.	Fría burla me previenes.
Cosme.	Que no te burlo, señor.
Don Manuel.	Calla necio.
Cosme.	Vuelve, vuelve 3055
	y verás como es aquella
	que está allí.
Don Manuel.	Digo que tienes
	razón, Cosme, y ¡vive Dios!
	que ya es mucho apurar este
	el discurso y la razón. 3060
	¿Eres, por ventura, eres
	mujer, sombra o ilusión
	que se ha vestido aparente
	desa forma? ¿Cómo aquí
	fantástica te apareces? 3065

313

	Hiena[829] que a estas soledades	
	a aumentar mis penas vienes,	
	¿cómo has entrado hasta aquí?	
DOÑA ÁNGELA.	No es tan infeliz mi suerte,	
	si eres tú don Manuel.	
DON MANUEL.	Sí,	3070
	di presto lo que me quieres.	
DOÑA ÁNGELA.	Generoso don Manuel,	

no te admire ni te espante
hallarme aquí, porque ya
en tan apretado lance   3075
es fuerza que te descubra
esta enigma[830] y que declare
que yo soy, señor, hermana
de don Luis, y que me trae
don Juan a encerrarme aquí   3080
encontrándome en la calle,
porque engañado pensaba
que el cuarto estaba sin nadie.
Turbada, triste, afligida,
iba a valerme del padre   3085
de doña Beatriz, porque
vuestro disgusto estorbase
de que yo he sido la causa,
por no querer declararme
ni dar a entender el fuego   3090
que dentro en mi pecho arde
de un mal reprimido amor,
entre el respeto y el miedo
a ser de tantos pesares   3095
escarmiento de mí misma.
Mas, ¿cómo pensará nadie
que burlas que eran tan breves
fueran causa destos males?

---

[829] Don Manuel prosigue, aunque se supone que por razones diferentes, los calificativos que Don Juan le ha dedicado a su hermana: fiera, inhumana. *Hiena:* «animal fiero y cruel» *(Aut.)*.

[830] «Enemiga» en *V;* corregimos por *Z.*

	Que yo por esa alacena	3100
	fui quien pasó cada instante	
	a escribirte los papeles,	
	a oírte, verte y visitarte[831],	
	siendo humano laberinto[832]	
	con lo curioso y el arte.	3105
	Esta soy, aquesto he hecho,	
	por quererte y estimarte;	
	si eres noble, por mujer	
	te suplico que me ampares.	
DON MANUEL.	(De unas en otras crecen	3110
	hoy las desdichas mías,	
	tantas que hidras parecen	
	al renacer de sus centellas frías[833].	

Hermana es de don Luis cuando
                                              [creía
era dama. Si tanto ayer sentía   3115
ofenderle en el gusto,
¿qué será[834] en el honor? ¡Tormento
                                              [injusto!
Si atrevido pretendo
librarla y con mi sangre la defiendo
remitiendo a mi acero su disculpa,   3120
es hacerme yo cómplice en su culpa,
pues es decir que he sido
traidor y que en su casa le he
                                              [ofendido.
Un daño aquí se halla,
pues querer disculparme con
                                              [culpalla 3125

---

831 Obvia exageración o deformación: Doña Ángela nunca intentó oírle ni verle ni visitarle en su cuarto.

832 *laberinto, laberintio* o *laborintio*: «cualquiera cosa que en sí es prolija, intricada y de muchas entradas y salidas solemos decir que es un laborintio» *(Cov.)*. Ella ha sido ese *humano laberinto* gracias a su habilidad y su arte o artificio.

833 Construcción paralela a la de Doña Ángela, vv. 3033-3035: «Hidras parecen / hoy las desdichas mías / al renacer de sus cenizas frías».

834 En *V-Z* y *L* es «hoy que era», lo cual carece de sentido; recuperamos la lectura de *P*.

y decir que ella tiene
la culpa no conviene
tampoco a mi valor, que no lo fuera
dejarla en el peligro y irme fuera.
¿Pues qué es lo que pretendo?   3130
Si es hacerme traidor si la defiendo,
si la dejo, villano;
si la guardo, mal huésped, y
                                    [inhumano
si a su hermano la entrego,
y mal amigo si a guardarla llego;   3135
ingrato si la libro a un noble trato,
y si la dejo, a un noble amor ingrato.
Pues de cualquier manera
mal puesto he de quedar, matando
                                    [muera.)

(Salen DON JUAN *y* DON LUIS *aparte)*[835].

DON JUAN.	Aquí es menester prudencia.	3140
	¿Dónde dices que te aguarda?	
DON LUIS.	En este cuarto encerrado.	
DON JUAN.	Ya es mayor nuestra desgracia,	
	porque Ángela está en él.	
DON LUIS.	¿Qué dices?	
DON JUAN.	Lo que me pasa;	3145
	que yo a Ángela he cerrado	
	con él en la misma cuadra.	
	Y, supuesto que el honor	
	con tanta prisa nos llama,	
	muera un amigo alevoso	3150
	y muera una infame hermana:	
	¡entremos dentro los dos!	

---

[835] Se sugiere así el hecho de que ninguno de los dos se encuentra en el espacio en que transcurre el cuadro, o sea, el cuarto de Don Manuel. Nótese, sin
embargo, que en el escenario continúan Don Manuel, Doña Ángela y Cosme,
ocupando dicho cuarto.

DON LUIS.   Eso no; en aquesta sala
                         me espera tú, que matarle
                         entre los dos será hazaña   3155
                         muy cobarde, y aun será
                         vil traición y no venganza.

        (Éntrase DON JUAN *y llega*[836] DON LUIS.)

DON MANUEL.   Señor don Luis, yo os he estado
                         esperando en esta sala
                         desde que os fuisteis y aquí,   3160
                         sin saber cómo, esta dama
                         entró, que es hermana vuestra,
                         según dice, que palabra
                         os doy como caballero
                         que no la conozco; y basta   3165
                         decir que engañado pude,
                         sin saber a quién, hablarla[837].
                         Yo la he de poner en salvo
                         a riesgo de vida y alma,
                         de suerte que nuestro duelo,   3170
                         que había a puerta cerrada
                         de acabarse entre los dos,
                         a ser escándalo pasa
                         de todo el lugar si aquí
                         no me hacéis la puerta franca.   3175
                         Que, en habiéndola librado,
                         yo volveré a la demanda
                         de nuestra[838] pendencia; y pues
                         en quien sustenta su fama
                         espada y honor han sido   3180
                         armas de más importancia,

---

[836] Aquí Don Juan se va hacia la *sala* para abandonar el tablado; de esa manera, impide que Don Luis salga y vuelva a entrar, que es lo que debería hacer. Por el contrario, le habla directamente a Don Manuel saltando por una muralla invisible porque no puede salir por la misma puerta que Don Juan.

[837] En *V-Z* es «amaba»; corregimos con *P*.

[838] Aunque *V-Z* llevan «vuestra», no parece lógico, por lo que corregimos con *P*.

317

	dejadme ir vos por honor,	
	pues yo os dejé ir por espada.	
DON LUIS.	Yo fui por ella, mas solo	
	para volver a postrarla	3185
	a vuestros pies, con que cumplo	
	con la obligación pasada.	
	Mas, en habiendo ocasión[839]	
	de reñir por nueva causa,	
	me disculpa la razón.	3190
	Esa mujer, que es mi hermana,	
	no la ha de llevar ninguno	
	a mis ojos de mi casa	
	sin que me cueste mil vidas[840].	
	Si os empeñáis en llevarla,	3195
	con que la mano le déis	
	de esposo, con fe y palabra[841],	
	podréis llevarla y volver,	
	si gustáis, a la demanda.	
DON MANUEL.	Volveré, pero, obligado	3200
	de tu prudencia y constancia,	
	a solo echarme a tus pies.	
DON LUIS.	Alza del suelo, levanta.	
DON MANUEL.	Y, para cumplir mejor	
	con la obligación pasada,	3205
	a tu hermana doy la mano.	

(Sale DON JUAN.)

DON JUAN.	Si solo padrino falta,	
	aquí estoy yo, que, escondido[842],	
	solo este efecto esperaba.	

---

[839] Preferimos la lectura de *Z* frente a «razón» de *V*.

[840] La hipérbole reafirma al final el carácter bravucón, pendenciero y paródico de Don Luis.

[841] *fe y palabra:* «algunas veces vale promesa, como "Yo doy mi fe y mi palabra"» *(Cov.).*

[842] Que el hermano mayor —responsable de la patria potestad— estuviera escondido en una situación como la que estaban viviendo los personajes solo puede explicarse por el contexto cómico de la obra.

DON MANUEL.	Yo soy vuestro servidor.	3210
COSME.	¿Y Cosme con quién se casa	
	después de tanta tramoya?	
DON MANUEL.	Con Isabel[843]. Y aquí acaba,	
	señores, *la dama duende,*	
	con perdón de nuestras faltas.	3215

---

[843] A diferencia de la versión *P*, aquí Cosme parece ser víctima de una boda para la que ni siquiera la novia está presente.